国家自然科学基金资助项目(编号:40761020)

中国干旱区域旅游可持续发展的理论探索

韩春鲜 著

商务印书馆
2010年·北京

图书在版编目(CIP)数据

中国干旱区域旅游可持续发展的理论探索/韩春鲜著. —北京：商务印书馆，2010
ISBN 978-7-100-07105-5

Ⅰ.中… Ⅱ.韩… Ⅲ.干旱区—旅游业—可持续发展—研究—中国 Ⅳ.F592.3

中国版本图书馆 CIP 数据核字(2010)第 064974 号

所有权利保留。
未经许可，不得以任何方式使用。

中国干旱区域旅游可持续发展的理论探索
韩春鲜　著

商 务 印 书 馆 出 版
(北京王府井大街36号　邮政编码 100710)
商 务 印 书 馆 发 行
北京瑞古冠中印刷厂印刷
ISBN 978-7-100-07105-5

2010年11月第1版　　开本 880×1230　1/32
2010年11月北京第1次印刷　印张 10⅞

定价：33.00元

目　　录

序言 …………………………………………………………………… i
前言 …………………………………………………………………… iii

第一章　旅游学基本概念及其阐释 …………………………………… 1
第一节　旅游产业的争论 …………………………………………… 1
第二节　中国旅游文献中对 tourism 的两种不同翻译 ………… 5
第三节　旅游的定义 ………………………………………………… 6
第四节　旅游的体验 ………………………………………………… 13
第五节　旅游业产品和旅游业的定义 …………………………… 50
第六节　旅游产品的定义 ………………………………………… 56
第七节　旅游产品和旅游业产品的核心——旅游吸引物的诠释
　　　　………………………………………………………………… 62
【案例】新疆旅游经济与旅游吸引物发展的空间变化 ………… 69

第二章　旅游可持续发展研究综述 …………………………………… 82
第一节　发展观的演进 …………………………………………… 82
第二节　旅游可持续发展的伦理思想 …………………………… 84
第三节　国外旅游可持续发展研究综述 ………………………… 87
第四节　中国旅游可持续发展研究综述 ………………………… 111

第三章　区域旅游可持续发展的界定 ······ 117
第一节　旅游可持续发展定义综述 ······ 117
第二节　区域旅游可持续发展中利益主体的界定 ······ 121
第三节　区域旅游可持续发展的定义 ······ 127
第四节　各利益主体行为的理论基础 ······ 129
第五节　区域旅游可持续发展研究的基本内容 ······ 133

第四章　旅游经济与环境可持续性研究 ······ 135
第一节　旅游业持续发展能力研究 ······ 135
第二节　区域环境质量可持续性研究 ······ 148
【案例一】入境旅游对新疆经济的影响研究 ······ 151
【案例二】新疆天池风景区旅游环境容量分析 ······ 161

第五章　旅游社会效益研究 ······ 171
第一节　居民利益 ······ 171
第二节　旅游者利益 ······ 180
【案例】丝绸之路入境旅游市场及其对乌鲁木齐旅游城市的感知 ······ 185

第六章　干旱区域旅游可持续发展研究 ······ 205
第一节　研究方法 ······ 206
第二节　干旱区域旅游可持续发展的评价指标体系 ······ 209
第三节　评价指标权重确定、数据处理与评价方法 ······ 222

第七章　吐鲁番旅游可持续发展研究 ······ 231
第一节　吐鲁番旅游业的发展特点 ······ 232
第二节　吐鲁番旅游发展的生命周期 ······ 239
第三节　吐鲁番旅游区的环境特征 ······ 243

第四节 吐鲁番旅游可持续发展的评价研究 …………… 246
第五节 如何提高吐鲁番旅游可持续发展的水平 ……… 282
【案例】新疆喀纳斯风景区生命周期分析及其趋势预测 ……… 290

参考文献 ……………………………………………… 302
后记 …………………………………………………… 333

序　　言

　　干旱景观区是一种特殊的景观类型,其神秘、神奇、幽远、粗犷的资源特性,具有一种独特的旅游吸引力,往往成为探险、猎奇、体验、寻幽等旅游者向往的圣地。旅游业已成为许多干旱景观欠发达地区的重点产业或支柱产业,对推动地区经济发展发挥了重要作用。但干旱区生态环境非常脆弱,人类现代经济开发活动(包括旅游活动)对生态环境干预扰动的影响程度高于历史任何一时期。如何实现干旱景观区旅游和谐发展,使人类旅游活动对环境的影响最小化,是当今社会需要研究的紧迫而重要的课题。

　　新疆许多景区位于农民或牧民的生活生产区,属于农村社区型旅游地,景区发展对社区环境都存在不同程度的环境破坏。例如,天山山地森林草原地带景色优美,成为夏季避暑度假区后,旅游开发活动对山地度假区植被造成了不可逆转的破坏。而且随着山地度假区的发展和生态环境的逐渐恶化,旅游者会选择新的、更偏远的山地度假区,留给旧度假区牧民的是被破坏了的且无法恢复的草场资源,使牧民的生产成本大大提高。在绿洲平原旅游区,旅游开发对农村社区造成了诸如耕地被征用后生计困难、生活区拥挤以及噪音、废水、废气、废物等一系列问题,一些农民从参与旅游服务中获得收益,但大部分农民并没有获得收益。因此,关注干旱景观区的社会效益、经济效益和环境效益的旅游和谐发展具有重要的理论和实践意义。

　　韩春鲜博士撰写的此书,在对旅游、旅游业、旅游产品、旅游业产品、旅游吸引物、旅游体验、旅游可持续发展、区域旅游可持续发展等基本概念进行界定的基础上，廓清了干旱区域旅游可持续发展研究的内容框架，即包括旅游社会效益（旅游社区居民利益和旅游者利益）、旅游经济效益和区域环境质量可持续发展三个方面；提出了干旱景观区旅游和谐发展研究内容的指标体系，并以新疆吐鲁番的旅游现状为例，进行了深入的实证研究，必将对我国干旱景观区旅游和谐发展起到积极的建设性作用。

马耀峰

2010 年 1 月于西安

前　言

工业化所带来的全球经济持续增长,使人类生活水平不断提高,居民可支配收入和闲暇时间均有所增加,旅游市场需求量激增,推动了世界旅游产业和旅游经济的发展。

20世纪50年代以来国际旅游增长了25倍,2006年旅游收益比初期增长了200倍。毫无疑问,是因为收入增加造成的旅游需求增加所致。旅游业持续快速发展,全世界国际旅游人次2006年有84 600万人,增长率为5.1%;2007年有89 760万人,增长率为6%;2008年受金融危机影响,虽然增长率有所下降,但中国旅游总需求却仍呈现高速增长的特点。在2007~2008年中国旅游总需求增长率世界最高,为34.6%,从2007年4 397亿美元、排名世界第四位(前三位是美国、日本、德国),增长至2008年的5 920亿美元,仅次于美国,位居世界第二。从旅游卫星账户经济指标可以看出,2008年中国旅游经济增加值、旅游资本投入与旅游总需求一样,增长率均超过30%,高居世界第一(罗明义,2008;2009)。

中国旅游业步入了一个黄金发展时期,由旅游资源大国发展成为世界旅游大国。2007年,中国入境旅游为11 318万人次,居民的国内旅游已达16.10亿人次,国际旅游收入419.19亿美元,国内旅游收入7 770.62亿元,直接从业人员1 000万人。旅游业已成为国民经济新的增长点,成为事关亿万"民生"的大产业。但是,中国旅游业同时面临着产业转型、战略提升和矛盾凸显等问题,最关键的问题之一是:如何尽快从世界旅游大国发展成为世界旅游强国(王志发,2007)？这是因为中国旅游业快速发展所带来的不仅仅是经济效益,其社会文化和环境影响日益凸显。因此,树立科学发展观,研究和建立可持续的旅游发展理论势在必行。只有在可持续发展理论的指导下,中国旅游业才能从世界旅游大国走向旅游强国。

随着人均收入的不断提高和旅游者旅游体验的不断丰富,旅游市场需求逐步走向多元化。欠发达国家和地区封闭的农业经济生活,往往使地方民俗文化和环境保持了良好的原生态,成为旅游者追逐的新旅游目的地而得以快速发展,如中国西部地区的云南、新疆、西藏、四川等地成为发展迅速的旅游目的地。而中国传统的旅游城市目的地,如桂林、杭州、苏州、南京、西安、无锡、洛阳等所占全国份额均有所下降(保继刚、甘萌雨,2004)。

国际公认旅游业是缩小区域差异的有效手段,并鼓励发展中国家大力发展国际旅游以缩小国际差距(Britton,1982;Ayres,2000)。中国也把发展旅游业作为缩小区域发展差距的手段之一,积极鼓励西部地区旅游业发展,强调旅游业在加快西部地区脱贫致富、促进边疆少数民族地区繁荣稳定方面的功能。近年来,在国家西部大开发政策的影响下,西部地区基础设施建设力度加大,对外联系和内部各景区之间交通、信息联系通畅,有效改善了西部旅游业发展的基础环境。

在以上旅游市场需求变化和国家政策的影响下,西部地区也步入旅游发展的黄金时期,尤其是西北干旱地区。公共基础设施的改善,加上所拥有璀璨的丝绸之路历史文化、原生态的自然环境,以及丰富多彩的民俗文化旅游吸引物,使其迅速发展成为大众旅游接待地。旅游经济普遍发展,不少地区的居民生活条件得到改善,也增加了地方财政的收入。但是,干旱地区脆弱的环境,一方面限制了区域旅游产业的发展;另一方面在区域旅游产业发展中,受到不同程度的破坏,旅游业发展产生的社会、环境问题日益增多。因此,从区域角度出发,研究旅游可持续发展,能够比较全面地分析干旱区旅游可持续发展状态及其影响因素。

对旅游属性和概念的不同认识,必然会导致旅游可持续发展内容有所差异。旅游理论界对许多旅游基本概念的认识并不统一。因此,研究区域旅游可持续发展首先需要解答的问题是什么是旅游？什么是区域旅游可持续发展？区域旅游可持续发展与旅游业可持续发展有什么不同？只有澄清这些基本问题,才能进一步进行干旱区域旅游可持续发展研究。本书的研究从旅游、旅游体验、旅游业、旅游业产品、旅游产品、旅游吸引物、区域旅游可持续发展等一些基本概念的阐释展开,分析旅游社会效益、经济效益、环境效益的研究内容与方法,构建干旱地区旅游可持续发展研究理论,并以新疆为例对干旱区域旅游可持续发展进行了深入分析。

第一章 旅游学基本概念及其阐释

对旅游属性和定义的不同认识,必然会导致旅游可持续发展内容有所差异。旅游理论界对旅游的属性认识存在着"旅游不是产业,而是一种社会现象"和"旅游是经济现象、是产业"两种不同的观点。对旅游的定义也有三类:一类是基于旅游者角度的定义,一类是基于旅游供需方的定义,另一类是基于综合角度的定义。因此,研究区域旅游可持续发展首先需要解答的问题是什么是旅游?认识这一基本问题才能进行区域旅游可持续发展研究。本章的内容从旅游、旅游体验、旅游业、旅游业产品、旅游产品和旅游吸引物等一些旅游学基本范畴的阐释展开。

第一节 旅游产业的争论

对于旅游是不是产业的争论由来已久。1927年罗马大学讲师里奥蒂出版了旅游专著《旅游经济讲义》,首次提出旅游活动是属于经济性质的一种社会现象,并从经济学角度对旅游现象作了系统的剖析和论证。1935年柏林大学葛留克斯曼教授在出版的《旅游总论》一书中,提出了与里奥蒂完全不同的看法,他定义旅游活动是:"在旅居地短时间旅居的人与当地人之间各种关系的总和。"(申葆嘉,1996a)1942年瑞士学者亨泽克尔和克拉普夫提出了旅游定义,即"艾斯特"(AIEST)定义,把旅游现象界定为"综合性的社会现象"而不是仅指旅游业(申葆嘉,1996b)。

20 世纪 50 年代中期,随着喷气式民航客机在国际民航中的广泛应用,大规模的游客流动现象扩展到全世界,旅游进入"大众旅游"阶段。旅游所带来的大量外汇收入,使人们普遍认为旅游是具有重要经济意义的活动。1979 年 Leiper 给旅游下了一个定义,定义本身没有引起旅游界的认可,但定义中明确提出的"旅游业"(tourist industry)一词影响却比较大,使一些学者把旅游当成旅游业去研究,如 Smith (1988)、Leiper(1990)等人,澳大利亚环境委员会娱乐和艺术部声称"旅游是澳大利亚增长最快的产业,已经成为澳大利亚最大的外汇赚取产业"(Wilson,1998)。现代旅游给各国或地区带来的普遍的经济收入增长,使旅游是产业的观点影响越来越大。

从英美比较有影响的英文辞典对 tourism(旅游)的解释可以看出,20 世纪 90 年代及其以前,tourism 的解释多包括旅游者的活动和旅游业两个含义,如表 1—1 中 1~3 条所示。但近几年,tourism 更趋向于被解释为旅游业,如表 1—1 中的 3~8 条。说明随着旅游业的发展,欧美国家趋向于用 tourism 表示旅游业,只表达供给方的活动,而消费方的活动则用 tour 来表示,反映出对"旅游是产业"观点的认同趋势。

表 1—1 英文词典对旅游的解释

英文解释	汉语翻译或解释	词典版本、出版时间
①The practice of traveling for pleasure, esp. on one's holidays; ②The business of providing holidays, tours, hotels, etc. for tourists.	①以娱乐为目的的旅行;②为游客提供度假、旅行、住宿等的行业,即旅游业、观光业。	《朗文当代高级辞典》,商务印书馆、艾迪生·维斯理·朗文出版公司中国有限公司,1998 年,第 1636 页。

续表

英文解释	汉语翻译或解释	词典版本、出版时间
①The practice of traveling for recreation; ②The guidance or management of tourists; ③a. The promotion or encouragement of touring, b. The accommodation of tourists.	①以娱乐为目的的旅行;②导引和管理旅游者;③a. 促销和鼓励旅行活动,b. 为旅游者提供住宿。(①为旅游者的活动,②和③属于旅游业的活动)	《韦氏新大学词典》(第9版),世界图书出版公司,1994年,第1247页。
The business of providing things for people to do, places for them to stay etc. while they are on holiday.	为度假的人们提供活动和停留场所的行业(旅游业)。	LONGMAM DICTIONARY OF CONTEMPOPARY ENGLISH (1995版),外语教学与研究出版社,1997年,第1530页。
The business of providing services, such as transport, place to stay or entertainment, for people who are on holiday.	为度假的人们提供交通、停留地方、娱乐等服务的行业(旅游业)。	Cambridge International Dictionary of English with Chinese Translation. Shanghai: Foreign Languages Education Press, 2001年,第2747页。
The commercial organization and operation of holidays and visits to a place of interest.	经营度假和组织参观有趣的地方的商业组织和经营商(旅游业)。	《新牛津英语词典》,上海外语教育出版社,2001年,第1960页。
Business of providing accommodation and service for tourists.	为旅游者提供住宿和服务的行业(旅游业)。	《牛津高阶英汉双解词典》,第四版增补本,商务印书馆、牛津大学出版社,2002年,第1613页。

续表

英文解释	汉语翻译或解释	词典版本、出版时间
The occupation of proving information, accommodation, transportation, and other service to tourists.	为旅游者提供信息、住宿、交通和服务的工作（属于旅游业的活动）。	《兰登书屋韦氏美语学习词典》，外语教学与研究出版社，1998年，第1370页。
The business of providing accommodation and service for tourists.	为旅游者提供住宿和服务的行业（属于旅游业的活动）。	《当代美国英语词典》，商务印书馆，2004年，第1240页。

但是，仍有一些研究者坚持旅游不是产业的观点。如托马斯·戴维逊认为旅游是一种社会经济现象，旅游绝不仅仅是一个产业，旅游更像一个影响许多产业的"部门"（张广瑞，1996）。Wilson(1998)认为旅游不是产业，而是一组与旅游有关的相关产业的组合。张广瑞认为"旅游不是产业"：①旅游是一种社会现象，不是一种生产性活动；②所有旅游者支出的综合并不是这一组相似企业的收入所得；③旅游是一种经历或过程，不是一种产品——这种经历又是相差悬殊的（张广瑞，1996）。戴斌(1997)认为在市场经济社会里，旅游是经济活动（economic activities），还具有社会互动、文化影响、环境保护等方面的色彩，他提出从学术规范的角度出发，应该首先从"事业"（undertaking）而不是"产业"（industry）的角度去看待旅游。世界旅游组织也认为旅游不是产业，经济活动只是企业与旅游者之间发生关系的一个内容（WTO，1994，见 Tremblay，1998）。

旅游究竟是不是产业？从以上争论还不能分辨，只能在理清旅游及旅游业基本概念的基础上，才能作出判断。

第二节 中国旅游文献中对 tourism 的两种不同翻译

英文辞典中对 tourism 的解释有旅游者活动和旅游业两个含义(表1—1中1、2条),使中文对 tourism 的翻译出现了"旅游业"与"旅游"混淆的现象。如张践等人把伯卡特与梅特利克的著作 *Tourism：Past, Present and Future* 翻译成《西方旅游业》,曾经对我国旅游学术界产生较大影响,许多学者认为旅游是产业,强调其经济属性,忽视了它的休闲属性和社会属性(谢彦君,1998)。

同样,对"sustainable tourism development"的中文翻译,也出现了"旅游可持续发展"(或译为可持续旅游发展)和"旅游业可持续发展"(或可持续旅游业发展)两种不同的表达方式。如世界旅游组织授权中国国家旅游局计划统计司翻译出版的《旅游业可持续发展——地方旅游规划指南》(*Sustainable Tourism Development：Guide for Local Planners*)(世界旅游组织,1997);谢彦君(1994)、戴凡(1994)把在加拿大温哥华举行的'90全球持续发展大会旅游组行动策划委员会会议上专家提出的"Action Strategy for Sustainable Tourism Development"分别译为"永续旅游"、"旅游持续发展行动战略",李天元(2002)也将此次会议主题翻译为"可持续旅游发展"。

崔凤军(1999)认为旅游可持续发展是以旅游活动不破坏资源环境为核心目标,关心的是旅游活动的长期生存与发展,强调旅游活动的优化行为模式,诸如生态旅游、选择性旅游都是可持续旅游的具体形式,它要求在旅游开发进程中坚持以下原则:文化完整性、重要生态过程之持续性、生物多样性和生命支持系统之完备性等;旅游业可持续发展则更关注旅游产业及其网络系统在区域背景下协调运作的机制,当然也包括环境资源的保护问题,因为它们是旅游业支撑体之核心,并认为旅游业可持续发展更具系统性和社会经济责任感。很明显,崔凤军认为"旅游"指"旅游活动",与旅游业研究的内容截然不同,同样,"旅游可持续发展"和"旅游业可持续发展"研究的内容也不相同。

可见,旅游可持续发展和旅游业可持续发展是两个截然不同的概念,要分清楚各自的研究内容,也必须先阐明旅游和旅游业的定义。

第三节 旅游的定义

一般认为旅游有两种不同的定义,即"概念性定义(conceptual definition)"和"技术性定义(technological definition)"。"概念性定义"旨在提供一个理论框架,用以确定旅游的基本特点,以及将它与其他类似的、有时是相关的但是又不相同的活动区别开来(Burkart and Medlik,1981)。"技术性定义"主要用于为统计和立法提供信息,这种定义的采用有助于实现可比性国际旅游数据收集工作的标准化(威廉·瑟厄波德,2001)。

一、国内外旅游定义及分类

不同的旅游研究者或机构对旅游的定义作了不同的阐释,现将比较有影响的定义陈述如下。

定义1:旅游是人们离开其通常居住和工作的地方,短期暂时前往某地的运动和在该地逗留期间的各种活动(Burkart and Medlik,1981)。

定义2:旅游是人们出于日常上班以外的任何原因,离开其居家所在的地区,到某个或某些地方旅行的行动和活动(National Tourism Policy Study Final Report,见李天元,2002)。

定义3：从1980年到1995年世界旅游组织（WTO, The World Tourism Organization）曾经三次定义旅游。世界旅游组织在1980年马尼拉会议之后，曾经提到要用"人员运动"一词来取代"旅游"一词，其定义是指人们出于非移民及和平的目的，或者出于导致实现经济社会文化及精神等方面的个人发展及促进人与人之间的了解与合作等目的而作的旅行（WTO,1980,见李天元,2002）。

1991年世界旅游组织加拿大会议建议将旅游定义为"一个到惯常环境之外的地方旅行、停留期在一定时间之内，且旅行的主要目的不是通过从事某项活动从被访问地获取报酬的人的活动"（威廉·瑟厄波德,2001）。惯常环境在实际操作中比较难以把握，与绝大多数人的"经常居住的地点"等同起来看待（王大悟、魏小安,2000）。

1995年世界旅游组织提出了更加完善的定义，即"旅游是人们离开惯常居住地，到一些地方的旅行和连续停留不超过一年的休闲、商务或其他目的的活动"（WTO,1995）。WTO定义主要是为了达到统计目的。

定义4：Simmons（1993）分析旅游不同的定义后，归纳到"旅游是旅游者的行为"。

定义5：加法利（Jafari,1977,见威廉·瑟厄波德,2001）提出："旅游所研究的是离开惯常居住地的人，满足他们需求的产业以及他们和这个产业给东道地区在社会文化、经济和实体环境等方面所带来的影响。"

定义6：玛斯逊和沃尔（Mathieson and Wall,1982）认为："旅游是指人们离开其日常工作和居住场所，前往目的地的暂时性移动，在目的地逗留期间所从事的活动和为满足他们的需求所提供的设施。"

定义7：Coopet（1993）等人认为旅游是"人们离开通常居住和工作的地方，暂时前往目的地的旅行和在该地停留期间所从事的活动，以及

(旅游目的地)为满足旅游者的需要而创立的各种设施。"

定义8：Bull(1995)认为旅游"既不是现象,也不是简单的一系列企业,它是包括人类行为、资源利用,及与其他人、经济、环境之间相互关联的人类活动。"

定义9：旅游科学专家国际联合会定义旅游是"非定居的旅行和停留而产生的现象和关系的总和,不包括永久的居住和赢利活动"(Burkart and Medlik,1981)。这一定义最早由瑞士学者亨泽克尔(Walter Hunziker)和克拉普夫(Kurt Krapf)在1942年提出,20世纪70年代被"旅游科学专家国际联合会"采用,人们习惯称之为"艾斯特"(AIEST)定义。

定义10：Leiper(1979)把旅游作为一个系统定义为："旅游系统指人们自行决定离开常居地去旅行并临时在外停留一夜或一夜以上的活动,但不包括在出游线路各点上为赚取报酬而进行的旅行。旅游系统由旅游者、客源地、移动路线、目的地和旅游业五个要素组成。这五个要素在空间和功能上互相联系。"

定义11：Smith(1988)从供给方定义："旅游是直接为离开家庭环境的人们的商务、娱乐和休闲活动提供产品与服务的企业的组合。"

定义12：Inskeep(1991)认为："旅游是出外旅行和在目的地消费特殊的旅游吸引物、住宿和饮食、观光、娱乐以及特殊或一般服务的综合性活动。"

定义13：罗明义(1998)认为："旅游是在一定的社会经济条件下所产生,并随着社会经济发展而发展的一种综合性社会活动。"

定义14：李天元(2002)定义："旅游是非定居者出于和平目的的旅行和逗留而引起的现象与关系的总和。"

定义15：保继刚和楚义芳(1999)定义："旅游是在一定的社会经济条件下产生的一种社会经济现象,是游憩活动的一部分,是一种人类体验、一种社会行为、一种产业,同时也是一种地理现象。"

定义 16:Pearce(1987)认为:"旅游是人们出自休闲和娱乐的目的而旅行以及短时居留而引起的关系与现象。"

定义 17:Cohen(1979)认为:"旅游是临时离开日常活动的、非工作、非关心、非节约的活动。"

定义 18:英国旅游协会认为:"旅游是指人们离开其日常生活和工作地点向目的地作暂时移动以及在这些目的地做短期逗留有关的任何活动"(谢彦君,2004)。

定义 19:谢彦君认为,旅游是个人前往异地寻求愉悦为主要目的而度过的一种具有社会、休闲和消费属性的短暂经历(谢彦君,2004)。

定义 20:MacCannell(1973)认为"旅游是现代朝圣者去追求真实性"。因为现代人每日的生活是不真实的。

定义 21:Turner and Ash(1975)提出旅游是暂时放下日常社会的规范和价值,离开家一定距离去思考他自己的生活和社会的过程。

定义 22:Smith(1989)认为旅游是为了体验变化而离开家到访一个地方的活动。

以上关于旅游的定义大致可以分为三类:第一类定义从旅游者的角度出发,把旅游定义为旅游者的活动,如定义 1、2、3、4、12、13、15、17、18、19、20、21、22。其中,定义 2 比定义 1 更全面地诠释了旅游活动的目的,并限定了活动的性质是和平、健康的。定义 3 中世界旅游组织不同时段的三个定义,反映出人们对旅游活动认识不断完善的过程。其中,1995 年的定义比较客观地反映出旅游活动的内涵。首先,将旅游者活动的时间限定为不超过一年,使旅游与移民区别开来,便于旅游研究与统计。其次,定义了活动内容,认为休闲、商务或其他目的的活动都属于旅游活动,并没有限制活动的性质是非赢利性质的。但在 1991 年该组织的定义中,却明确限制了旅游活动的性质是非赢利性质的。在旅游实践中,实际上很难将赢利活动从旅游活动中分离出去,因为人们从事的虽然是不超过一年的赢利目的的活动,但在目的地的花费却给目的地带来了一定的住宿、餐饮、娱乐等收入,这部分收入和其他专来娱乐的旅游者的住宿、餐饮、娱乐带来的收入的性质相同,要将二者分离开来是非常困难的。强调旅游的非赢利性会给旅游研究和统计的可操作性带来很大的障碍,而将包括商务或赢利活动在内的各种活动归属为旅游活动,能更加科学地反映客观实际。定义17指出了旅游活动的特点是非工作、非关心、非节约的,定义19界定了旅游者活动的目的是愉悦。可见这类定义对旅游者活动性质、类型、特点、目的等方面的界定不断完善。定义17、19、20、21是从事旅游研究的社会学家对旅游的界定,其中定义20对旅游"朝圣者"和"真实性"的界定,是引发旅游体验真实性讨论的开端。

第二类定义从旅游供需角度出发,认为旅游包括旅游者的活动和目的地为旅游者提供的设施,如定义6、7、11,比较全面、客观地反映出旅游现象的主体构成及其活动目的,可以说是把旅游归属为经济学范畴的定义。其中,定义6和定义7提出了旅游由需求方——旅游者的活动和供给方——满足旅游者活动需求的设施组成,这两个定义没有指出提供各种旅游服务与产品的不同供给方之间是以什么方式联系的。Smith的定义11则明确了供给方是通过"企业的组合"发生关系的,它不同于其他所有的定义,第一次从供方角度明确定义旅游是满足旅游者活动需求的企业组合,属于企业经济活动研究范畴。

第三类定义从综合角度定义旅游,考虑了旅游者和旅游产业活动及与目的地之间的关系,内容更加完善,如定义5、8、9、10、14、16。其中,定义5和定义8都明确提出旅游供需活动之间及其与目的地经济、社会文化和环境的关系。定义9提出旅游是指旅游者的活动和该活动所引起的现象与关系,"现象"的内容很广泛,可以指为满足旅游者的设施,也可以指旅游目的地产业现象和旅游引起的社会文化、经济、环境问题等现象;可以单独指产业现象、经济现象、社会文化现象、环境影响等,也可以指这些现象的综合及其相互关系,并且随着旅游的发展,"现象"可以不断得到补充,这使得20世纪40年代提出的"艾斯特"定义到今天仍然能够使用。但是"现象"的内涵很丰富,外延也很宽广,不同理解会导致旅游学研究的内容多样化。定义10把旅游供需活动看成是一个系统,并按空间和功能进行了要素划分,认为旅游系统由旅游者、客源地、移动路线、目的地和旅游业五个要素组成,为利用系统方法研究旅游提供了可能。

二、对三类旅游定义的评价

以上三类旅游定义使旅游研究从单纯旅游者的活动,扩展到旅游目的地设施,进而扩展到对目的地的综合影响上,是对旅游发展客观过程的主观反映。

在旅游者的出游活动开始阶段,类似于早期的旅行者(travel),是个体性质的活动(Urry,2002)。Nash(1996)把旅游者界定为"出自休闲目的的旅行者"。Galani-Moutafi(2000)从自我(the self——可被他者形象地构建)和他者(the other——不是或缺乏的认识)角度分析认为旅行者是敢于冒险、追求真实、崇尚文化的、自我意识强、有品位的一类人,有文化底蕴,所以能够从事异域文化的审美活动,但随着19世纪大众旅游的发展开始走向衰落;而旅游者(tourist)是缺少冒险动力、无差别、只为了寻求刺激、愉悦而非审美的活动。与此相反,谢彦君(2004)则界定旅游者是出自寻求愉悦的目的而前往异地并在该地作短暂停留的人,并认为旅游者和旅行者的区别在于:旅游者出行的目的是为了获得旅游愉悦;旅行者出行目的可以是迁移以外的任何原因,包括旅游愉悦,并认为旅行者的外延包括旅游者。科恩的旅游者角色分类(Cohen,1972),将旅游者分为四类团队大众旅游者、个人大众旅游、探索者和漂泊者,其中探索者、漂泊者类似于旅行者的角色。

笔者认为旅游活动的最高境界是审美活动,旅游者活动包含旅行者的活动。早期旅行者的旅游是一种游娱、消遣、非生产性质的社会文化活动,研究的是旅游者身心的需求,许多目的地的旅游活动并不需要货币交换就能完成,如文化探险活动、徒步旅行者在比较落后、原始的环境中的愉悦享受,有些可以接受当地人的免费住宿、食物款待。所以,这一时期旅游研究以旅游者的体验活动为内容,旅游活动是一种文化行为和社会现象,没有形成社会化的供给产业,是旅行者的活动。

当旅游者大量增加时,旅游活动形成一定的规模,旅游目的地建立起相应的旅游设施,专为旅游者服务,使旅游包含了赢利性质的经营活动内容,并逐步走向规模化和标准化,向旅游者提供标准化的、规模化的旅游体验产品。旅游者从少量的旅行者转向成批、成规模的大众旅游者。旅游产业化发展带来了"旅游现象的异化、旅游发展目标和动机的蜕变"(肖洪根,2001),旅游的文化行为和社会现象的概念逐渐向产业化和机构化的概念转变,旅游定义很自然地将旅游供给设施包括进去。旅游研究也从单纯研究旅游者身心满足需求扩展到旅游设施经营活动的经济利润需求方面,旅游供需活动成为这一时期研究的主题。

在旅游供需活动发展到一定时期时,人们发现一定规模的大众旅游者的旅游活动和规模化的旅游业的供给活动除了为旅游目的地带来巨大的经济效益外,还产生了许多对社会文化、生态环境等方面的严重负面影响,旅游研究的内容开始扩展到旅游者活动和旅游产业活动对旅游目的地的综合影响方面。于是出现了第三类"旅游"定义,这类定义比较客观地涵盖了现代旅游发展的实际内容。

三、旅游的概念性定义

Jafari 的定义:"旅游所研究的是离开惯常居住地的人,满足他们需求的产业,以及他们和这个产业给东道地区在社会文化、经济和实体环境等方面所带来的影响。"包含了现代旅游的三个主要研究内容,即旅游者、旅游业和目的地环境,但他只强调了旅游者及其活动和产业活动对目的地的影响,忽视了目的地对前两者的影响。

因此,在 Jafari 定义的基础上,可以给出旅游概念性的定义,即"旅游研究的是离开惯常居住地人的旅游活动,满足他们需求的产业的活动,以及两类活动与目的地的社会文化、经济和自然生态环境之间的相互影响和相互作用"。旅游研究的内容包括三大部分,即旅游者及其活动、旅游产业及其活动,两类活动与旅游目的地的社会文化、经济、自然(生态)环境之间的相互影响和相互作用。由此可见,旅游是一种包含产业活动的综合性社会现象。

第四节 旅游的体验

一、旅游的本质

(一) 旅游的主体

旅游的主体决定着旅游系统的发展轨迹。谢彦君(2005)认为是旅游者赋予旅游意义,"在整个旅游世界中,旅游者的需要以及这种需要的满足,构成了制约旅游世界内部要素的相互关系以及旅游活动发展方向和模式的基本动力,也是引发和解除各种旅游矛盾的主导方面。没有旅游者,就无所谓旅游"。龙江智(2005)提出旅游场的概念(touristic field），认为旅游场是旅游独有的属性，在形式上表现为异域性，在本质上表现为寻求异于日常生活环境和氛围，能够满足愉悦、寻求刺激、好奇、求知和审美等心理需要的体验剧场。旅游场包含旅游地环境、旅游吸引物、服务设施、文化氛围、气候等所有影响旅游者体验的因素，但旅游地其他未能被旅游者五官所感知的因素却不在其列。简言之，人们之所以要去旅游而不是游憩，目的就在于寻求别有异样感觉的旅游场，以满足各种心里欲求。提出旅游是个人以旅游场为剧场，旨在满足各种心里欲求所进行的短暂休闲体验活动。可见，上述观点均认为旅游者是旅游的主体。

从旅游定义的发展可以看出，旅游在从初期单纯的旅行者活动，转向由旅游产业引导的大众旅游发展阶段的过程中，主体也从一元主体——旅游者，转向二元主体——旅游者和旅游业供给者。在大众旅游发展阶段，旅游产业的活动对旅游者的引导作用显著，如迪斯尼乐园类的娱乐园、无锡和敦煌影视城、世博园等纯粹人工旅游吸引物的营造，成为旅游业引发旅游者体验的成功案例。另外，现代遗产旅游吸引物如博物馆等，配备有咖啡厅、小酒馆和为娱乐而设计的各类陈列品，使博物馆看起来更像社会机构，而不是严肃的弘扬永恒价值的瞻仰类遗产。产业活动对旅游现象的引领作用非常明显，以至于 Boostin（1964）认为现代旅游者是完全受旅游开发商引导的没有思想的看客，Murphy（2006）认为旅游规划师是旅游的导演。当然这是一种过于极端的观点。

大众旅游阶段的旅游实际上是旅游者和旅游产业两个主体互相制约、互相作用达到的一种均衡状态，旅游发展成为包价、管制、标准化和大规模化的"福特式旅游"。而且大众旅游阶段对旅游目的地产生的正面和负面影响增多，地方政府、社区居民的行为对旅游发展轨迹的影响日益增强。随着后工业时代的到来以及后现代思潮的影响，后现代旅游者的出现,使旅游者的活动向个性化的"体验"方向转化,旅游偏好有了更大的差异性和不确定性,旅游发展向"后福特主义"转变,向细分、灵活和定制化发展(克里斯·库珀,2006)。这时旅游者的主体作用再次变得重要,对旅游发展轨迹的影响可能会超过旅游产业,甚至完全不受旅游产业的影响,就像科恩旅游者角色分类中的探索者和漂泊者,尤其是漂泊者,其完全个性化的体验不受任何旅游经营商的影响,对地方经济、社会、生态环境影响微弱,这类旅游系统完全由旅游者掌控。因此,旅游主体是一个变化的概念,随着旅游发展阶段的不同而不同,也随旅游者类型的不同而不同。

本书主要针对中国目前所面临的大众旅游进行研究,分析大众旅游对生态环境脆弱且经济欠发达的干旱地区的影响,因此,所分析的旅游主体主要是旅游者和旅游业。

(二) 旅游者分类

旅游研究学科背景的不同,使得旅游分类依据不尽相同。不同分类方式反映了研究者从不同角度对旅游所进行的研究。

Plog(1974)从心理学角度提出旅游者可依据两个维度进行划分:激进/温和维度、精力维度,相对较激进的旅游者喜欢新奇的目的地、未组织的旅行,不喜欢包价旅行,并且更愿意融入当地文化;温和性旅游者更倾向于熟悉的目的地、包价旅行和常规旅游区。精力旺盛的旅游者偏好较多的活动,而缺乏精力的旅游者则倾向于较少的活动,并将美国人口划分为一系列相互关联的人格类型,这些类型分布于两个极端之间(克里斯·库珀,2007)。①自我中心型:这种人重视生活中的琐事,他们趋向于保持原有的旅游方式,更喜欢区安全的熟悉的旅游目的地,并经常进行故地重游。②多中心型:喜欢冒险,抱有发现新旅游目的地的动机,他们很少去一个地方旅游两次。

Plog 的分类是心理学人格角度的分类,有些学者还从旅游者行为角度进行了旅游者分类。1988年Smith根据旅游者的旅游行为方式把他们分为七种类型：探索者、社会名流、非常规游客、特殊游客、小团体游客、大批量游客和包机游客(Smith,1988)。1982年Pearce用多层面分析尺度对旅游者群体的普遍性行为进行了归纳和分类，将旅游者分为五大类型：环境旅游群集、高密度接触旅游群集、追求精神满足的旅游群集、追求快乐的旅游群集、开发性旅游群集。库珀根据旅游体验活动把旅游者分为观光旅游者：休闲度假型、文化科普型、消遣娱乐型、宗教朝觐型、家庭及个人事务型、公务商务型(克里斯·库珀,2007)。

还有一类社会学的分类方法，比较著名的是Cohen的分类。20世纪70年代Cohen(2006)分别从旅游者角色和旅游体验角度进行旅游者分类研究。其角色分类法依据是社会学解释世界的通常分类变量：熟悉性和陌生性，认为"旅游作为一种文化现象，只有当人们对超出其自身习惯的事物形成了广泛的兴趣的时候，只有当人们认为接触、理解和沉醉于陌生和新奇有其自身价值时，旅游作为一种文化现象才可能产生……他们愿意在熟悉的小环境中带来的安全感中体验陌生之地大环境带来的兴奋"。这种熟悉的小环境包括熟悉的交通方式、饭店、餐饮等，这构成了他们外出旅行时所在本土文化的"环境空气泡"。

在此基础上，他将旅游者分为四种：团队大众旅游者、个人大众旅游、探索者和漂泊者。团队大众旅游者(the organization mass tourist)是最缺乏冒险性的一类旅游者，在旅程中自始至终，主要躲在自己熟悉的"环境空气泡"中，事先购买好包价旅游，所有行程都有导游陪同安排好，旅游者几乎不用自己决策什么，只需待在自己国家的几乎是排他的"小环境"中。

个人大众旅游者(the individual mass tourist)与前一种旅游者相似，但是比较灵活，留有个人选择余地，但是他所有重要旅游行程仍是通过旅行社安排,其游览并不会过多地偏离团队旅游者的路线。在熟悉的"环境空气泡"中获取游历经历,熟悉性占主导地位,但比前一类型稍弱一些,新奇体验要强于前者,但也是常规体验。

探索者(the explorer)是自己安排行程,试图与当地人交往,并学说当地语言,新奇性占主导,并不完全沉浸于东道社会中,但他们仍然需要"环境空气泡",在寻找舒适的住宿和可靠的交通方式。如果一旦情况变坏,就会退缩。

漂泊者(the drifter)是与旅行行业无联系,旅程尽可能远离家庭和熟悉的环境,没有固定的旅游线路,与当地居民住在一起,以自己的方式支付费用,将自己融入当地文化。前两类归为制度化的旅游角色(institutionalized tourist role),后两类归为非制度化的旅游角色,是大众旅游线路的先驱者。前两类旅游者制度化,使旅游成为一大产业,旅游被打包出售,标准化,被批量生产出来。这种分类方法对分析旅游者行为和旅游营销有重要的实践指导意义。

之后,Cohen又从旅游体验现象学角度进行了旅游者分类(Cohen,2006)。他通过分析旅游者个体对自己中心的疏离程度,以及对他者的文化、社会生活和自然环境的兴趣、理解和对旅游者的意义,分为五类:娱乐模式、转移模式、体验模式、试验模式和存在模式。

第一,是娱乐模式。它认为旅游是一种活动形式,在本质上与其他形式的娱乐,如去电影院、剧院、看电视是类似的。这类旅游者依附于他的社会或文化中心,离开中心享受旅程的乐趣,可使其恢复体力和智力,最终仍起到强化他对中心的依附的作用。

第二,是转移模式。这种模式是去中心的无意义的乐趣,就连间接的意义也算不上。类似于逃避型旅游者,周游在没有中心的天地里。

第三,是体验模式。这类旅游者失去了自己社会和文化的中心,无法在自己的日常环境里找到一种真正的生活,力图通过与他人共鸣的、本质上是审美的方式,去体验他人生活的真实性。这类旅游者"从他人在真实地生活"这一事实中得到乐趣,但他保持独立,只愿意观察别人的生活。

第四,是试验模式。这类旅游者是在"寻找他自身",不再愿意依附他们自身社会的精神生活,是转而向四面八方寻找替代中心的人。

第五,是存在模式。这是一种完全投身于"选择的"精神中心的旅行者的特征,即存在于它自身社会和文化主流之外的精神中心。从现象学看,其对选择中心的接受,很接近于宗教的皈依。存在型旅游者的中心并不是他生于斯长于斯的那个文化中心;这是一个"选择的"中心,是旅游者自己选择并皈依的中心。

有学者根据工作指向型和旅游指向型将旅游者划分为四类:①旅行的职业员工,以工作为主,旅游是附带进行的;②迁移的旅游工作员工,为找新生活、乐子而旅游;③非制度化工作旅游者,他们的工作是为了资助更长的旅行;④工作度假旅游者,他们视工作为娱乐,属于其旅游社会活动的部分(Uriely,2001)。

当然,还可以根据研究目的的不同将旅游者分为不同的类型,如可以根据是否选择网络决定旅程分为:不依赖网络、半依赖网络、全依赖网络的团队或自助式旅游者。

(三) 旅游的本质

对于旅游本质的讨论,大部分学者都认可应该从旅游者的角度出发,在此基本观点基础上,又细分为以下三种观点。

第一种观点认为旅游是审美、愉悦的活动。马耀峰(2007)认为旅游本质是人的一种自我完善和发展的自觉活动或经历,其目的是追求身心愉悦。曹诗图等(2006)在对"审美和愉悦"观点加以肯定的基础上从哲学层面进一步将旅游的本质表述为"异地消遣与审美的愉悦体验"。冯乃康认为"旅游的基本出发点、整个过程和最终效应都是以获取精神享受为指向","旅游是一种综合性的审美活动"。王珂平提出"旅游是一种综合性的审美实践"。俞孔坚认为"观光旅游是景观信息的探索和景观知觉过程,是一种景观审美活动"。谢彦君(2004)认为"旅游是个人前往异地以寻求审美和愉悦为目的而度过的一种具有社会、休闲和消费属性的短暂经历"。"旅游的本质是'审美和愉悦'。"他认为从旅游发生和运行过程看,由于愉悦是旅游的内核,因此,旅游就表现为一种个人的行为,并且是在个人的意愿、志趣支配下,受个人支配能力及其他能力的影响而发生的行为,是旅游主体在寻求愉悦的意识支配下与客体之间建立的一种关系,并借助某种审美或自娱的渠道表现出来。

第二种观点认为旅游是文化现象。沈祖祥认为旅游"是一种文化现象,一个系统,是人类物质文化和精神的一个最基本的组成部分,是旅游者这一旅游主体借助旅游媒介等外部条件,通过对旅游客体的能动的活动,为实现自身某种需要而作的非定居的旅行的一个动态过程的复合体","旅游属于文化范畴,是文化的一个内容"(沈祖祥,1996)。

国外学者 MacCannell 的旅游仪式论、Turne 的远方中心论以及 Cohen 的"中心"疏离论(即认为旅游是旅游者从自我的"中心"向他者"中心"的一种疏离状态),都是从文化角度的本质论探索,应该属于文化现象本质论。

第三种观点认为旅游是对一种缺失的补偿。龙江智(2005)基于体验视角将旅游看作是个人以旅游场为剧场,旨在满足各种心里欲求所进行的短暂休闲体验活动。旅行是人们的一种对缺失和欲望的反应,这种缺失和欲望是人们在家庭环境中所不能获取的(Pizam,2005)。

以上从旅游者的角度探讨旅游本质,其理论基础是认为旅游的主体是旅游者的一元论。适合早期的旅行者时期和后现代时期的旅游研究。在大众旅游发展时期,旅游是由旅游者和旅游产业两个主体共同作用下的运行系统,前已论及旅游产业的作用不可忽视,与旅游者一起决定着旅游发展的轨迹。在大众旅游阶段,单纯从旅游者角度探索旅游本质,忽略旅游业的决定力量,无法把握旅游发展的脉搏。

在大众旅游阶段,不论是旅游者活动还是旅游产业活动,其活动的主体都是人,旅游者在别样的旅游体验中获得愉悦快乐,旅游产业在供给旅游者所需要的旅游体验经历中赚取利润,同样获得快乐与愉悦。因此,从主体二元论角度,旅游的本质是主体在活动中获得愉悦、快乐。

二、什么是旅游体验

(一) 旅游体验的概念

1987年,Campbell通过对消费者调查发现,个人获得的满意度并不是来自于他们真实的选择、购买和对物品的使用,而是来自于幻想和白日梦当中(克里斯·库珀,2006)。说明消费者消费属于精神领域的活动,派恩和吉尔摩提出了"体验经济"概念,更进一步证明了消费属于借助于商品和服务的精神领域的体验活动。

派恩和吉尔摩(2008)把人类的经济生活划分为四个阶段:农业经济、工业经济、服务经济、体验经济,认为人类社会继"服务经济"之后进入"体验经济"时代。他们提出农业经济的农产品是可加工的,工业经济的商品是有实体的,服务是无形的,而体验是难忘的。把体验的消费者称作客人,从客人角度界定,"体验是当一个人达到情绪、体力、智力甚至是精神的某一水平时,意识中所产生的美好感觉"。从供给方角度界定,"体验是以服务为舞台、以商品为道具来使消费者融入其中,创造出值得消费者回忆的活动,体验就是创造难忘的经历,它使消费者身临其境,获得独特的回忆,从而创造出新的消费价值"。与过去不同的是,农产品、商品和服务对消费者来说都是外在的,但体验是内在的,存在于个人心中,是个人在形体、情绪、知识上参与的所得。可见,客人的体验是借助于服务和商品的一种精神与心理感受过程。基于此,每个人的体验因个性的差异化是不会完全一样的。

旅游者的活动是典型的体验类活动,学者对旅游体验进行了如下的科学界定。

邹统钎(2004)定义旅游体验为"旅游者对旅游目的地的事物或事件的直接观察或参与过程以及形成的感受"。旅游者投入时间精力是为了获得有价值的体验经历。

王兴斌(2003)认为"旅游就是人们离开惯常环境到其他地方寻求某种体验的一种活动"。

谢彦君(2004)认为"旅游个体通过与外部世界取得暂时性联系从而改变其心理结构的过程,就是旅游体验"。认为对于旅游体验的研究实际上构成了研究内容的核心。

吴文智等(2003)认为"旅游就是在时间和地域的跨越中,从对那种与自己习惯的文化和环境存在差异的另样文化与环境的体验中,寻求审美和愉悦等精神享受的活动,而诸如美食、康体、探险等特种旅游,事实上也是一种差异化体验,体验的结果也许是生理或心理的满足,但当离开那种特定时间和地域之后,留下的最终还是一种精神上的回忆享受。所以,旅游的本质属性就在于差异化体验中的精神享受"。

黄鹂(2004)认为"旅游是一种天然的体验活动,在旅游活动中,游客需求的不是物质结果,而是一种不同寻常的经历或者感受"。旅游体验伴随着情感反应,是旅游者对旅游产品的认知反应,旅游者在对产品的认知基础上,必然产生一种情感反应,旅游活动就是游客对旅游产品在心理和情感上的体验。旅游者的个人经历、知识背景、兴趣爱好影响着情感反应的强烈程度。当旅游吸引物与游客的兴趣或心境相符合时,就产生一种积极肯定的情感,表现为一次愉悦、难忘的经历;当与人们的爱好或心境不符时,就产生一种消极否定的情感,产生负面的体验。

以上定义中，邹统钎和谢彦君从旅游者角度的旅游体验定义比较严谨。谢彦君对旅游体验进行了深入的分析，并撰写了我国第一部关于旅游体验的书《旅游体验研究——一种现象学的视角》。他从情景角度分析了旅游体验，提出旅游情境的功能在于对旅游者心理构成"周围型刺激"。他将旅游情境分为两种类型：旅游氛围情境和旅游行为情境。旅游氛围情境是一种概念性情境，相当于旅游世界，是一个由行动者主观世界所主宰、由客观世界所构筑的连续综合体，是由行动者所体会的主观意义加以统驭的一个独特的、整体的世界。旅游世界构成一个最基本的、最大的、最模糊的主观情境，这种主观情境主要是由旅游者的旅游需要、旅游动机、旅游期望这些先在情感心理因素的作用引起的，是一种心理映照或投射，或者是一种移情。旅游者在旅游体验过程中的行为表现的直接情境因素，是旅游行为情境。旅游行为情境是一种具体的操作性的情境，它对行为的影响也就更具有方向感和力度感，在外延和内涵上接近于他用格式塔心理学所推演出的旅游场，串联在旅游过程中的各级、各类节点，以对具体旅游行为的规定和引导作用而构成了旅游行为情境(谢彦君,2005)。

随着经济社会的发展和后现代影响，旅游者的需求正在发生变化，旅游体验及其研究也随之而发生变化。目前，国外旅游体验研究出现了四种转变趋势：①重新从日常生活经历界定旅游；②从单一旅游者描述向多种体验的复合旅游者描述；③从产业客体供给转向主体旅游体验方面；④界定体验从绝对真实性向相对的、全面的解释(Uriely,2005)。

旅游者的个性化特征，将使旅游体验研究日益繁杂，但无论如何，旅游体验有一个共性，即通过个性化的体验，追求快乐/愉悦，是精神领域追求享受的活动。因此，从旅游者主体角度看，旅游体验是旅游者借助于旅游产品和服务进行的一种个性化的、快乐且难忘的经历。但旅游体验不仅仅是旅游者这一主体的活动,它也是旅游产业的活动,因为旅游者体验活动是凭借旅游产业提供的旅游产品和服务进行的。大众旅游现象由旅游者和旅游产业相互作用引起,旅游者活动是旅游者追求拥有一种旅游体验,旅游产业则为市场提供旅游者所需要的旅游体验内容。当然,目的地政府所提供的公共产品和社区居民的态度也对旅游体验有相当大的影响。旅游产业通过新科技的发展所带动的互动游戏、动态模拟、虚拟现实等,将娱乐体验设计与地方文化结合起来,带动了旅游吸引物的创新发展,为旅游者提供了新的体验产品,并产生了良好的效果,如张艺谋的映像世界,为旅游者创造了新的体验,也为目的地创造了巨大的利益。

旅游体验是旅游研究的核心问题,所产生的旅游影响则成为旅游研究的重要课题。

(二)旅游者旅游体验的特征及其最高境界

Urry(2002)从旅游者的凝视角度解释旅游,认为旅游与日常有组织的工作相对,反映了现代社会中工作与休闲分离的现象,是由旅游者在一定时间和地方进行的不同于日常工作的现代社会现象。Crick(1996)认为:"旅游世界是由许多倒逆现象构成:从工作到玩耍,从常规的准则到道德失常,从节俭到挥霍,从约束到自由,以及从有责任感到自我放纵。对某些人而言,旅游是从现实生活枷锁中的一种挣脱;它可以不承担义务,可以随心所欲,可以不受限制。"王宁(2000)认为:"在旅游过程中,旅游者离开工厂、办公室或其他日常环境,在这些地方,内在欲望的冲动为理性所约束、监视或控制。所以,在旅游当中,旅游者的行为在很大程度上依从情感原则而不是理性原则。"Leiper认为:"所有的休闲都带有某种逃逸的意思",但"旅游却因其包含有空间的逃逸而不同于一般的休闲行为。旅游者向一个或几个休闲目的地旅行过程就是这种逃逸现象"(Pearce,1987)。Smith(1989)认为:"一名旅游者指的是一个暂时休闲的人,他(她)自愿离开家,到某一处地方去参观、访问,其目的是为了体验一种变化"。

从前面旅游者角度的旅游定义和以上旅游者及其活动的解释可以看出,旅游具有以下特征:首先,是在自由时间里进行的活动;其次,是一种离开日常生活工作的逃逸行为;再次,是一种令人快乐的体验活动。

自由时间又称闲暇或余暇,与谋生活动时间相对而言,是指个人在扣除用于劳动、满足生理需要、参加必要的社会交往活动之后,剩余的可由自己自由支配的时间。换句话说,自由时间是指个人拥有的不受其他条件限制,完全可以根据自己的意愿去利用或消磨的人生时间。在自由时间里人们可以根据自己个性的偏好从事其喜欢的活动(谢彦君,2004)。根据希勒的观点,人在谋生过程中,只有在有了剩余精力或精力过剩时才游戏。也就是人只有当自由时才游戏,人也只有在游戏时才是自由的(牛宏宝,2005)。游戏是一种体验活动,因此,旅游者体验也是旅游者在自由时间里进行的自己喜欢的一种自由游戏活动。休闲可以使人"从无休止的劳作中摆脱出来,可以随心所欲,以欣然之态做心爱之事,于社会境遇随遇而安,独立于自然以及他人束缚,以优雅的姿态,自由自在地生存。"(戈比,2000;谢彦君,2005)

一个旅游者在旅游体验过程中一方面把自己投入到旅游中去享受;另一方面又是一个观看者,从整个旅游环境过程观望中反观自身,得到精神升华,使自己所认识的环境扩张,将"他者"吸收进入属于自己的环境,自由能力和程度进一步提高。在这个过程中,享受旅游体验带来的满足和快乐。因此,旅游体验属于情感领域的愉悦活动。正如斯蒂芬·史密斯(1991)所说,旅游是一种人类经历,旅游是人们所进行的并时常从中感到乐趣的一种活动。而旅游者是出自寻求愉悦的目的而前往异地并在该地作短暂停留的人(谢彦君,2004)。愉悦/快乐的最高境界是审美活动,人在自由时才发生审美活动。可以说,旅游者体验的目的是逃逸于日常生活工作享受自由快乐的活动,其最高境界是审美活动。

审美是人类非理性的感性活动,属于人类情感活动的最高境界,如康德所说"美是不依赖概念而作为一个普遍愉快的对象被表现出来的"(康德,1985)。审美活动的美感经验快感来源是:人的心身之间和谐、自由的状态;人的生命活动所达致的完满感、充实感;生命活动的自由创造和内在意义的表现。美感经验不是在概念的推理中形成的,而是人的整体生命与一个对象之间不假思索地在瞬间直接达到的整体契合,仿佛享有同一的生命、感情和生命的节奏,彼此不可分割地融合为一个和谐自由的整体(牛宏宝,2005)。按照康德所说,审美判断存在四个原则(他称趣味判断),也称完美的感性所遵循的规律:①无功利性,其判断与利益、好坏无关;②无概念的普遍有效性;③无目的的合目的性;④无规律的和规律性。由此可见,审美活动是人类感性的、无功利性的纯粹精神领域的愉悦活动。

德国诗人、美学家希勒曾经说过:只有野性的人是野人,只有理性的人是蛮人,而真正自由的、完善的人是理性和感性的完美结合的和谐的人。人作为生产者和消费者,当为基本生存需要而劳作时,其自由休闲的时间是有限的,完整的人的感性生活被压抑,主要表现为一个理性生产者的角色。在工作生活中遵守法律、道德和制度等方面的理性约束,克制感情和感性生活,以单纯理性人的形式存在。当这种压力过大时,人们甚至会遗忘自身的感性需要,这时的人是不健全的。因此,当审美的活动真正在人的生活出现时,人才才是完美的。旅游者的体验活动是实现完美人生体验的一种途径。

(三) 旅游者体验行为的不同解释

目前,对旅游体验过程的解释领域涉及经济学、心理学和社会学。各种与旅游经济相关书籍中都从经济学基本假设和基本理论角度出发,将旅游者看作是理性消费者,以旅游体验为可以在市场上交易的产品,从消费者效用最大化角度解释旅游体验动机,认为旅游者旅游消费活动的目的是追求效用最大化,价格与产品购买量/消费量成为测度其效用的指标。这是一种比较有利于量化研究的方法。但最大缺陷是认为消费者是理性的,而旅游者往往不全是理性的活动者,前面已经论述,旅游者活动的最高境界是审美活动,审美活动是非理性的感性活动。但如果旅游者自己认为在目的地瞬间的体验任何价格都可接受,那么任何旅游交易行为则可以用需求理论来解释,只是需求曲线需要变形。

1. 旅游体验过程的心理学解释

旅游体验过程的心理学解释主要从动机角度进行,属于旅游前体验行为。大多数动机理论的核心是需要的概念。需要是激发行为的动力,要了解人们的动机,必须发现人们需要什么以及如何满足这些需要。需要是个体由于某种生理或心理不足与缺乏而形成的内心紧张状态,是一种不平衡状态的反应,其实质是个体为延续和发展生命,以一定方式使用环境所必需的对客观事物需求的反应,这种反应通常以欲望、渴求、意愿的形式表现出来(张理,2008)。动机是促发人们行为或行动的内驱力。人的现实状态与某些理想状态之间会存在差异,这种差异会使人产生一种紧张状态,这种紧张状态的重要性决定了人想要减少这种紧张感的迫切程度,这种唤起的程度成为驱力,即动机(刘纯,2007)。

最初对旅游动机进行分类的是德国的格里克斯曼,他在1935年发表的著作《一般旅游论》中分析了旅游的原因,将旅游行为的动机分为心理的、精神的、身体的和经济的四大类。在1950年日本学者田中喜一撰写的《旅游事业论》中,在格里克斯曼基础上把心理的动机细分为思想心、交游心、信仰心;把精神的动机分为知识的需要、见闻的需要、欢乐的需要;把身体的动机细分为治疗需要、修养需要和运动需要;把经济动机细分为购物目的和商务目的。1964年,美国托马斯(John A. Thomas)在论文"人们旅游的原因"中提出18种旅游动机,可归为四类:①教育和文化方面:了解其他国家是怎样生活、工作和娱乐的,参观独特的风景名胜,更好地理解新闻报道的东西,体验特殊的经历;②休息和享乐方面:摆脱刻板的日常生活,过得愉快,体验某种浪漫的经历;③种族传统方面:访问自己祖居地、访问自己的家属或朋友到过的地方;④其他方面:天气、健康、运动、经济、冒险活动、胜人一筹、遵从、研究历史、社会学(了解世界的愿望)。

20世纪70年代,旅游动机朝两维度方向发展。1970年Gray提出两分法的旅游驱动力:所谓的漫游癖(wanderlust)和恋物癖(sunlust)。他认为漫游癖是人类一种内在的本质特征,它催发人们离开熟悉的环境和事物,实现漫游,并把"漫游"解释为一种内在的推动因素;而恋物癖这种欲望有赖于客观存在的、能符合特殊意愿的、优美的异域风光,他把恋物癖解释为拉力因素(谢彦君,2005)。1977年Dann提出旅游驱动因理论,于1981年完善其理论,提出旅游者动机本质上由逃避动机驱动的,进一步明确了推理和拉力两个概念,并将失范(anomie)、自我提高(ego-enhancement)、白日梦(fantasy)共同作为旅游的推力。1974年Plog提出的旅游动机理论是最广泛使用的模型之一。根据其理论,旅游者可依据两个维度进行划分:激进/温和维度、精力维度(克里斯·库珀,2007)。Crompton(1979)支持Dann的推动型和拉动型观点,确定了九种动机。他认为旅游的基本动力是"打破常规",同时强调在大多数的旅游决策过程中,发挥作用的动机都不局限为一种,而是

"文化—社会—心理的连续统一"。Iso-Ahola(1987)提出两种主要的推拉型因素。进一步发展并理论化了推动型和拉动型模型,提出了动机的逃逸——逐求维度模型。

1987年Krippendorf通过研究提出了旅游是由"远离"而不是由"走向"某一事物所驱动的,旅游的动机和行为具有明显的自我导向性的观点(刘纯,2007)。

进入90年代,旅游动机研究由二维研究法再次变为多元化。1995年McIntosh的旅游动机理论提出了身体健康动机、文化动机、社会关系动机、地位与声望动机。1999年Horner和Swarbrooke把旅游者动机分为:①身体的:包括放松、享受阳光、锻炼与健康、身心愉悦;②情感的:包括怀旧、浪漫、冒险、躲避现实、幻想、精神满足;③文化的:观光、体验新的文化;④个人的:包括探亲访友、结交新朋友、取悦他人、在非常有限的收入下寻求消费的经济性;⑤个人发展的:增长知识、学习新的技能;⑥地位、身份的:排他性的、时尚、获得一笔生意、炫耀性的消费机会(刘纯,2007)。

谢彦君(2005)提出了旅游行为动力学模型,认为旅游内驱力是补偿匮乏,实现自我,并受其驱动产生旅游需求,以追求愉悦为目的的旅游需求产生了旅游动机,表现为体验自然、文化、健康、关系、声望等。在旅游动机推动下,产生旅游行为,旅游行为表现为观赏、交往、模仿和游戏等多样化形式。旅游体验从旅游需要开始、经过旅游动机阶段,贯穿整个旅游行为过程。

克里斯·库珀(2007)对旅游动机理论进行总结归纳为:①旅游最初与需要相关,是个人需要的表现,动机推力是产生旅游行为的驱动力;②动机是从社会学、心理学中习得的准则、态度、文化、认知的基础上产生的,这些方面导致一个人具有特定的动机模式;③通过多种沟通渠道树立的目的地的形象将对旅游动机产生影响,之后对旅游行为产生影响。他认为尽管动机可以在需要的刺激和驱动下使人外出旅游，但需要本身是不能产生的，需要是通过一个人的心理和周围环境，在人类活动因素的基础上产生的。何种动机是天生的（好奇心、需求身体的接触）？何种动机是后天习得的（地位、成就），因为这类动机被认为是有价值或积极的。刘纯（2007）总结各种旅游动机，归纳为：①社交的、尊重的和自我完善的需要；②基本智力的需要，人们有了解情况、认识现实、掌握事实、满足好奇心的基本愿望；人的智力需要分两个层次：求职需要和求解需要；③探索的需要（探索未知事物的本能）；④冒险的需要。

从以上动机理论可以看出旅游是复杂的活动，旅游动机是多个同时产生的动机的复合体，并随环境变化而变化。但在两个方面存在共性：旅游动机表现为一种逃逸状态，要求脱离常规生活；同时表现为补偿某种需要，如智力需要、成就需要、探索需要等。

2. 旅游体验过程的社会学、人类学解释

旅游社会学对旅游体验的解释从三个领域展开：旅游体验的可视化属性、真实性和仪式说。Urry（2002）在《旅游者凝视》一书中强调旅游体验的可视化属性，旅游者通过凝视独一无二的景观、特别的标志性景观、比较罕见的事物、特定条件下形成的普通社会生活景观、陌生环境中举办的熟悉的活动等获得愉悦。

对于旅游体验真实性的研究源于历史学家 Boorstin 的旅游事件虚假论，其后出现 MacCannell 的旅游客体真实论、王宁的主体真实观（Cohen，2006）。Boorstin 认为：现代旅游者（相对于昔日的旅行者 travel）只是被动的看客，在熟悉的环境的保护伞下，寻找和欣赏那些非常奇异的风景。他与东道地的环境和人是隔离的，跟随着导游带领的团队，蜂拥于人工设计的"吸引物"，易于受骗地欣赏着"虚假事件"，同时又快乐地对身边的"真实"世界视而不见。这种态度反过来促使旅游开发商和当地人制造出越来越多的人工化痕迹明显的东西让旅游者看。最后,目的地(人工设计的)形象,经过商业广告的宣传,成为旅游者选择和评价目的地的风景的标准,旅游就变成了一个封闭的、自我延续的幻想系统。

社会学家 MacCannell 的旅游客体真实论认为旅游是人们远离现代社会而去追求"真实"的世俗的朝圣——正是因为真实性在旅游者自己的世界中缺失,旅游者才渴望前往"异地"或"他时"找寻它们。真实强调的是旅游者所到之处、所见之物、所经历的事件和对象的"原真"而非"舞台化"。然而在目的地旅游者这种行为却被当地人或旅游设施所妨碍——当地的人构造了上演"舞台真实"的"前台",在旅游业发展所营造的空间里,旅游者似乎无法穿越这种"前台",他们深入真实的"后区",体验当地人真实生活的愿望被挫败了。旅游者体验被认为是对客观旅游对象真实性的追求,对"他人的'真实生活'的强烈向往"。

王宁的主体真实观是对 MacCannell 理论范式的反思与发展。他提到"建构的"真实,强调旅游者自己感受到的真实,即旅游者所到之处、所见之物、所经历的事件和对象在旅游者的眼中是否真实应取决于旅游者的感知,即使是不真实的,但在旅游者眼中却是真实的。他提出"存在性的"(existential)真实的概念,即旅游者在无拘无束的过渡状态下体验到的"真实生活"所带来的充实与兴奋,它与外部环境是否真实已经没有关系。"存在性"真实将真实概念从客观完全引向主观领域。

Cohen(2006)从符号学角度的"能指"、"所指"之间的区别出发,认为"能指—所指"之间联结越来越不稳定,在"客观的"真实中,这一联结是稳定的,"真实"的概念(即能指)基本上能被研究者应用于旅游者旅途中所到之处、所见之物、所经历的时间和对象(即所指)。并且它隐含着人们可以客观地判断他们是否受到了"舞台真实"的阻挡。在"建构的"真实中,这一联结有所松弛。"真实"被认为无法被独立验证,而只取决于旅游者自身的主观判断。但旅游者对"真实"的所指的理解因各自判断标准的多元化而各不相同。

Uriely(2005)通过分析旅游者体验研究文献,提出旅游已经从由产业设计决定旅游者旅游体验目标,向由旅游者主体构建体验对象转变。这更好地证实了"真实性"已从以往强调客观对象的真实性,转向真实的体验等同于旅游者对"真实"客观认知的体验。说明构建真实性已经替换了客观对象真实性的简单概念,客观展示真实性不是因为原本如此,而是因为由旅游者或服务提供者根据自己的感知构建成这样。

Urry认为从非真实景点的游历中也能获得愉悦,用"寻找真实"来解释现代人的旅游基础太简单化了,"真实"有多样化的来源和过程的,而且从一定的意义上说,所有的文化都是"舞台化"的或者不真实的,因为不论这些文化是否被旅游者观看过,都要经历持续的再造、新建和元素重组(克里斯·库珀,2006)。

可以看出,关于旅游体验的真实性已经从客观的真实,完全转向主观构建的真实,尤其是后现代体验经济的出现,旅游者所追逐的是体验的快乐,对于体验环境或对象是否真实并不太关注。典型的例子就是迪斯尼乐园的以动画为基础的吸引物、三维电影和虚拟现实等为旅游者创造的成功的体验经历。

仪式说也称"中心"论是旅游社会学解释旅游体验的主要观点之一。借助于宗教朝圣者的概念界定旅游者,朝圣者是寻找自己生存归属宗教/精神"中心"的人。这种观点源于MacCannell对旅游者的界定,他把旅游者看作是现代世俗世界中的朝圣者,对吸引物——现代性的标志物进行朝拜,正如传统的宗教信徒对圣地的朝拜一样,吸引物是非常重要的社会符号。在社会学领域,中心是指个人的"精神"中心,可以是宗教的,也可以是文化的是对某个人而言象征着终极意义的那一个中心(Cohen,2006)。人类学家Turner的远方中心论提出传统的朝圣者所朝圣的目的——中心,存在于他们生活的世界之中,但位于其直接生活空间之外,去朝圣这个位于远方的中心,成为传统社会,特别是农耕社会中非职能型旅游的最主要的形式。Cohen 则利用文化"中心"研究旅游体验,认为"中心"是自己所生活地区的社会文化价值,提出现代的大众旅游是离开自己的精神、文化甚至宗教中心,前往外部其他文化和社会的中心的活动,在朝圣中,人们从外围涌向文化中心,而在大众旅游中,人们从文化中心走向外围。他根据旅游者对自己"中心"的疏离程度结合对他者"中心"的接近程度,进行了旅游者的体验角色分类(Cohen,2006)。

三、大众旅游体验的产生

(一)旅游体验的内驱力

动机就是促发人们行为或行动的内在力量。发现某种需求并且接受按照某种方式方法来行动的需求的过程,就构成了动机。消费者的现实状态与某些理想状态之间会存在差异,这种差异会使消费者产生一种紧张状态。这种紧张状态的重要性决定了消费者想要减少这种紧张感的迫切程度,这种唤起的程度成为驱力(刘纯,2007)。内驱力就是寻找快乐的需求、动力。旅游体验的内驱力也不例外,就是寻找快乐。

旅游体验是自由时间的享受活动。早在 20 世纪 30 年代凯恩斯就提出:"我们是凭借我们的天性——包括我们所有的冲动和深层的本能——为了解决经济问题而进化发展起来的。如果经济问题得以解决,那么人们就将失去他们传统的生存目的……因此,人类自从出现以来,第一次遇到了他真正的、永恒的问题——当从紧迫的经济束缚中解放出来以后,应该怎样利用他的自由?科学和复利的力量将为他赢得闲暇,而他又该如何消磨这段光阴,生活得更明智而惬意呢?"(凯恩斯,1932)现代旅游休闲活动的蓬勃发展即解答了凯恩斯的提问。

前工业社会劳动与休闲之间没有明显的界线。现代人工作不愉快是因为单调和无自主性。现代社会发展遵循着商人主导的思路:增加工资—增加消费—增加(或不减少,或小幅度减少)工时。物质消费膨胀,从而支撑了工作时间,抑制了休闲时间,消费主义的胜利,意味着并决定了拒绝缩短工时,因为消费主义的胜利意味着它的价值观内化在很多人心中,很多人感到自己物质占有上的不足,要去拼命地挣钱和花钱(郑也夫,2007)。在这种商人的经济利益驱动下的现代社会里生活的现代人没有其他可以替代的方式去生活,没有工作就会没有一切。所以有一份工作循着商人的主导思路度过一生成为现代人主流生活/生存方式,为跟上时代的物质消费大潮而努力工作。人们的生存状态被划分为工作—休闲一维状态,功利性分工细致,加上激烈的竞争,使得劳动者的效率必须很高,否则公司会被淘汰,人们会失业。这样,工作所要求的高生产效率和家庭所习惯的高消费水平,不仅使人生存压力增大,而且占去了大部分时间和精力。同时,高劳动生产率使现代人的时间成本达到历史最高,自由时间稀缺性也达到历史时期以来的最强程度,由此,感知自由休闲所产生的快乐的强度达到最大,旅游休闲的内驱力也达到最强水平。人们会出现从工作、家庭中逃逸,追求短暂休闲的行为,以达到快乐的目的。大众旅游行为的出现即是基于此。

(二) 内驱力产生的物质背景

大多数流行的旅游动机解释都集中于认知因素,而不是诱发动机形成、发生作用的生理构造。逃逸和追求快乐是旅游体验的本质,或说是旅游的主要动机,谢彦君认为旅游体验的内驱力是补偿某种匮乏/缺失。这都是从意识(精神)领域解释人为什么会旅游,缺失的是什么受社会运作的主导价值观影响,它会随时代的不同、主导社会的价值观的变化而变化的。在目前工业化社会里,利润至上、生产效率至上的商人的价值观主导着社会的运作,要求人们不停地生产新产品、不断地再消费新产出的产品,这种奇怪的生产——消费生存模式,及这种消费模式带给人优越于别人的满足,成为引导人们生存模式形成的杠杆。人们为了更好地消费而更努力地工作,工作几乎完全与休闲脱离。同时,人们因高度的专业化分工和劳动效率而被迫相互隔离,个人探索领域变得极其狭窄,感知的孤独感增强。逃逸工作,进行旅游体验能为现代大众旅游者带来强烈的快乐感。于是,大众旅游成为推动社会发展变化的一种力量。

社会是在每个新的复杂的过程中自我重建的(莫兰,2000)。社会是个自组织系统,大众逃逸的旅游形式,像经济利益至上的现代工业社会系统的一个噪音,推动社会系统向另一个由休闲至上的个性化理念构筑的社会系统发展。如果社会转向休闲时代,那么人们的生存模式将由商人主导的工作——消费模式,转向休闲主导的生存模式,即按照凯恩斯"如何明智、惬意地消磨时光"的方式生活,将有益于生命的一切积极因素移植到闲暇中:执著于某种活动,提高某种享受的技能,在休闲中进行社会交往,愉快地度过一生。休闲时间的稀缺性程度是增强了还是减弱了?工作时间的稀缺性如何变化?旅游体验作为其中一种有益于生命的生存休闲方式之一,带来的快乐是否还是如大众旅游阶段一般强烈?……也就是说,随着休闲时代来临后,如果休闲将成为主导的生活模式,那么人们是否会从休闲中逃逸,去追求另一种什么生活方式去满足愉悦?虽然我们不能清晰地构建这个新社会系统的详细图解,但后现代思潮的影响已经明显。后现代旅游者的出现,已经使工业化的产物之———大众旅游发生异化现象,旅游者体验行为正在向多元化方向发展,工作领域也出现变化,出现寓娱乐于工作中的形式(后面后现代思潮对旅游的影响部分将会详细解释),甚至出现旅游将消失的论调。

由此,休闲与旅游体验只是目前社会价值观下的通过自我放纵而追逐快乐的一种存在形式。快乐是取决于工作?还是取决于休闲?并不存在一个绝对的结论，应该是随时间、环境变化而变化的。但本书解释的是现代工业时代旅游体验行为，旅游体验正是驱动大众旅游享受快乐的主要方式之一。

快乐的动机是精神、心理的行为，从物质决定论看，应该有其物质根源。人脑及其结构和功能则是决定精神动机的物质基础，因为人脑是认识、行为和行动的组织中心（莫兰，2000）。

理性的人所追求的人类最基本的社会价值观是真、善、美。人的理性即表现在按照社会核心价值观生存，理性有利于维持社会秩序的稳定性。一般认为"人是理性的"，但莫兰将人类称为"智人"，从生物学家的人脑构成研究出发，提出了人的"智人—狂徒"存在的悖论，即逻辑操作、感情冲动和基本的生存本能之间、调节和放任之间的永恒的组合性的游戏（莫兰，2000）。

莫兰从脑的"三合一"的概念分析提出智人—狂徒的悖论。脑"三合一"概念由美国生物学家Maclean首次提出，法国生物学家Laborit再次提出，即把人脑考虑为古脑、中脑和新脑三个层次构成，每一个脑层次都把总体的现象局部化。其中，脑干是哺乳动物集成的爬行动物的脑（古脑），古脑是生殖、捕食、地盘和群居本能等的控制部分；边缘系统是最初的哺乳动物的脑生长的遗产（中脑），是感情现象的控制部分；连接皮层是高级哺乳动物和灵长类特有的脑发展的结果（新脑），可能是逻辑操作的控制部分。三个层次等级微弱，实际上是三个互相影响的亚系统，即人脑是一个自组织系统。可以说人存在于理性和狂徒两极之间的某个点，以一维的理性—狂徒模式存在，是偏向理性还是狂徒，受四种基本控制决定，即环境（环境系统）控制、遗传控制、大脑皮层控制、社会文化控制。当同时受四种基本控制时，则人的理性表现达到极限，当同时缺失四种控制时，智人的放纵就会汹涌泛滥直至顶点，变成狂徒，智人所追求的放纵的快乐不只归结为满足的状态，即一个欲望的实现、一种紧张状态的消除,放纵的状态似乎洗清了焦虑,把暴烈的情绪转变为游戏和快乐的心情,达到极度的欢畅和幸福。说明放纵最终是达到极度快乐。智人的特点并不是化解情感走向理智,而是相反地真正的心理—情感的爆发,甚至出现感情的放纵。当然智人和狂徒是少见的两个极端,一般人存在于两极之间。莫兰认为疯狂性是人类一个中心问题,而不是异常状态或渣滓因素,疯狂不仅是放纵、神经症、无序,而且是存在的不可理性化的部分(莫兰,2000)。可见,以理性为智人的基本特征,那么非理性即是疯狂性的特征。如此,则莫兰的"智人—狂徒"悖论变为关于人的"理性—非理性"的存在的理论。

莫兰认为四种基本控制中,社会文化控制对抑制智人的放纵起主要作用。社会文化具有地域性,社会文化对人的控制即相当于科恩描述的"中心"概念,即自己所依附的社会文化规范,科恩把旅游体验看成是一种疏离或寻找"中心"的活动。在古代,生产和休闲是不分离的,大众的休闲融合在生产中,放纵只是有闲阶层的特权。社会文化规范发展历史相对比较短,对有闲阶层的控制有限,许多休闲活动呈现出暴力放纵形式。"有闲阶级将他们大部分时间消耗在骑马、血腥运动(斗牛、打猎等)、决斗、马上比武,还有阴谋、谋杀、战争和对自己同胞的攻击上,暴力好像是男人们宣泄被限制的精力的主要出口,暴力和危险的结合——特别是那些他们有把握克服的危险——让这一切变得更加刺激和令人满意足。"(西托夫斯基,2008)历史上解决了温饱的贵族,摆脱空虚和无聊的途径除了堕落外,还有另一种方式,就是开发精神世界,使自身完美,使生活艺术化(郑也夫,2009)。后一种方式成为人类积极向文明发展的基本动力。

随着社会文明的推进,"中心"对人脑的刺激的积淀日益深厚,理性的文明程度增强,人类自身日益完善,放纵行为主要体现在休闲活动中。社会文化控制的作用使人们的休闲生活内容文明程度不断提高,文明的旅游体验活动成为大众化行为。所以用"自由"词汇来表达"放纵"更合适,因为人们表达自由的行为更多地表现为文明而不是野蛮的狂徒行为。由此,在莫兰"智人—狂徒"存在模式基础上,以社会文化控制为基准,可以将人理解为是受"中心"控制和摆脱"中心"的存在,即"中心约束—自由放纵"存在模式,这里的自由概念是相对于受社会文化控制的理性人而言,界定为是一种不受自己所依附的社会文化"中心"控制的倾向。当强烈依附于"中心"时,表现为理性智人存在模式;反之,则表现为自由放纵、追寻快乐的存在模式,当然这是两种极端模式,一般人都存在于"中心约束—自由放纵"这个一维上的某个点。虽然理性在影响人的行为时占绝对优势,但受三合一脑结构的影响,脱离控制,呈现自由倾向是一直伴随人发展的。可以说,人是受"中心"控制的,是偏向中心一端还是偏向自由一端?偏离倾向强度如何?受社会文化"中心"这一基本控制力影响。当然其他环境(环境系统)控制、遗传控制、大脑皮层控制三种基本控制也对其有影响。正是因为受"中心"的影响,人表现为理性、社会则表现为秩序性。

在现代社会,外出进行旅游体验表现为逃逸形式,是人自由倾向的表现形式之一。所以旅游是脱离"中心"控制的自由休闲行为。就像心理学家 Neulinger 所说的"休闲感有且只有一个判断,那就是心之自由感。只要一种行为是自由的、无拘无束的、不受压抑的,那它就是休闲的。去休闲,意味着作为一个自由的主体,有自由的选择,投身于某一项活动之中"(谢彦君,2005)。旅游体验可以把压抑带来的不快乐情绪,转化为游戏和快乐的心情,是理性人自由放纵的一种体验。

脱离"中心"的自由倾向及其倾向的深度,受脑的三体合一系统决定,主要受社会文化(中心)控制作用强烈。旅游者的逃逸、脱离"中心"行为,并不一定是像社会旅游学家科恩所描述——找寻适合自己生活的"中心",而是受三位一体的脑系统的控制呈现的一种自由放纵倾向,进行非理性的人生漫游,是一种追求快乐的情感体验,其最高境界是审美体验。但其中一种自由的表现形式可能是 Cohen 旅游体验分类中的观看"他者中心"或找寻适合自己的中心。可见科恩的脱离或寻找"中心"的旅游体验界定,是在假设人类完全是单一理性存在模式前提下的概念,认为人类的旅游体验都是理性地依附于中心,或脱离中心游离于中心之外,或寻找适合自己的"中心"。

格雷(Gray)1970 年在他的《国际旅行——国际贸易》一书中提出了休闲旅行的两种驱动力:漫游癖(wanderlust)和恋物癖(sunlust),他认为漫游癖是人类一种内在的本质特征,并催发人们离开熟悉的环境和食物去实现漫游,而且他把"漫游"解释为一种内在的推动因素。漫游实际上就是非理性的旅游体验活动。

综上所述,莫兰在人脑的"三体合一"自组织系统的基础上,提出了人类"智人—狂徒"的存在模式。受此影响,本书根据社会文化控制(即科恩的"中心")对"智人—狂徒"模式的影响,认为人表现为"依附中心控制"和"脱离中心控制"的存在模式,即"中心约束—自由放纵"存在模式。"依附中心控制"使人表现为理性规范存在状态,"脱离中心控制"则使人趋向于自由存在状态,人存在于两个极端之间的某个点。旅游体验即是脱离中心控制的一种自由存在趋向,决定这种趋向的物质基础则是脑的"三体合一"自组织系统。

(三)大众旅游蓬勃发展的原因

经济学家西托夫斯基说"文明的不断进步将会促使我们享受闲暇的教育和我们的闲暇时间同步推进"(西托夫斯基,2008)。人类逐步将放纵的活动释放于良性活动中,如科学研究、探险、文学、艺术、体育活动、技巧性游戏、运气游戏、娱乐业等,其中审美活动成为最高尚的活动之一。但是,这些活动都是需要掌握一定技巧的技能型活动。从生产和消费的角度看,这些活动属于人类消费领域的活动。西托夫斯基提出,消费技巧是文化的一部分,而生产技巧却不是,他认为文化"是为一种训练和技巧——享受某种刺激型满足所需要的训练和技巧。日常生活中不知不觉学到的知识除外"。文化可以为享乐而存在,甚至它唯一目的就是提供享乐。处于科学和技术方面的需要,经济力量持续地推动了把博雅教育和人文教育(humanistic education)挤出课堂的过程。职业教育和专业教育也越来越把消费技巧挤出课程表。更多的财富意味着更多类型的消费,享受这些消费需要更多的消费技巧,我们有更多的机会进行体育运动、比赛和休闲活动,有更多的机会旅游观光,可缺少尽情享受这些事物的技巧和知识。甚至缺乏掌握这一技巧的愿望。古典教育与现代教育的最大差别是后者是教人们如何工作,而前者是教人们如何生活的(郑也夫,2007)。

审美作为旅游体验的最高境界,是一种需要技能的感性体验活动,是人的"存在性境域的显现活动",即是人在历史展开中的自身投射和在这种投射中事物的完美被呈现,以及在事物中的被完美呈现中人自身的存在性境域的澄明呈现(牛宏宝,2005)。审美活动是通过赋形进行显现活动实现的,即通过把人存在性境域所展开的呈现或显现本身凝结或聚集为符号形式,也就是让人的存在性境域的显现或呈现本身生成自身的符号形式。人类符号形式来源大致可分两类:一类是指称性符号或推论型符号,即用来指称不在场的事物或者是替代事物的概念,这种符号本身没有意义,只有联想到它们所指称的事物或意义时,才有含义,如逻辑、概念语言、交通符号等;另一类是显现性符号或生命符号,即不是用来指称事物或概念,而是自身具有意义的符号,它不是代表物,而是它的意义就在自身之内,审美活动的符号形式就是显现性符号形式,属于艺术语言。符号形式显现的介质是体积呈现、声音呈现、光呈现、色呈现、线条呈现(牛宏宝,2005)。没有受过专业训练的人很难理解显现性符号的意义,自然难以欣赏这些显现性符号所蕴涵的美，即难以进行审美活动。

随着技术的进步，专业化分工日益细致，科学、探险、文学、艺术等以及审美活动也被专业化，以专业化技能形式被少数人所有。大部分人虽有更多的休闲时间，但因为消费技巧的缺乏训练，将放纵倾向转向那些需要较少技巧或者不需要技巧的消费类型上，如看电视、兜风、购物等，造成业余时间低价值。与此相反，一种适合缺乏消费技巧的活动——大众旅游应运而生。

大众旅游体验虽然到达的是陌生的环境，但因为有训练有素的专业导游或讲解员的解说，成了边学习、边享受的良性体验活动。这就是大众旅游能够日益发展的原因，因为它不需要专业的审美技能，也能体验到审美的快乐，虽然可能是肤浅地体验。从这方面看，专业导游和讲解员的素质及其所提供的服务水平，应该是影响旅游者体验快乐的重要因素，也是影响旅游吸引物竞争力的重要因素。

四、旅游体验的分类

旅游体验是借助于旅游产品和服务所享受的难忘的经历，以心理感受为主。所以，对于旅游者旅游体验活动需求和动机的研究大部分是从心理学角度进行分析的，一部分是从社会学角度进行分析的（如Cohen的旅游者体验模式分类）。

旅游体验需要和动机是内驱力的具体心理表现形式。受人脑"三体合一"自组织系统的决定，人表现为"中心约束—自由放纵"的存在模式，放纵终极目标是快乐。自由放纵、暂时摆脱"中心约束"、达到快乐成为旅游体验的内驱力。实现快乐的路径是多种多样的，因人而异，以不同的需要和动机形式表现出来。所以学者对旅游需要和动机的研究成果多种多样，难以统一，这是正常的，因为人的快乐完全是个性化的体验，是精神领域的感悟，不同人的体验自然是不同的，而且同一个人在不同时期、不同地区的体验需要是不同的。

Leiper(1990)评价研究旅游者需求和动机不是很有用,因为许多旅游动机与娱乐动机是一样的,如放松需求、交友、娱乐、体验等不同动机,在休闲中或家中都可以实现,同时,后现代旅游是多种多样的。即便如此,本书认为在大量实证基础上进行需要与动机的归类研究仍然有必要,至少可以分清楚旅游者的大致类型及其行为规律,为旅游业及旅游系统可控性发展提供依据,优化配置各种资源,同时有利于研究人的自我完善路径。

Ryan把旅游需要分为智力需要、社会需要、能力需要、规避刺激需要四类(谢彦君,2005)。Pearce利用马斯洛的需求层次理论开发了旅游体验需求层次,包括五个层次:放松需要、刺激需要、关系需要、自尊和发展需要、自我实现需要(谢彦君,2005)。马斯洛需要层次是人本主义心理学的观点,是肯定作为人的积极性,从机体倾向于尽量实现自身能力、自身人格,即自我实现的倾向出发的需要层次分类,由此,Pearce旅游者体验分类也是假设人是积极性基础上的分类。谢彦君将旅游体验分为补偿性旅游体验、遁世性旅游体验、认知性旅游体验和另类色彩的极端旅游体验几类,其中补偿性旅游体验又分为三类:技能补偿性体验、关系补偿性体验、环境补偿性体验。并认为旅游体验是通过旅游观赏、旅游交往、旅游模仿、旅游中的游戏。

前面所述旅游体验动机的各种心理学解释,大部分是从有意识的动机角度出发的成果,反映了旅游体验内驱力作用下多元化心理表现形式。"中心约束—自由放纵"模式已论述旅游体验是人趋向自由存在的倾向,人从"中心约束"向"自由放纵"方向驱动的形式更多地表现成一种无意识的状态,体验需要和动机应该也是多元化的,追求快乐的需要和动机可能会表现为积极的,也可能会表现为消极的,取决于社会文化"中心"对个体的控制力度。Pearce的体验分类只是反映了积极性需要的一面,不够全面。谢彦君的体验分类包含遁世性和极端旅游体验类型,是目前相对比较全面的体验分类。

"存在理论"研究已经提出无意识动机对行为有重要的预测作用的观点,个别学者将无意识动机用于旅游者研究方面。如 Ralston 用 McClelland 的无意识的联盟(affiliation)需求概念研究认为,高联盟倾向的人选择非冒险的目的地。Dubois 通过测试意识和无意识动机,根据成功、权利和联盟将人分为四类:有意识的高成功、权利需求型,高意识联盟需求型,高无意识权利和联盟需求型,高无意识的成功需求型。需要也分有意识需要和无意识需要,无意识需要影响无意识动机和行为。Tran 和 Ralston 在 Ralston 与 Dubois 研究基础上,用演绎法分析了无意识需要对旅游偏好的影响,选择两组变量,即无意识成功动机与冒险旅游偏好、无意识联盟动机与文化旅游偏好进行分析,通过对美国背包旅游者的实证分析只得出第一组旅游需求与偏好之间的关系,即无意识成功动机与冒险旅游偏好正相关(Tran and Ralston,2006)。

综上所述,受有意识动机和无意识动机的决定,旅游体验的分类也是多元化的。它与旅游者分类一样是多元的。不论哪一种分类,都是从不同角度对旅游现象所作的有益的研究。

五、旅游体验认知地图

受内驱力驱动,旅游者内心出现旅游体验的需要和动机。选择哪里去实施旅游体验,受旅游者脑海中形成的旅游认知地图的决定。旅游认知地图概念源于认知心理学。

认知心理学是 20 世纪 50 年代中期在西方兴起的一种心理学思潮,20 世纪 70 年代开始成为西方心理学的一个主要研究方向。它研究人的高级心理过程,主要是认知过程,如注意、知觉、表象、记忆、思维和语言等。以信息加工观点研究认知过程是现代认知心理学的主流,可以说认知心理学相当于信息加工心理学。它将人看作是一个信息加工的系统,认为认知就是信息加工,包括感觉输入的编码、储存和提取的全过程。人的知觉不是简单的刺激—反应结果,而是根据一种心理经济模式,对刺激—反应形成的感觉,进行选择性的接触、注意和保持,进而形成知觉。感觉是认识世界的第一步,是对事物个别属性的反应,任何较高级、较复杂的心理现象都是在感觉基础上产生的,属于外部感觉,包括视觉、听觉、嗅觉、味觉和触觉。知觉是在感觉基础上产生的,是将许多部分的刺激组成一个有组织的过程,分为空间知觉、时间知觉、运动知觉。知觉与感觉的一个重要区别在于,感觉受刺激所在的先前刺激、环境背景和知识经验的影响相对小,而知觉与这些自上而下起作用的因素却有密切的联系(邵志芳,2006)。由于个体先前刺激、环境背景和知识经验等的自上而下的因素差异显著,所以知觉的个性化差异是非常明显的。

学者将心理学的认知现象应用于旅游者行为研究中,出现了旅游感知和认知的概念。旅游感知是旅游者在其常住地或旅游目的地将外部旅游信息被动接收后,与自身已有的旅游经验进行对比所形成的与旅游目的地事物密切相关的认识和评价。旅游认知是旅游者在已有感知印象的基础上,根据原有旅游经验或实地旅游体验经历对旅游目的地相关信息主动进行选择、反馈、加工和处理的心理过程,该过程可以发生在旅游者常住地,也可以发生在旅游目的地,以形成对旅游地相关事物的总体认识和评价为最终目标(白凯,2008)。旅游感知和认知定义及心理学感知和认知概念的区别在于,心理学感知和认知的概念强调对心理过程的研究,旅游者行为研究中旅游感知和旅游认知的概念强调对评价结果的分析。

认知心理学中的行为主义学派力图解释认知现象的途径,将所有心理学问题都简化为刺激和反应之间的关系(S—R模式)。新行为主义心理学派代表托尔曼(Edward Chance Tolman)认为目的是行为的决定性因素,也称"目的行为主义",其主旨为:①行为是有目的的,总是指向一定的目标;②要达到目标,就要选择一定的途径和方式;③选择的途径或方式应当符合最小努力原则。他将 S—R 模式改为"S—O(机体)—R",引入中间变量 O。中间变量的范畴指:①需要系统——特定时刻的生理剥夺和内驱力情绪;②信念价值动机——是宁可选择某种目的物的欲望的强度和这些目的物在满足需要中的相对力量;③行为空间——行为是在个体的行为空间中发生的,在这些行为空间中,有些事物吸引人(具有正效价),而另一些事物则令人厌恶(它们具有付效价)。中间变量是不能直接观察到的,但却是行为的决定着。在此基础上,他进一步提出"认知地图(cognitive map)"的概念,解释了个体对于外部环境信息进行收集、组织、储存、回忆和熟练应用的能力,是对知觉过程的解释(邵志芳,2006)。

认知地图概念在心理学研究领域指个体对外部环境认知的内部加工过程,应用于地理学研究领域后,被看作是人类对外部空间环境因素认知的呈现形式(马耀峰,2005)。可见,认知地图概念不仅包含加工过程,还包括加工的结果——呈现形式。随着行为科学研究的产生和发展,认知地图逐步脱离了其初始的概念和表现形式,被认为是可以解决涉及大量复杂指标系统的有力研究工具,这种认知加工结果的呈现方式也被称为模糊认知地图(FCMs, fussy cognitive maps)(Kang and Lee, et al., 2008),并被广泛地应用于政治科学、行政科学、国际关系、管理科学等学科的研究。随着认知地图概念和应用领域的不断扩展,认知地图的概念有所泛化,它可以被视作个体对各类外界信息认知程度的描述和呈现方式。这种呈现方式可以是二维平面中点与点之间的平面分布,也可以是二维平面中各点之间的相互路径关系(相关性)。

Yang(1999)把认知地图概念应用于旅游研究后,提出旅游者认知地图不仅可以描述旅游者对旅游环境空间的学习,同样可以描述旅游者在旅游目的地体验的结构和组成。

旅游认知地图的学习和建构对象既可以是旅游目的地、旅游吸引物,也可以是旅游体验。从新行为主义心理学角度看,感觉是"刺激—中间变量—反应"的结果,旅游者对旅游体验、旅游吸引物、旅游目的地的感觉是通过"刺激"+"中间变量"产生的。由于人头脑中83％的信息是通过外部感觉中的视觉获得的(张理,2008),所以旅游体验感知刺激来源于旅游目的地的营销纸质、电子图册、文学书籍、艺术作品、可视媒体等,在此基础上受"中间变量"影响,形成对旅游体验、旅游吸引物、旅游目的地的感觉,进而形成旅游认知地图。

在旅游认知地图形成过程中,虽然受个人心智差异的影响,但主要的知觉组织材料还是源于客观世界,是主观意识对客观世界的加工结果。同时从个体的行为学习理论和认知学习理论看,旅游者知觉形成也受客观因素影响。行为学习理论即"刺激—反应"理论假设个体是信息被动的接受者,认知学习理论则认为个体不是信息被动的接受者,而是主动寻找和参与信息,通过实际经验和感知来学习(夏代尔,2007)。因旅游者个人兴趣、需要和动机、经验和期望、个性社会地位等差异显著,所形成的旅游认知地图也千差万别。由此,旅游认知地图是指旅游者对旅游体验的主动构建过程和呈现结果,它是旅游者在脑海中构建的一幅美妙的图景世界,形成于旅游体验前、旅游体验中、旅游体验后各个阶段。

格式塔心理学的格式塔原则(又称完形形式原则)是:人的知觉有一种天赋的倾向,即先天性地倾向于将知觉经验把握为一个完整的形式,无论这个经验本身是什么样子(邵志芳,2006)。谢彦君(2005)将旅游者对旅游体验所形成的旅游认知地图命名为"旅游世界",并从格式塔心理学角度分析认为,旅游世界是一个由主观世界所主宰、由客观世界所构筑的连续综合体,是由行动者所体会的主观意义加以统驭的一个独特的、整体的世界。他提出,旅游行为发生之前,客观地存在着影响这种行为的特征和取向的某种环境或情景因素(setting)。

20世纪80年代美国学者Campbell通过对消费者调查发现,个人获得的满意度并不是来自于他们真实的选择、购买和对物品的使用,而是来自于幻想和白日梦,来自于他们脑海中对快乐的追求。人们在"现实中"寻求体验快乐的舞台剧,这些舞台剧早已深植于他们的白日梦中。但是现实往往表现的令人大失所望,所以游客就继续热衷于选购最新的产品或访问最新的景点(克里斯·库珀,2007)。可见,这个白日梦中的"舞台剧"即相当于旅游者构建的旅游认知地图内容,它对旅游者的决策有重要的影响。白凯(2008)通过对西安入境外国旅游者的实证研究进一步证明,旅游者旅游决策行为受认知地图影响。

六、旅游者对旅游体验的选择

旅游者在旅游决策前所构筑的美好的旅游认知地图,成为个人旅游偏好的重要组成内容,是旅游行为决策的内部原因。当外部因素,如时间、可支配收入条件、政治环境一旦许可,旅游者旅游体验行为便会发生。

个人在旅游前所构建的旅游认知地图一般是适合自己品味的,自我感知愉悦、快乐、美好的"图景世界",这幅图景构筑受社会价值和自己审美技能的影响。其中,社会价值观(即中心)对其旅游体验目标选择有引导作用,个人审美技能则对旅游体验图景世界选择、构筑有重要作用。

根据经济学家西托夫斯基提出的新奇和冗余概念,本书认为旅游者自己构筑的旅游认知地图,受新奇/冗余比值决定。因审美技能、社会价值观不同,个人所能接受的新奇/冗余比值是不同的,由此,形成多样化、个性化的旅游认知地图、旅游体验。

西托夫斯基提出：客观信息中很大一部分是冗余的、全新的和我们以往的知识全不相干的信息，最多只能交给记忆进行处理，而这样的记忆对大多数人来说是一个困难和不愉快的过程。一个完全不熟悉的景象、声音、味道或气味注定是令人困惑和不快的。因此，为了使新事物具有使人愉悦的刺激力，冗余的内容是必不可少的。而且冗余的程度和数量与事物的愉悦性息息相关。就像完全原创和没有冗余的事物是令人困惑的一样，完全陈腐的事物或完全冗余的也是令人不快的，因为它无聊。从动物的行为试验看，新奇事物一出现，动物首先感觉的是恐惧，会采取保持一段距离的行为，随着新奇事物的多次刺激，动物行为会变成接近和观察，最终新奇感丧失，探索行为减少，甚至被忽视。可见，新的令人惊奇的事物永远是令人刺激的，但只有在一定限度内，它才是吸引人的，超过那个限度，它就会变得使人困扰和恐怖。刺激变得令人享受，必须混合冗余和新奇两种东西，冗余令人享受的程度取决于一个人所拥有的知识和他以前的经验。随着新的程度和奇怪的程度的提高，它对人的吸引力开始上升，随后下降。这种心理学中反应快乐程度和感觉强度之间关系的曲线称冯特（Wundt）曲线，显示出最令人愉快的和最令人不愉快的东西比邻而居，之间边界模糊，不同人边界也不同。可见，最令人愉快的东西介于多和少两个极端之间。

冗余是人熟悉的内容，当新奇量达到最多时，则冗余量达到最少；而新奇量趋于极少时，则冗余量达到最多。对职业艺术家来说，他所欣赏的任何艺术品的冗余量要比普通大众眼里的冗余少，其结果是职业艺术家眼中最令人愉悦的冗余/新奇比值的作品，在公众眼里可能显得过于大胆、反叛，不能欣赏，也无兴趣。所以，快乐源于包含一定量冗余的刺激，这个令人快乐的刺激/冗余比值因人而异。

可见，适合大众口味的审美符号的冗余量明显高于专业化人，所以专业化审美符号一开始是不被大众接受的,但它能通过多次的出现,成为引领大众审美能力的培训者和先导者。旅游吸引物的发展也如此,在旅游规划专家和探索者的引领下,大批默默无闻的旅游吸引物成为大众旅游者体验的对象。

大众旅游所体验的内容需要一定的冗余量,即旅游者熟悉的内容。Boorstin 提出现代旅游者(相对于昔日的旅行者 travel)只是被动的看客,在熟悉的环境的保护伞下,寻找和欣赏那些非常奇异的风景。Cohen 的团队大众旅游者、个人大众旅游者和探索者出游要选择在自己熟悉的"环境空气泡"中进行,团队大众旅游者是完全躲在自己熟悉的"环境空气泡"中进行旅游体验的旅游者,后两种需要的自己熟悉的"环境空气泡"的内容依次减少。熟悉环境保护伞或环境泡即是冗余内容,包括住宿、餐饮、交通等等。

旅游者可以按照能够享受的新奇—冗余量进行一维类型划分:越趋向新奇一端,审美专业技能水平越高,接近于各领域探索的专家;趋向于冗余一端,则专业技能越低,越趋向于大众化,对熟悉的环境泡的依赖性强,大众团队游则属于冗余量要求比较多的消费形式。因此,旅游体验产品、旅游目的地、旅游吸引物的吸引力可以从新奇/冗余比值角度去分析和预测市场需求,而不是只从新奇角度去分析,专业化水平高的新奇产品市场需要一定时间的培育(营销),使之能够呈现出一定量的冗余,才能适合大众体验需求。反之,冗余量过多的吸引物则成为缺乏市场、重复建设的失败品,尤其是人造旅游吸引物。Cohen 根据熟悉性—陌生型进行的旅游者角色分类是新奇/冗余比分类的基础,但 Cohen 的分类过于粗。本书认为在此基础上,进行不同个体心智差异基础上的新奇/冗余比值二维分析,有利于旅游者类型细致的量化分析,也有利于较清晰地理解旅游者旅游体验的选择行为。

七、后现代对旅游体验的影响

后现代指由发展所致的一系列新文化范式和新社会意识,也指第二次世界大战以后诸如艺术、建筑、运动、政治、电影、旅游、科学等各种领域的变化。后现代理论形式和模式由一系列特征变化构成,包括非构建型、主观主义、怀疑主义、反经验主义、互文意识(intertextuality)和相对性。不像大理论将社会概念整体化,后现代理论强调生活的多样化和丰富性,强调实践中个人和主体谈判的权利,在组织活动权利方面是积极的;后现代的妥协特点趋向于根据相对真理概念化现实世界,反映出它的反二元论和反等级论。其理论是以"两者都"而不是"其中之一"来描述,分析很少有权威性和决定性,比现代知识系统更普及。所以现代理论像立法者,而后现代理论像解说者(Uriely,2005)。后现代这个术语被西方学者引入旅游研究后,引起了人们对旅游学概念的反思。

旅游在现代被强调与日常生活的不同,是离开日常生活追求自由自在快乐旅游体验的活动。但是,这种离开日常生活的旅游体验概念受到后现代理念的冲击,现代理念下社会是规范、审美、组织方面有差异的,而后现代是去不同化的过程。

Urry(2002)定义了日常生活与旅游者体验之间日渐减少的差异性,作为"旅游终结"观的论据。其观点是如果界定旅游体验是享受异地风光、接触其他文化得到愉悦,那么这些体验在日常生活也可以实现,因为现在处于大众媒体时代,吸引物能够通过录像看到,真实性存在于家中。同样,家附近的主题公园和Shopping-Mall可以将不同地方的环境风光模拟展示给我们。因此,去一定地方旅游体验不必要了,还提出,不论在度假还是进行日常生活,人们大部分时间都在扮演一个旅游者的角色。Munt(1994)认为"旅游是每件事,每件事都是旅游",强调不同活动与旅游已经结合,如徒步、探险、爬山、滑雪、山地自行车都是旅游形式,尤其是生态、建筑、人类、科学类型旅游的激增,强调职业生活主义与旅游消费之间界限已经变得模糊,因为工作中职业经理组织员工进行户外训练已经使得旅游与职业化工作互相渗透。Ryan(2002)、Ryan和Birks(2000a)认为旅游与工作是非对立的,随着企业中休闲娱乐的出现,如体育馆、蒸气浴、淋浴、滑板空间等已经被设计与工作场一体化,商务旅游就是与工作相关的旅行,商务旅游者是看朋友、亲戚、参加体育运动与度假融合的一类人。

Uriely(2005)研究了现代和后现代思潮对旅游体验的影响,认为受后现代理念影响,旅游体验表现为以下几个特点:①去不同体验化,②表现为复合体验形式,③主体角色发生变化,④向相对解释方向发展。定义后现代旅游是"多样化发展,包括向大众旅游转变,自然型与环境型假日地的繁荣、怀旧与历史相关地点增加、有刺激和主体旅游吸引物的增加、模拟的和其他后现代旅游的发展。其中,模拟旅游是后现代的典型环境;由于强调追求真实,其他后现代旅游主要形式是对自然和乡村的需求增加"。

从理论到行为的多元化是对后现代特征的高度概括。后现代对西方旅游者将会产生重大影响,虽然受经济、社会发展水平的影响,国内大众旅游受后现代影响不明显,但它对西方旅游者的影响,将会通过入境旅游者行为对中国旅游业产生一定的影响。

第五节 旅游业产品和旅游业的定义

一、产业的定义和属性

苏东水(2002)定义产业是"具有某种同类属性的企业经济活动的集合"。产业具有以下属性或特征:第一,从需求角度来说,是指具有同类或相互密切竞争关系和替代关系的产品或服务;第二,从供给角度来看,是指具有类似生产技术、生产过程、生产工艺等特征的物质生产活动或类似经济性质的服务活动。产业活动是专指具有经济性质(即为一定的经济目标服务)的各项活动。

Koch(1977)认为,同一个产业内部各企业的产品不能相互替代,并且不能卖给不同的顾客群。

Ferguson(1994)指出,产业是指产品组可以被替换的供给方。Andrews(1949)提出,产业是由许多经营业务相似(意味着有相同的技术资源)的企业组成,他们的经验和知识背景相似,能够生产具有吸引力的、独特的商品。根据该定义,产业内部各企业之间是无竞争的。

从以上定义可以归纳出产业的属性,首先,产业从事的是经济性质的活动;其次,由若干相互之间非竞争性质的企业组成,各企业的产品不可相互替代,拥有同类顾客群,这些产品组成了产业供给顾客的产品组;再次,同一类产业具有类似的生产技术和过程,产品组之间相互竞争、相互替代。

二、构成旅游业的核心企业和旅游业产品的定义

在中国旅游理论界,比较流行把旅游者消费的食、住、行、游、娱、购产品称为"六要素"产品,但缺乏对"游"的内涵解释,是指旅游吸引物业提供的"游览观光",还是"旅行社服务"?如果单指两种产品中的任何一个,则不够全面;如果同时指二者,那么把旅游吸引物业和旅行社业的产品合在一起,不利于旅游业经济效益分析。如果把吸引旅游者出游的产品部分定义为"游览观光"是不够全面的,应该用旅游吸引物产品代替(后有论述)。

2000版ISO9001标准作为通用的质量管理体系标准,把产品定义为"过程的结果",包括有形的实物产品和无形的"服务"。在旅游者消

费的旅游业产品中,提供饮食、住宿、交通、旅游吸引物、娱乐和购物产品的企业,既提供有形的产品,又凭借有形产品提供无形的服务,唯独旅行社企业没有有形产品,只有无形的服务产品,必须依托其他六种产品提供服务,是典型的体验产品供给企业。

旅游者消费的交通、住宿、饮食、旅游吸引物游、娱乐、购物、旅行社服务等产品,分别由交通企业、住宿企业、饮食企业、旅游吸引物企业、娱乐企业、旅游商品销售企业和旅行社的产品组合而成,几种产品之间是不可替代、无竞争的,共同构成的产品组——旅游线路,即是旅游产业经营的产品。各旅游线路之间可以相互竞争、相互替代,它们拥有共同的顾客群——旅游者,且构成旅游业的几种基本企业的经营活动是赢利性质的,这一切符合产业的定义和属性。但需要注意的是旅游吸引物只有一部分属于企业经营性质,许多旅游吸引物,如文物单位、国家森林公园、保护区等属于事业单位性质,但这类事业性质的旅游吸引物也是通过供给旅游市场历史文化和风景体验产品而获得利益(门票收入)的,所以可以归入旅游吸引物企业一类。

因此,为旅游市场提供"旅游业核心产品"的交通业、住宿业、饮食业、旅游吸引物业、娱乐业、旅游商品业和旅行社等企业组成了旅游业的核心企业,其产品是综合性的服务产品。因此,旅游业产品可定义为"是指旅游经营者为满足旅游者在旅游活动中的各种需要,而向旅游市场提供的各种物品和服务的综合。旅游业核心产品由旅游交通、旅游住宿、餐饮供应、旅游吸引物、娱乐项目、旅游购物、旅行社服务等产品组合而成"。旅游业产品包括有形的产品和凭借有形的旅游资源与设施完成的无形的"服务"。

中国国家标准《旅游服务基础术语》关于"旅游服务产品"的定义是:由实物和服务综合构成的,向旅游者销售的旅游项目,其特征是服务成为产品构成的主体,其具体展示主要有线路、活动和食宿(王大悟、魏小安,1998)。旅游者可以购买整体产品(如综合包价旅游),也可以购买某一单项旅游产品(如航班座位、饭店客房),这相当于旅游业产品。旅游者随自己的偏好选择消费整体产品、单项产品或单项产品组合。

在中国,对于构成旅游业的主要企业有争议,主要有三大支柱说、四大支柱说、新四大支柱说等。

三大支柱说:认为旅游业的支柱性行业是旅行社业、旅游交通业和旅游饭店业。这一观点比较流行,如表1—2中的定义10。

四大支柱说:认为旅游业的支柱性行业是旅行社业、旅游交通业、旅游饭店业和旅游商品业。这一观点是伴随着旅游购物消费量的增大和增加旅游创收而产生的(刘伟、朱玉槐,1999;李明德、石玉美,2002)。

新四大支柱说:认为旅游景区(点)业、旅行社行业、旅游交通业和旅游饭店业是旅游业的支柱性行业(张涛,2003)。

这些争论的主要目的是要突出哪类企业的产品在产品组中的经济收益更大。既然旅游业的产品是综合性产品,各产品的供给会因企业本身的特质差异而有利润高低的差异,但都是旅游业产品收益不可或缺的组成部分,诸产品的收入构成决定了旅游产业的内部结构,这种结构因旅游地不同而有所不同,并随旅游地的发展而变化。因此,根据旅游经济收益大小,只强调突出各种产品供给中部分企业的地位,即"三大支柱说"、"四大支柱说"和"新四大支柱说",会对全面认识旅游业发展有一定的不良影响,而从核心产品供给角度出发,提出核心产业概念能够比较全面地研究旅游业经营活动,从而相对科学地阐释该产业的发展规律。

三、旅游业的定义

随着旅游活动的迅速发展,人们对旅游业的定义出现了不同的认识(表1—2所示),但基本分两类。第一类定义,如定义2,根据旅行社的业务定义旅游业,把旅游业等同于旅行社,这类观点基本上已经销声匿迹了。第二类定义,如定义1、3~11,虽然表述上有所不同,但有两个共同点:①旅游业是一个综合性的行业,它由国民经济一系列相关行业所组成;②旅游业经营活动目的是提供满足旅游者活动需求的各种产品和服务。

表1—2 旅游业的定义及基本企业组成

	定义内容	基本企业组成
1	日本旅游学家前田勇在《观光概论》一书中提出:旅游业就是为适应旅游者的需要,由许多独立的旅游部门开展的多种多样的经营活动(陶汉军,2002)。	
2	旅游业就是在旅游者和交通住宿及其他有关单位之间,通过办理旅游签证、中间联络、代购代销,通过为旅游者导游、交涉、代办手续,并利用本商社的交通工具、住宿设施提供服务而获取报酬的事业(日本旅游学者土井厚语,见陶汉军,2003)。	旅行社。
3	旅游业是为国内外旅游者服务的一系列相互有关的行业。旅游关联到游客、旅行方式、膳宿供应设施和其他各种事物(美国旅游学者伦德伯格语,见陶汉军,2003)。	
4	旅游业是满足旅游者在旅游活动中的行、游、食、住、购、娱等各种需要,以提供旅游服务为主的综合性产业,它由有关的国民经济以及旅游相关的行业、部门等构成,其中包括支撑旅游业生存和发展的基本行业,并涉及许多相关行业、部门、机构及公共团体(王大悟、魏小安,2000)。	旅行社、住宿业、餐饮业、交通运输业、游览观光业、旅游用品和纪念品销售行业。
5	旅游业是以旅游者为对象,为其旅游活动创造便利条件并提供其所需商品和服务的综合性产业(李天元,2002)。	

续表

	定义内容	基本企业组成
6	旅游业是为游客提供服务和商品的企业,包括接待(旅馆、餐馆)、交通、旅游经营商和旅游代理商、景点、为游客提供供给的其他经济部门(WTTC,1995~2005,见威廉·瑟厄波德,2001)。	旅馆、餐馆、交通、旅游经营商和旅游代理商、景点。
7	旅游业是向旅游者提供商品和服务的部门(张跃庆,1989)。	旅行社、饭店、饮食、交通、游览娱乐、旅游商品销售、旅游书刊出版单位和银行保险业。
8	旅游业是以旅游资源和服务设施为条件,为旅游者在旅行游览中提供各种服务性劳动而取得经济收益的经济部门(中国大百科全书,1988)。	旅行社、旅游饭店、旅游交通。
9	旅游业是指为旅行、游览等提供服务的行业(辞海,1989)。	交通、旅馆、饮食、娱乐、制造等产业。
10	旅游业有广义和狭义之分。一般认为,广义的旅游业是指以旅游资源为凭借,以旅游设施为条件,通过提供以服务为主的旅游产品来满足旅游者各种需要的综合性产业。狭义的旅游业是指由与旅游活动相关程度最为密切的三个部门,即旅行社业、旅游交通业和旅游饭店业所组成的行业。这三个部门又被称为广义旅游业的三大支柱(张涛,2003)。	旅行社业、旅游交通业和旅游饭店业。
11	Smith(1988)定义:旅游业是所有直接为离开家庭环境的娱乐休闲活动提供商品和服务的企业组合。	交通、住宿、饮食服务和零售活动。

续表

	定义内容	基本企业组成
12	Bull(1995)定义:旅游业或企业群,是在旅游交易市场上,为那些被称为旅游者和短途旅行者的人们提供商品和服务的组织。	
13	Leiper(1979)定义:旅游产业由所有为满足旅游者需要而设立的公司、组织以及机构所组成。	

从前述产业的定义可以看出,定义产业的关键要素是产品和生产过程的特点。表1—2中所有的定义对旅游业生产过程的描述都是为旅游活动提供商品和服务,差异主要在于对旅游业产品的表述不一。而且除了定义4、5、6、8、10、11、12、13明确了旅游业是产业或企业组合,属于经济学研究范畴外,其他定义均没有明确其经济属性。

前已论及产业从事的是经济性质的活动,所以旅游业也不例外,其活动的目的是通过提供产品赢得经济利益。因此,旅游业可以定义为:"是旅游经营企业为满足旅游者在旅游活动中的各种需要,而向旅游市场提供各种物品和服务的综合性的产业。"旅游业是旅游产业的简称。

第六节 旅游产品的定义

一、旅游产品定义综述

旅游产品是旅游者和旅游目的地之间发生联系的纽带,也是研究旅游可持续发展的一个重要概念。在我国,旅游业产品被认为是旅游产品的简称(宋书楠,2003),等同于旅游产品(李天元,2000),这使得旅游产品或旅游业产品内涵难以确定,并出现了从旅游目的地供给方和旅游者两种角度出发,定义旅游产品的现象,比较有影响的定义描述如下。

定义1：旅游产品是旅游者在外出旅游过程中消费的产品和劳务的总和(张凌云,1999)。

定义2：旅游产品是旅游者以货币形式向旅游经营者购买的一次旅游活动中所消费的全部产品和服务的总和(罗明义,1997)。

定义3：旅游产品是提供给旅游者消费的各种要素的组合,其典型和传统的市场形象表现为旅游线路(魏小安,2001)。

定义4：旅游产品是指旅游经营者为满足旅游者在旅游活动中的各种需要,而向旅游市场提供的各种物品和服务的综合。一个完整的旅游产品由旅游交通、旅游住宿、餐饮供应、游览观光、娱乐项目、旅游购物六要素组合而成(王大悟,2000)。

定义5：从旅游目的地角度出发,旅游产品是指旅游经营者凭借旅游吸引物、交通和旅游设施,向旅游者提供的用以满足其旅游活动需求的全部服务。旅游产品是个整体概念,它是由多种成分组合而成的混合体,是以服务形式表现的无形产品(林南枝,2000)。

定义6：在市场经济条件下,旅游产品是旅游服务诸行业为旅游者满足游程中生活和旅游目的地需求所提供的各类服务的总称(申葆嘉、刘住,1999)。

定义7：旅游产品是旅游经营者所生产的、准备销售给旅游者的物质产品和服务产品的总和(肖潜辉,1991)。

定义8：旅游产品是指为满足旅游者审美和愉悦的需求而在一定地域上被生产和开发出来的以供销售的劳务的总和(谢彦君,1999)。

定义9：旅游产品是旅游目的地为游客提供一次旅游活动所需要的各种单项产品和服务的总和。对目的地而言,其生产的旅游产品可表现为向游客提供的一条旅游线路；对游客而言,其购买的旅游产品则表现为他在目的地的一次旅游经历(陶汉军,2002)。

定义10:旅游产品包括总体旅游产品和单项旅游产品。总体旅游产品的概念从需求角度看,是指旅游者从离家外出开始直至完成全程旅游活动并返回家中为止这一期间的全部旅行经历的总和;从供给(或旅游目的地)角度看,是指旅游目的地为满足来访旅游者的需要而提供的各种旅游活动接待条件和相关服务的总和。单项旅游产品是指旅游企业所经营的设施和服务,或者说是旅游企业借助一定的设施而向旅游者提供的项目服务(李天元,2002)。

定义11:旅游产品是指为满足旅游者审美和愉悦需要而在一定地域上生产或开发出来的以供销售的物象与劳务的总合(谢彦君,2004)。

定义12:旅游产品从本质上讲是旅游者支付一定的金钱、时间和精力所获得的一种特殊经历和体验(秦宇,2000)。

以上定义中,定义1、2和12是从旅游者角度出发给出的定义,定义3~8是从旅游目的地角度出发给出的定义,而定义9、10和11则从两个角度同时给出定义。定义的角度不一样,自然难以形成统一的、具有权威性的旅游产品概念,造成旅游研究内容的差异性,不利于形成统一的旅游和旅游可持续发展研究理论体系。

二、旅游产品定义

产品是用来满足人们需求和欲望的物体或无形的载体,狭义的产品指被生产出的物品;广义的产品指可以满足人们需求的载体。产品有公共产品和私人产品之分,公共产品之所以是"公共",就因为其供给和消费涉及的不是一个人,而是许多人或一个集体。亚当·斯密最早区分了公共产品和私人物品,他提出公共产品"对于一个社会当然是有很大利益的,但就其性质说,是由个人或少数人办理,其所得利润绝不能偿其所费。所以这种事业,不能期望个人或少数人出来创办或维持"(亚当·斯密,1974)。萨缪尔森(Samuelson)在1954年发表的《公共开支的纯理论》中给公共产品下了明确定义,即"每个人的消费不会减少任意其他人对这种物品的消费"(史普兰,1999)。丹尼斯·缪勒(1999)下了一个比较数理化的定义:"能以零的边际成本给所有社会成员提供同等数量的物品。"奥尔森(1996)在1965年出版的《集体行动的逻辑》中指出,一个公共的或集体的物品可以定义为:集团中任何个人的消费都不妨碍同时被其他人消费的物品。

公共产品的不同定义实际上反映了公共物品的两个最主要特征:消费和生产的非竞争性(nonrival)和非排他性(nonexclusive)(奥尔森,1996)。所谓非竞争性,是指一个人在消费某物品的同时,并不妨碍另一个人消费,即这样的物品一旦提供,增加一个人的消费并不会给任何人带来成本。所谓非排他性,是指不需要支付成本也能够从某物品的消费中得到好处,或者要让某个不付费者不消费某物品是困难的,或者即便能够做到也会成本高昂。

与公共产品相对的一个概念是私人物品。所谓私人物品,是指在消费上同时具有竞争性和排他性的物品。一般情况下,私人物品完全由消费者根据自己的偏好购买和享受。

旅游体验是联系旅游供给需求活动的纽带,旅游者在旅游过程中通过获取旅游体验来达到愉悦的目的,目的地则通过为旅游者提供系列的旅游体验产品而获得利益。商务印书馆1992年出版的《现代汉语词典》解释:体验指"通过实践来认识周围的事物"。Weinberg和Konert(德克·格莱泽,2004)将体验价值描述为"……消费者对产品、服务……以及其他用于改善生活质量的做法的主观体验……"派恩和吉尔摩(2008)从客人角度界定,"体验是当一个人达到情绪、体力、智力甚至是精神的某一水平时,意识中所产生的美好感觉";从供给方角度界定,"体验是以服务为舞台、以商品为道具来使消费者融入其中,创造出值得消费者回忆的活动,体验就是创造难忘的经历,它使消费者身临其境，获得独特的回忆，从而创造出新的消费价值"。它传递的是人们内心世界的情感和体验。所以旅游体验消费实际上是情感型消费。

旅游者体验的过程即是其消费的过程，旅游者一旦出游，则消费的不仅是旅游产业供给的旅游业产品，还有公共产品部分。其中，所消费的旅游业产品，即旅游交通、旅游住宿、餐饮供应、旅游吸引物、娱乐项目、旅游购物、旅行社服务等产品，是旅游产品中可以在市场上自由交易的部分，是所有权属于企业的私有产品部分，以旅游线路体验的形式销售，其价值通过市场价格体现出来，产品销售量以游客购买次数（即旅游者人次）来计算。

除了要付费的旅游业产品外，旅游者在目的地还消费和使用了当地的公共产品，如旅游目的地的自然环境与资源和民俗文化、博物馆、城镇建筑与文化、公共设施、公共游憩地、水域风光等人文和自然资源与环境，并不是专为旅游者提供的，在旅游者使用这些公共产品时，当地居民也在使用它们。旅游消费属于人类较高层次的活动，旅游者会趋向于消费有高质量的人文和自然资源与环境的旅游地，这些高质量的资源与环境对旅游者而言具有较高的观赏、休憩和愉悦等使用价值，旅游者通过视觉欣赏或身临其境地体验这些资源与环境，获取其使用价值而产生愉悦感，虽然它们的价值没有通过价格体现出来，但却直接影响着旅游者活动的满意程度。因此，旅游者所消费的公共产品也是旅游产品的重要组成部分。

黄诗玉(2007)提出旅游公共产品是具有公共产品特点的旅游产品，是依靠旅游公共投入的产品。所谓公共投入是指凡有政府行为的投入，就是旅游公共产品的投入。它包含有：一是旅游产品的策划、规划、宣传、信息、招商、营销、培训、参观考察等，还有一些必要的产品配套；二是以旅游景区的道路为载体，全面配套水、电、气、通信、宽带等基础设施，特别是旅游接待能力，接待设施作为基础设施建设投入的重点产品;三是旅游景区景点的投入。即可分为公共产品、基础设施、景区景点三大部分的产品。旅游公共产品是由三层次产品组成的,即形体产品、实质产品、延伸产品。

Briassoulis(2002)认为除"旅游飞地"或"纯旅游地"外,旅游者消费的资源由旅游点及其周围的环境资源构成,即由旅游景观、旅游服务设施、自然环境资源(如空气、水、土地等)、公共基础设施(废水处理、供水、垃圾收集系统、交通、信息设施等)、服务于当地居民和旅游者的地方设施(医院、饭馆、银行、汽车租赁等)和周围景观(城镇景观)等组成,是公共产品,相当于旅游产品。可见旅游公共产品外延是比较广泛的。

综上所述,旅游产品由旅游业产品和旅游目的地公共产品构成。曲玉镜(2002)也认为有旅游产品和旅游业产品之分,提出旅游业产品不等于旅游产品的观点,但却给出了"旅游产品是指旅游者在旅游活动中以旅游活动为基础自己创造的产品"的不够全面的定义,旅游目的地提供的公共旅游产品部分是不可能由旅游者自己创造的。旅游产品的定义应该从旅游者角度出发,这样才能涵盖旅游者在旅游目的地发生的所有活动,为研究旅游者与旅游目的地之间相互影响、相互制约的客观规律提供理论基础。由此,目的地与旅游者发生关系的不仅是旅游业产品,还有旅游公共产品。

在以上从旅游者角度定义的基础上,可以给旅游产品下这样的定义:"旅游产品是旅游者在外出旅游过程中所消费的旅游业产品和旅游目的地公共产品的总和。"这个公共产品涵盖地方独特的自然资源、环境和社会经济、文化资源与环境,后者如政府投入建设的环境、居民自己筹资建设的环境,以及目的地居民世代传承下来的社区社会文化部分。

可见,旅游业研究的只是在市场上可以交易的旅游业产品的供给和消费活动,并没有涉及旅游目的地公共产品部分。因此,旅游业只是旅游研究内容的一个重要组成部分。

第七节 旅游产品和旅游业产品的核心——旅游吸引物的诠释

一、旅游吸引物的概念

在旅游产品和旅游业产品中,旅游吸引物(tourist attractions)是指吸引旅游者出游的客观因素,是吸引旅游者出游活动的根本外因,也是旅游产品核心组成部分,其他旅游业服务与设施都是依赖旅游吸引物发生、发展的(韩春鲜,2008)。由于旅游吸引物的空间分布与旅游者常住地的分异性,导致了旅游者消费该产品的空间移动性,旅游者只能在产品所在地购买和消费旅游产品,当旅游者离开产品地时消费即完毕。

对于"旅游吸引物",国内外的解释有所不同。Lew(1987)定义旅游吸引物是:"所有使旅行者离家出游的非家庭所在环境的因素,包括可供观赏的风景,可参与的活动,可追忆的体验。"MacCannell(1976)认为旅游吸引物是旅游者、景象和标志(指反映景象的信息)之间的经验关系,但只有在场所、景象或事件被赋予特定的重要价值,并通过解释和推广有效地传达给游客时,才能成为旅游吸引物。在MacCannell研究的基础上,Leiper(1990)提出了旅游吸引物系统的概念,即旅游吸引物是由旅游者、景象和标志组成的系统,他采用了Gunn(1988)的有关核心的概念,把"景象(sight)"替换为"核心(nucleus)",作了进一步的解释:"旅游吸引物是由旅游者或人、核心、标志或信息要素组成的系统。该系统存在的前提是三者之间互相联系。核心要素是指使旅游者打算去或已经去的某一地点的所有特征"。他把这一旅游吸引物的系统概念应用在澳大利亚的Big Banana的研究上(Leiper,1997)。

Swarbrooke(艾伦·法伊奥等,2005)认为"旅游吸引物是旅游业的核心,是人们想去一个地方旅行的动机"。

英国对旅游吸引物的定义是"一种永久固定的游览目的地,其基本目的之一是允许公众为了满足娱乐、兴趣和教育的需求而进入,而不是一个主要提供体育、戏剧或电影表演的零售市场或地点。吸引物必须在每年预先确定的特定时期向公众开放,而不需要事先的预定,并且应该能够吸引本地居民、旅游者或一日游客。另外,吸引物必须是独立的,有独立的管理,并且直接从游客那里得到收入"(ETC,2000,见艾伦·法伊奥等,2005)。显然这个定义比较狭隘,主要限于自然风光和历史文化遗产等类型的旅游吸引物,现代娱乐型和虚拟型旅游吸引物没有涵盖在内。

Prideaux(艾伦·法伊奥等,2005)提出旅游吸引物是区域中有以下特点的地方、管辖地或活动集中地:①为吸引游客而布置;②是有趣和愉快的体验,发展的目的是为了获取这一潜质;③管理吸引物的目的是为顾客提供满意的服务;④提供恰当的设备;⑤可以收门票,也可以不收门票。

"旅游吸引物"在国内被许多旅游研究者认为等同于旅游资源(tourism resources)的概念。他们在界定"旅游资源"时,虽然对"未开发的资源是否属于旅游资源范畴"有争议,如谢彦君认为旅游吸引物中没有开发的是旅游资源,已经开发的是旅游产品(谢彦君,2005)。但大都同意"旅游资源"是吸引旅游者来访的凭借物,即旅游者的活动对象物,将"旅游资源"表述为"旅游吸引物",认为"tourist attractions"即是"tourism resources"(李天元,2002;甘枝茂、马耀峰,2001;张凌云,1999;宋子千、黄远水,2000;丁季华,1999)。

旅游资源在国外往往涵盖了饭店、机场、飞机、公路,以及其他各种各样的旅游设施和基础设施中能为旅游业所使用的资源(Briassoulis,

2002)。宋子千和黄远水认为有"旅游业资源"和"旅游资源"之分,国外的"旅游资源"应是"旅游业资源",因为翻译不当,导致"旅游业资源"被翻译为"旅游资源",并认为"旅游资源"是已经开发的旅游吸引物(宋子千、黄远水,2000)。这种解释实际上认为"旅游业资源"概念的外延大于"旅游资源",没有分清"旅游"和"旅游业"的概念。

在我国,旅游吸引物还被解释为旅游区(点)。根据中华人民共和国国家标准 GB/T17775-2003《旅游区(点)质量等级的划分与评定》,旅游区(点)的英文表达为"tourist attractions",其定义为:"旅游区(点)是以旅游及其相关活动为主要功能或主要功能之一的空间或地域。本标准中旅游区(点)是指具有参观游览、休闲度假、康乐健身等功能,具备相应旅游服务设施并提供相应旅游服务的独立管理区。该管理区应有统一的经营管理机构和明确的地域范围。包括风景区、文博院馆、寺庙观堂、旅游度假区、自然保护区、主题公园、森林公园、地质公园、游乐园、动物园、植物园及工业、农业、经贸、科教、军事、体育、文化艺术等各类旅游区(点)。"

《朗文当代英语辞典》解释旅游吸引物是"吸引许多旅游者的地方或事件"。《旅游区(点)质量等级的划分与评定》中旅游区(点)的定义只是把旅游吸引物解释为吸引旅游者前来的一定的"空间或地域",没有意识到吸引旅游者出游的事件也属于旅游吸引物,如一场球赛、一次文艺表演或娱乐活动等,而且这些活动事件举办的地点并不固定,把这些事项举办地称为旅游区(点)并不合适。

因此,"旅游资源"、"旅游业资源"或"旅游区(点)"都不能全面反映"旅游吸引物"的内涵,为了尊重概念的真实内涵,且防止对外交流产生不必要的误解,用旅游吸引物来表示吸引旅游者活动的核心因素比较妥当。值得欣喜的是,目前已经有很多学者接受了旅游吸引物的概念,使得这一术语逐渐普及。

二、旅游吸引物的分类

旅游吸引物从广义上按照自然和人造两大类进行的分类是国内外比较认可的分类方式,但进一步的细分,则显示出多样化。

在我国,因旅游吸引物是用旅游资源替代的,所以,旅游资源分类即代表了旅游吸引物分类。旅游资源参照不同依据可以分成不同的类型。一般按照资源本身的特点将旅游资源分成自然和人文两大类,如《旅游资源分类、调查与评价》(GB/T18972—2003),将旅游资源分为六个主类:地文景观、遗址遗迹、水域风光、生物景观、天象与气候景观、建筑与设施、旅游商品、人文活动,其中前三个属于自然旅游资源,后三项属于人文旅游资源,这种分类是基于资源本身特征的分类。但也有学者根据旅游资源特点把旅游资源分为自然旅游资源、人文旅游资源和社会旅游资源三大类,然后进一步类型划分(丁季华,1999)。陈传康按照可开发的旅游活动将旅游资源分为四类:游览赏鉴型、知识型、体验型、康乐型,此外还有按照旅游动机、资源利用现状的分类(甘枝茂、马耀峰,2001)。

1966 年美国 Clawson 和 Knetsch 根据旅游吸引物接近客源市场的程度、旅游吸引物的特征和旅游者使用旅游吸引物的程度把旅游吸引物分三类,见图 1—1。

还有一种更加全面的旅游吸引物多因素综合分类法(图 1—2)。根据价格政策可以分为免费吸引物和付费吸引物,前者如公园、博物馆等;根据旅游吸引物的性质分为人造吸引物和自然吸引物;根据所有权形式分为公共吸引物和私营吸引物;根据旅游吸引物的市场地域可分为当地旅游市场和区域旅游市场、国内旅游市场和国际旅游市场。

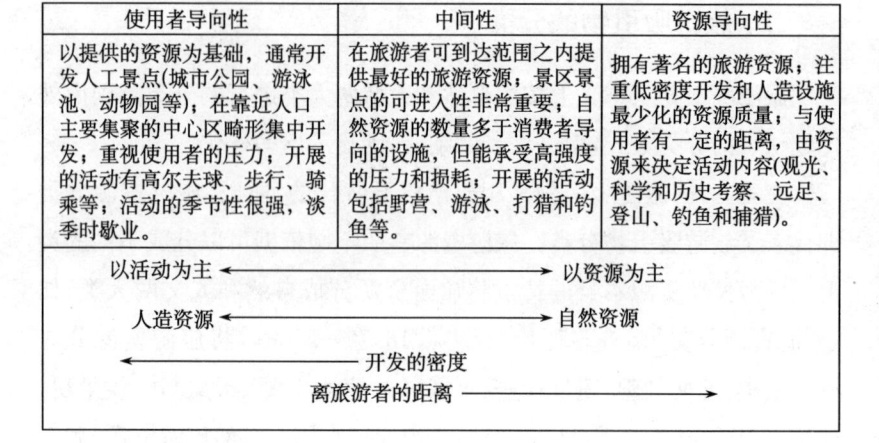

使用者导向性	中间性	资源导向性
以提供的资源为基础，通常开发人工景点(城市公园、游泳池、动物园等)；在靠近人口主要集聚的中心区加强集中开发；重视使用者的压力；开展的活动有高尔夫球、步行、骑乘等；活动的季节性很强，淡季时歇业。	在旅游者可到达范围之内提供最好的旅游资源；景区景点的可进入性非常重要；自然资源的数量多于消费者导向的设施，但能承受高强度的压力和损耗；开展的活动包括野营、游泳、打猎和钓鱼等。	拥有著名的旅游资源；注重低密度开发和人造设施最少化的资源质量；与使用者有一定的距离，由资源来决定活动内容(观光、科学和历史考察、远足、登山、钓鱼和捕猎)。

以活动为主 ←——————————→ 以资源为主

人造资源 ←——————————→ 自然资源

←—————— 开发的密度 ——————→
←—————— 离旅游者的距离 ——————→

图 1—1 Clawson 和 Knetsch 旅游吸引物分类

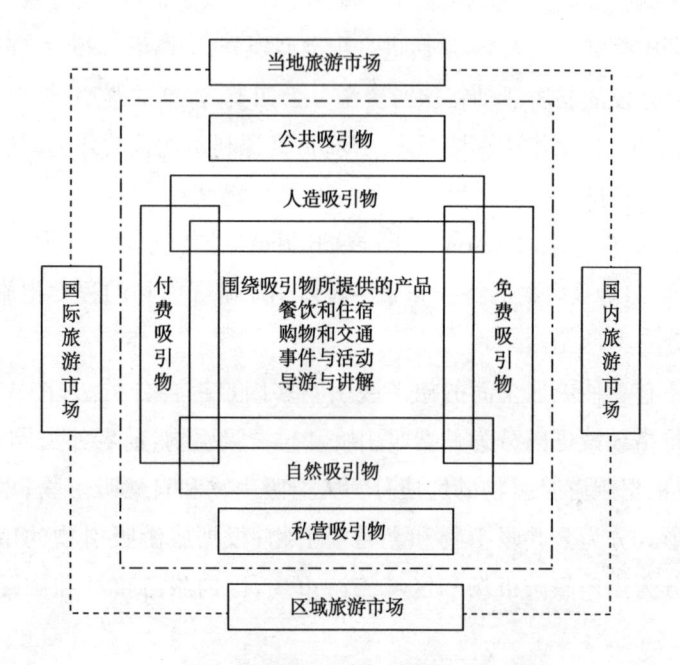

图 1—2 旅游吸引物的多因素综合分类法

不管吸引物的概念如何定义,其分类必须是可以管理、可操纵的。Leask 的多因素综合分类法是对旅游吸引物比较全面的、可管理、可操作的分类方式。这种分类有利于从不同角度对旅游吸引物发展进行全面深入的研究,以把握旅游吸引物的发展轨迹。

还有一些根据不同依据和目的进行的比较成功的分类:如新西兰按照原野、荒野、惊险地带、民俗风情、新西兰开拓精神以及休闲之旅进行的分类,比较方便游客进行选择。Wanhill 将旅游吸引物分为人造的和自然的两个基本类型,在此基础上细分为固定性吸引物、暂时性吸引物,前者有位于特定位置的设施,因而可成为目的地;后者是为节事而临时搭建的。他根据市场——形象景色组合,即如何使形象景色的创造性与市场连接,将旅游吸引物划分为四类:追随型旅游吸引物、灵感型吸引物、新版本型吸引物和奇观型吸引物(艾伦·法伊奥等,2005)。其中,追随型吸引物属于风险最小,收入和经营活力也小的吸引物。其项目的开发总是基于需要,存在的问题是是否能以一定价格将需要转化成需求,又保证财政和经济上的生存能力,这样的项目应该考虑好如何把游客从其他吸引物吸引来再进行,因为过多的供给导致生命力不强的吸引物以资源浪费而告终。这类产品因为模仿而改进空间比较小,对已存在形象景色的传递和市场是不中断的,变革只是简单地加强主导设计和吸引力,具有随着时间积累的效应,可以提高游客数量来增加游客体验。灵感型吸引物属于简单的灵机一动发展起来的项目,如迪斯尼乐园。这类产品风险大,设计时必须注重既有可行性又在价格上能够被接受的游客流量。产品面世对市场结构有所改变,主要通过比较优势在竞争中争取市场份额。新版本型吸引物属于革新原有景观使之复活的产品,这是因为原有景观公众太熟悉或市场已经转移,或者两者兼有,通过对影响吸引物的主要市场趋势进行调控,采取防御策略来重新恢复生命力,以保持已有的景观,如迪斯尼的海外扩张。奇观型吸引物是高风险的、非常大的项目,对于所在地区有巨大的经济影响力,并成为行业的旗舰企业。政府、大型旅游吸引物运营企业或有发展休闲兴趣的大公司是提供这类项目资金的主体。

从旅游资源分类可以看出,我国比较习惯于从资源本身性质进行分类,少有从市场、经营者、所有权等角度的分类。这是因为 20 世纪 80 年代以来,随着中国经济的快速增长,人均收入大幅度提高,旅游需求量急速攀升,开始进入大众旅游发展时期。市场规模的快速增加,要求旅游吸引物产品供给类型和规模相应增加。许多地区的旅游业都是在边对旅游吸引物进行摸底调查,边开发中发展,表现为旅游资源调查与开发、规划及旅游业同时起步的特点。旅游市场表现为供方市场特点,如何开发旅游吸引物数量成为首先要解决的问题,对吸引物质量竞争力提升关注不足,很少注重消费方的特点,旅游吸引物本身的特征分析成为旅游研究关注的焦点,显示出旅游发展初级阶段的特征。这一时期,主要进行的是资源的普查和调查。所以 20 世纪 80~90 年代,中国地理学者在旅游吸引物调查、开发、规划研究中作出了巨大贡献。

但是,随着旅游吸引物的进一步发展,旅游市场开始向需方市场转型,需要旅游者消费行为和旅游吸引物的管理及研究跟进,仅从资源角度分类的不足开始显现出来,严重制约了旅游吸引物的持续发展。表现为:①遍地开花式的旅游吸引物开发,造成重复建设和缺乏长期竞争力的后果;②由于旅游者在国内的旅游形式仍以观光旅游为主,旅游吸引物以历史文化吸引物和自然风光为主,其所有权归属国家,经营方式多样化,如有的经营权归企业所有,有的归所有者经营,事业单位自己收取观光门票;有的则事业单位和企业合作经营等。旅游吸引物所有者与经营者之间、所有者之间、经营者之间的权、责、利协调不利,往往导致旅游吸引物质量破坏严重。如国家森林公园、自然保护区等风景名胜区所有权属于国家,但划归不同的事业单位管理,其土地属于土地局、草场资源属于草原站、森林资源属于林业局,多个管理单位如何协调成为旅游吸引物经营中的焦点问题之一。而且,还存在公共资源所有权与旅游项目、旅游设施私有权之间如何协调、可持续发展等问题。因此,借鉴多种旅游吸引物分类法,有利于提高我国管理和经营旅游吸引物的水平。

【案例】新疆旅游经济与旅游吸引物发展的空间变化

一、新疆旅游经济发展的空间演化

(一) 旅游经济发展水平空间差异

标准差是反映经济空间差异的重要指标,可以反映空间经济水平的绝对差异,该值越大,表示空间经济发展水平的差异性越大。公式为:

$$\delta = \sqrt{\sum (X_i - \overline{X})^2 / N} \qquad (1—1)$$

其中,δ—标准差;X_i—i地区旅游经济水平,用旅游总收入占区域旅游总收入的比重衡量;$\overline{X}$—区域旅游经济水平平均值;N—区域内样本数,本研究取15,代表新疆行政区划的15个地、州、市。

以新疆15个地州市旅游总收入为经济发展水平指标,计算2000~2006年旅游经济发展水平的标准差(表1—3)。其中,旅游总收入=国际旅游收入+国内旅游收入。各年国内旅游收入分别按2000~2006年人民币对美元的兑换汇率(分别为8.278 1;8.1;8.28;8.276 5;8.070 2;7.8)折算后统计。可以看出:2000~2006年标准差虽有波动,但总体是下降的,说明这一时期新疆旅游经济空间差异总体水平有所降低。但不同阶段变化有所不同,2004年是个拐点,之前,标准差不断减小,说明新疆旅游经济发展水平的空间绝对差异缩小;之后,标准差不断增加,反映出新疆旅游经济发展水平的空间绝对差异又逐渐加大。

表1—3　2000~2006年新疆旅游经济标准差变化

年份	2000	2001	2002	2003	2004	2005	2006
标准差	2.190 08	2.110 35	2.029 63	1.914 43	1.899 28	1.921 65	1.953 29

(二)旅游经济发展水平空间差异格局及其演化特征

核心—边缘理论是解释经济空间结构演变模式的一种理论,由弗里得曼(Friedman)提出,他认为任何一个国家都是由核心区域和边缘区域组成的。在区域经济增长过程中,核心区与边缘区之间存在着不平等的发展关系,核心区居于主导地位,边缘区在发展上依赖于核心区。发展中国家旅游研究应用这个理论比较多,主要用于国家间研究。近几年这一理论也被应用于我国区域旅游研究中。

运用SPSS15统计软件,分别对新疆15个地州市2000~2006年的旅游总收入进行聚类分析,以对核心区和边缘区进行空间分析。选择组内连接和欧式距离平方的方法进行分析,聚类结果如下:

2000年:

一级核心区:乌鲁木齐市(后简称乌鲁木齐)

二级核心区:喀什地区(后简称喀什)、伊犁哈萨克自治州(后简称伊犁)、巴音郭楞蒙古自治州(简称巴州)、吐鲁番地区(后简称吐鲁番)

边缘区:昌吉回族自治州(后简称昌吉)、石河子市(后简称石河子)、哈密地区(后简称哈密)、阿克苏地区(后简称阿克苏)、阿勒泰地区(后简称阿勒泰)、克拉玛依市(后简称克拉玛依)、和田地区(后简称和田)、塔城地区(后简称塔城)、博尔塔拉蒙古自治州(后简称博州)、克孜勒苏柯尔克孜自治州(后简称克州)。

2006年：

一级核心区：乌鲁木齐

二级核心区：喀什、伊犁、阿勒泰

边缘区：昌吉、巴州、石河子、哈密、阿克苏、吐鲁番、克拉玛依、和田、塔城、博州、克州。

可见，一级核心区没有变化，一直是乌鲁木齐；二级核心区空间收敛，2000年为喀什、伊犁、巴州、吐鲁番，2006年为喀什、伊犁、阿勒泰；与此同时，边缘区空间范围增大。阿勒泰从边缘区进入核心区，而巴州和吐鲁番则退出核心区，成为旅游发展的边缘地区。

一般而言，经济发展水平、旅游资源禀赋、交通条件、区位条件等是旅游经济发展水平产生空间差异的原因，它们与旅游经济发展水平呈正相关关系(王凯，1999；黄成林，2001；孙根年，2003)。新疆旅游发展的空间差异格局及其演化是否与旅游吸引物禀赋有关，有待于进一步分析。

二、旅游吸引物优势度空间分布差异

已有的旅游经济的空间差异研究成果成功揭示了旅游经济的空间差异水平，但没有追踪分析促使差异产生的重要动态指标——旅游经济增长速度。旅游经济增长速度的空间差异及其变化，是制约旅游经济水平空间差异形成及其演化趋势的关键因素。分析旅游经济增长速度的空间差异水平能够及时把握旅游空间发展态势，以便于采取相关的旅游政策进行宏观调控，充分发挥旅游扶贫的社会功能，实现区域旅游和谐发展。

以旅游吸引物资源相对丰富的新疆为研究区，通过对15个地、州、市的旅游吸引物禀赋水平分别与旅游经济水平、旅游经济增长速度的对比分析,揭示新疆不同旅游吸引物资源优势区的旅游经济发展空间差异水平,研究旅游经济增长的机制,为合理配置旅游资源,促进区域旅游经济持续增长提供借鉴。

(一)旅游吸引物优势度分析方法

旅游吸引物的丰富程度可以用丰度去度量。王凯以重点风景名胜区、国家级自然保护区、国家级森林公园、国家历史文化名城、全国重点文物保护单位为主,计算了全国各省市旅游资源的绝对丰度、相对丰度、总丰度、组合指数及整体优势度等几项指标。其丰度是指旅游资源数量的丰富程度(王凯,1999)。黄成林(2001)在王凯研究的基础上,也分析了旅游资源的丰度,他在资源分析类型中增加了世界遗产,研究指标增加了人均旅游资源密度和地均旅游资源密度。孙根年(2003)提出旅游资源丰度指 4A、3A、2A、A 景区数的加权求和,其权重分别是 2.5、1.5、0.75、0.25。卞显红(2006)将长江三角洲城市旅游资源划分为世界遗产地、风景名胜区(国家重点、省级)、历史文化名城(国家、省级)、森林公园(国家、省级)、文物保护单位(国家重点、省级)、自然保护区(国家、省级)、国家旅游区(AAAA 到 A 共 4 级)、中国优秀旅游城市八大基本类型,并借用王凯的丰度公式分析了长江三角洲的旅游资源丰度。

可以看出,以上旅游资源即是旅游吸引物的内涵,其丰度含义及其计算或者集中在旅游吸引物数量上、类型上,或者集中在品质上。本研究在以上成果基础上,将旅游吸引物类型、数量和品质优势结合起来,提出旅游吸引物优势度概念,用它来反映区域旅游吸引物丰裕度程度。旅游吸引物优势度指区域旅游吸引物类型与品质的优势程度,由区域旅游吸引物类型丰度和旅游吸引物品位度决定。因为对旅游市场而言,旅游吸引物类型丰富的地区比数量丰富的地区更具吸引力;高质量旅游吸引物区比拥有众多一般品级旅游吸引物区更具有吸引力。丰度计算公式如下:

$$R_i = \frac{M_i}{\sum_i M_i} \quad (i = 1, 2, \cdots, n) \tag{1—2}$$

R_i为i区的旅游吸引物丰度,其中,M_i表示i区旅游吸引物类型数。旅游吸引物类型划分以国家《旅游资源分类、调查与评价》(GB/T18972—2003)为标准。旅游吸引物类型越多、组合越丰富,则丰度值越大。所研究的旅游吸引物包括A级及其以上级别景区、国家级风景名胜区、国家级自然保护区、国家级森林公园、国家级重点文物保护单位、历史文化名城、国家级工业旅游示范区等。

旅游吸引物品位度是衡量区域旅游吸引物质量水平的指标,用区域内高品质旅游吸引物数量加权求和来计算,可以反映区域旅游吸引物的数量优势和质量优势。用公式表示为:

$$Q_i = \frac{P_i}{\sum_i P_i} \quad (i = 1, 2, \cdots, n) \tag{1—3}$$

Q_i为i区的旅游吸引物品位度,P_i代表i区高级别旅游吸引物(景区)的数量。选国家5A和4A级景区、国家级风景名胜区、国家级重点文物保护单位、国家级自然保护区、国家级森林公园和全国工业旅游示范区为高级别的景区,计算品位度。其中,高品质旅游吸引物(景区)的数量,等于高级别吸引物数的加权求和,即:5A和4A级景区分别乘以5和4;国家级风景名胜区、国家级自然保护区和国家级森林公园、全国工业旅游示范区、国家历史文化名城乘以1;国家级重点文物保护单位中有较高游览价值的乘以1,其余乘以0.5。

将区域旅游吸引物的丰度和品位度综合起来,即可反映出区域旅游吸引物优势程度,其评价模型为:

$$A_i = R_i \times Q_i \times 100\% \quad (i = 1, 2, \cdots, n) \tag{1—4}$$

(二)新疆旅游吸引物优势度空间分异格局

新疆15个地、州、市因地理位置、气候条件、居民结构等不同,旅游吸引物禀赋也存在差异。截至 2007 年底,全疆共有国家级风景名胜区 4 个,国家 A 级景区 84 个,其中 5A 级、4A 级、3A 级、2A 级景区分别有 3、6、31、44 个,国家级重点文物保护单位 41 个,国家级自然保护区 8 个,国家级森林公园 13 个。

利用公式 1—1、1—2 和 1—3 可以计算出新疆 15 个地、州、市的旅游吸引物丰度、品位度和优势度,见表 1—4。利用 SPSS15 对 15 个地、州、市的旅游吸引物优势度进行聚类分析,再结合具体数值,可将其分为 3 个等级区:

旅游吸引物优势区:$A_i \geqslant 1.5$,包括吸引物优势度大于 3 的吸引物优势强区——乌鲁木齐、在 [1.5, 3] 的吸引物优势区——伊犁、吐鲁番和阿勒泰。

旅游吸引物中等区:$1.5 \leqslant A_i < 0.5$,包括巴州、昌吉、喀什和阿克苏。

旅游吸引物劣势区:$A_i < 0.5$,包括石河子、哈密、博州、克拉玛依、塔城、和田和克州。

表 1—4 新疆 15 个地州市的旅游吸引物优势度

地、州、市	丰度	品位度	优势度(%)	地、州、市	丰度	品位度	优势度(%)
乌鲁木齐	0.164 2	0.195 5	3.210 1	阿勒泰	0.164 2	0.100 6	1.651 9
克拉玛依	0.074 6	0.011 2	0.083 6	博州	0.074 6	0.022 3	0.166 4
石河子	0.074 6	0.044 7	0.333 5	巴州	0.149 3	0.078 2	1.167 5
吐鲁番	0.164 2	0.128 5	2.110 0	阿克苏	0.104 5	0.067 0	0.700 2
昌吉	0.104 5	0.083 8	0.875 7	克州	0.029 9	0.005 6	0.016 7
哈密	0.119 4	0.027 9	0.333 1	喀什	0.119 4	0.067 0	0.800 0
伊犁	0.164 2	0.134 1	2.201 9	和田	0.029 9	0.022 3	0.066 7
塔城	0.059 7	0.011 2	0.066 9				

三、基于旅游吸引物等级的旅游经济发展空间差异分析

（一）旅游经济水平空间差异及其机制的初步分析

旅游经济水平指各地区旅游收入占区域旅游总收入的比重。2000年和2006年新疆15个地、州、市旅游经济水平见表1—5。以旅游吸引物等级划分为基础，结合旅游经济水平进行二维空间分析（图1—3、图1—4），可以看出：旅游经济水平与旅游吸引物优势度大致呈正相关关系。2000年旅游吸引物优势区各地州市的旅游经济水平合计为67.88%；旅游吸引物中等区是19.09%，旅游吸引物劣势区为13.03%；2006年三类旅游吸引区同指标值依次是64.61%、18.44%、16.94%。说明旅游吸引物优势度高的地区旅游经济水平相对比较高。

表1—5　2000～2006年新疆旅游收入比重及旅游收入平均增长率（%）

项目 地区\年份	收入比重 2000年	收入比重 2006年	旅游收入 平均增长率	项目 地区\年份	收入比重 2000年	收入比重 2006年	旅游收入 平均增长率
乌鲁木齐	54.795	48.017	12.3211	阿勒泰	2.0864	6.3756	33.1394
克拉玛依	1.8302	2.6815	20.8871	博州	1.4572	1.4521	14.4686
石河子	2.7928	3.6497	18.9818	巴州	5.0118	4.0886	11.1285
吐鲁番	4.8433	4.4689	13.1809	阿克苏	2.5176	3.3752	19.4075
哈密	2.7867	3.6217	18.8897	克州	0.8553	0.7886	13.1689
昌吉	4.3771	3.4658	10.6310	喀什	7.1795	7.5119	15.2762
伊犁	6.1585	5.7546	13.3914	和田	1.6782	2.3435	20.0874
塔城	1.6306	2.4047	20.9963				

注：①旅游收入＝国际旅游收入＋国内旅游收入，其中，各年国内旅游收入分别按2000～2006年人民币对美元的兑换汇率（分别为8.2781、8.1、8.28、8.2765、8.0702、7.8）折算后统计。②旅游收入平均增长率＝[ln(2006年旅游收入)－ln(2000年旅游收入)]＊100/6。

2000年和2006年两个旅游经济水平静态剖面显示出，旅游吸引物禀赋差异是新疆15个地、州、市的旅游经济水平空间差异形成的主要原因。

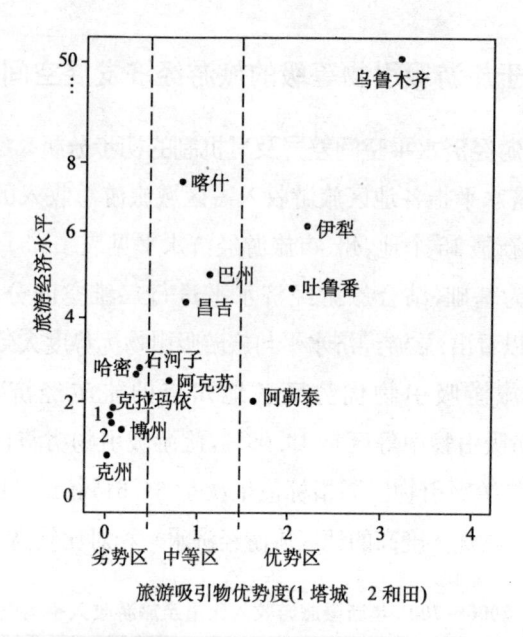

图 1—3 2000 年新疆各地州市旅游吸引物优势度与旅游经济水平

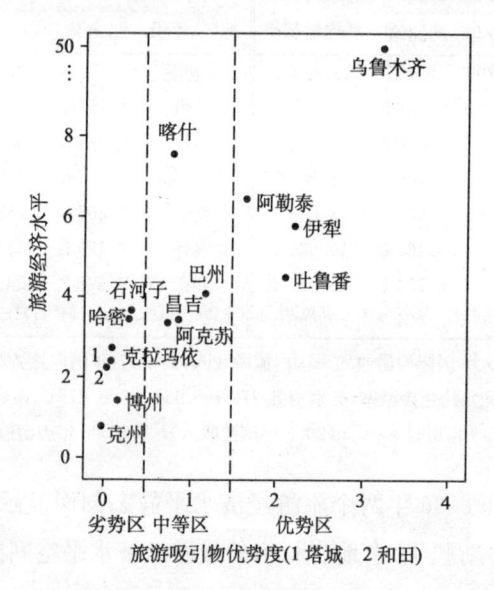

图 1—4 2006 年新疆各地州市旅游吸引物优势度与旅游经济水平

2000～2006年新疆旅游经济核心区主要由旅游吸引物优势度比较高的地区组成。一级核心区一直是乌鲁木齐,其旅游吸引物优势度最高,为3.2101%,旅游经济水平也最高。2000年的二级核心区由旅游吸引物优势区的伊犁、吐鲁番和吸引物中等区的喀什、巴州组成;2006年的二级核心区由旅游吸引物优势区的伊犁、阿勒泰和旅游吸引物中等区构成的喀什。喀什虽然处于旅游吸引物中等区,但它毗连中亚,有中亚大巴扎,优越的地缘条件使其旅游购物比较发达,旅游经济水平比较高,2000年为7.1795%,2006年增加到7.5119%,所以一直处在旅游经济核心区。阿勒泰地区虽然位于吸引物优势区,但其交通和接待设施差,1999年开始投资进行旅游交通与接待设施建设,2000年接待的游客少,旅游收入水平仅是2.0864%,位于旅游经济发展的边缘区,但其旅游经济发展迅速,从2004年开始成为旅游经济二级核心区组成部分。边缘区主要由旅游吸引物劣势区的地区组成。

可见,新疆旅游经济核心区的旅游吸引物优势度普遍较高,旅游经济边缘区的旅游吸引物优势度普遍较低,旅游吸引物禀赋差异不仅是旅游经济水平差异化形成的主要原因,也是旅游经济水平空间格局形成的主要原因。

从动态过程看,2000～2006年旅游吸引物优势区和中等区的旅游经济水平降低,分别下降了3.21%、0.65%;而旅游吸引物劣势区的旅游经济水平提高了3.91%。旅游经济格局也发生了变化,2000年位于核心区的巴州,在2006年退到边缘区,同期,吸引物优势区的吐鲁番也退出核心区成为边缘旅游区。这种旅游经济水平变化以及旅游经济的空间格局的变动,与旅游经济增长速度应该有直接的关系。

(二) 旅游经济增长速度空间差异

旅游经济增长速度差异是导致旅游经济水平空间格局变动的主要原因,可用旅游收入平均增长率计算。2000～2006年新疆15个地区旅游收入平均增长率数据见表 1—5，散点图见图 1—5。可以看出，旅游吸引物优势程度与旅游增长速度基本呈负相关关系。

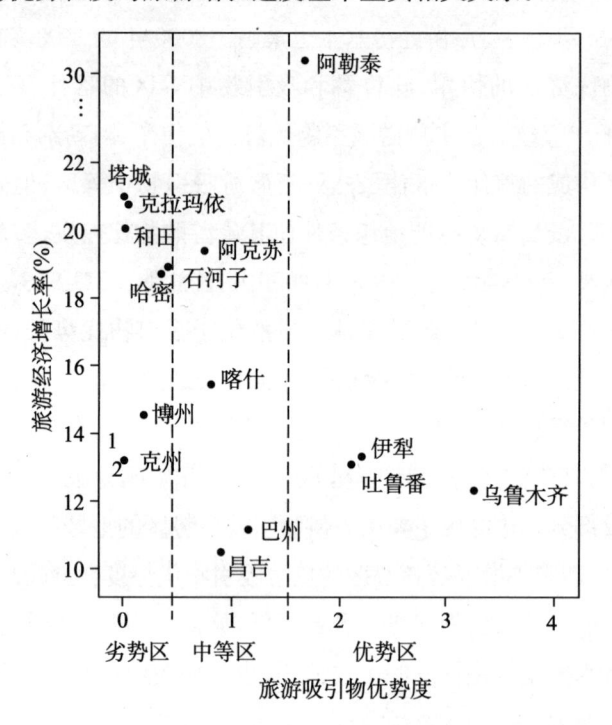

图 1—5　2000～2006 年新疆旅游各地州市吸引物优势度
与旅游经济增长率

2000～2006 年新疆 15 个地区的旅游经济增长率平均为 17.08%。旅游吸引物优势区中除阿勒泰外，其他 3 个地区的旅游经济增长率均低于全疆平均水平。阿勒泰旅游经济增长速度是全疆最高，为 33.139 4，受其影响，吸引物优势区平均增长率高于全疆平均水平，为 18.01%。阿勒泰旅游高速增长是因为进行了大量的旅游投资，从 1999～2007 年，新疆维吾尔自治区政府和当地政府对阿勒泰地区的龙头景区——喀纳斯风景区的累计投资达 9.87 亿元，主要用于景区建设和交通、住宿等旅游服务设施建设,通过有组织的、广泛的营销手段,使之迅速成为新疆重要品牌旅游目的地之一,旅游经济增长速度远远高于其他地州。旅游吸引物中等区的增长率平均为14.11%,除阿克苏外,其他三地区均低于全疆平均水平,其中,昌吉增长率为全疆最低,是10.63,巴州倒数第二,为11.13。劣势区增长率平均为18.21%,除博州和克州外,其他5区均高于全疆平均水平。

上述分析可以看出,旅游吸引物优势区的旅游经济增长率低于旅游吸引物劣势区。吸引物优势区整体增长速度为什么会低于旅游吸引物劣势区?有待于进一步分析。

四、新疆旅游经济增长机制的进一步分析

从国家层面上讲,经济学家认为如果缺乏技术革新和制度创新,自然资源丰裕与经济增长负相关,丰富的自然资源对经济发展的阻碍作用是通过多种机制实现的,常见的有贸易条件论、荷兰病、资源寻租与腐败、轻视人力资本投资以及资源财富的基础效应等(徐康宁,2006;Papyrakis and Gerlagh,2004)。徐康宁、张菲菲等从制度上分析了中国省级区域的资源诅咒现象产生原因(徐康宁,2005;张菲菲、刘刚、沈镭,2007)。旅游学者认为旅游资源禀赋、交通条件、区位条件是旅游经济空间差异的原因,它们与旅游经济发展水平呈正相关关系(王凯,1999;黄成林,2001;孙根年,2003)。但从以上分析可以看到,2000~2006年新疆旅游经济水平空间差异源于区域旅游吸引物禀赋差异,说明前期因吸引物禀赋是旅游经济增长的主导因素,而导致本期旅游经济水平与吸引物禀赋正相关。但本期旅游吸引物优势区的旅游经济增长速度却明显慢于旅游吸引物劣势区。

旅游吸引物优势区中的乌鲁木齐是全疆旅游集散中心,吐鲁番毗连乌鲁木齐,两地区都具有明显的交通区位优势,但其增长速度却明显

慢于交通不具优势的阿勒泰和吸引物劣势区的各地州市。因此，交通条件、区位条件与资源禀赋一样，目前已不再是新疆旅游经济增长的主导因素。那么，旅游经济增长的原因是什么？需要进一步分析。

选择反映地区经济水平的人均GDP、第三产业产值，代表资本投入的固定资产投资、第三产业投资和反映旅游设施水平的宾馆床位数等指标，利用SPSS15统计软件，分别对15个地区2000～2006年的各指标值与旅游收入之间进行相关分析，分析结果见表1—6。在显著水平皆为0.000的情况下，皮尔森相关系数显示出：15个地区旅游收入与人均GDP、第三产业产值均强相关。可见，地区经济水平（主要表现为人均GDP、第三产业增长）是旅游经济持续增长的主要原因。

表1—6 旅游收入与各项经济指标的皮尔森相关系数

	人均GDP	第三产业产值	固定资产投资	第三产业投资	宾馆床位数
乌鲁木齐	0.984	0.994	0.642	0.98	0.927
克拉玛依	0.992	0.99	0.882	0.692	0.955
石河子	0.97	0.982	0.905	0.9	0.378
吐鲁番	0.983	0.979	0.989	−0.214	0.87
哈密	0.974	0.968	0.738	0.81	0.742
昌吉	0.989	0.983	0.994	0.975	0.73
伊犁	0.993	0.991	0.949	0.969	0.74
塔城	0.991	0.989	0.939	0.934	0.956
阿勒泰	0.962	0.98	0.997	0.95	0.927
博州	0.973	0.948	0.953	0.985	0.978
巴州	0.95	0.974	0.957	0.606	0.909
阿克苏	0.994	0.987	0.945	0.971	0.972
克州	0.975	0.985	0.934	0.62	−0.384
喀什	0.978	0.992	0.977	0.984	0.9
和田	0.985	0.963	0.975	0.937	0.939

综上所述,新疆旅游经济空间发展有以下特点。

2000~2006年新疆旅游经济空间差异水平总体减小,2000~2004年减小较快,2004~2006年又有所增加。旅游经济一级核心区一直是乌鲁木齐,二级核心区有所收敛,2000年为喀什、伊犁、巴州和吐鲁番;2006年是喀什、伊犁和阿勒泰。2000~2006年旅游吸引物优势与旅游经济水平大致呈正相关关系,即新疆15个地区的旅游经济水平差异形成的主导因子是旅游吸引物禀赋差异,表现为旅游吸引物优势度高的地区,旅游经济水平高。同样,旅游吸引物禀赋差异是旅游经济核心—边缘空间格局形成的主要原因,旅游经济核心区主要由旅游吸引物具有优势的地区组成,旅游经济边缘区主要由旅游吸引物劣势区的地区组成。因此,旅游吸引物禀赋差异是旅游经济水平差异和旅游经济空间格局形成的主导因子。

旅游吸引物优势度与旅游经济增长率之间的对比分析显示出:2000~2006年新疆15个地区旅游吸引物优势区旅游经济增长速度明显低于旅游吸引物劣势区。说明经济学中"资源的诅咒"现象在新疆旅游经济发展中也存在。吸引物禀赋已经不再是旅游经济增长的主导因子,地区经济水平(主要是人均GDP和第三产业产值)是旅游经济持续增长的主要原因。通过大力投资建设旅游区和营销旅游区,可以避免"资源的诅咒"现象的发生,如阿勒泰地区。

因此,要使旅游吸引物优势继续向经济优势转化,保持旅游经济持续增长,增加旅游资本投入,从资源密集型旅游产业向资本密集型旅游产业转变应是必由之路。

第二章 旅游可持续发展研究综述

第一节 发展观的演进

一、从经济增长观到社会发展观

传统的发展是指"物质财富的增加",主要追求"经济增长",这种发展观在历史上持续了相当长的时间。"经济增长",在这里指单位资本收入(也指单位资本的 GNP)的增长(Qizilbash,1996)。20 世纪 70 年代,经济学家在总结发展中国家经验时发现,增长和发展不是一回事,发展中国家普遍出现"无发展的增长"现象。即经济增长的同时,出现了绝对贫困、不平等现象,增长无法改变社会整体内部诸要素之间的关系和能力,从而限制了社会的进一步发展。

因此,在 70 年代以后,提出了新的发展观,即社会学发展观,如"社会进步发展观"和"人类发展观"。"社会进步发展观"是指"世界的典型系统——人类社会系统从简单到比较复杂、成熟、高级形式演进的过程"(Riggs,1984),只有解决贫困和不平等问题才能实现社会进步。一些学者提出了用"基本需求"(basic need)和"再分配增长"(growth with redistribution)来解决贫困和不平等问题的方法。其中,"基本需求"方法是指"关注广大贫困者的物质生活质量"(Morris,1979)、"赋予大多数贫困者满足基本需求的权利"(Streeten,1981)等。"再分配增长"的方法则假设出贫困和不公平两个要素来研究增长,并赋予它们权重(Chenery,1974)。"人类发展观"提出"发展是指在人类繁荣或生活质量提高的同时,要满足社会分配公平和享受充分自由的需求"(Qizilbash,1996)。

"社会进步发展观"和"人类发展观"的目的都是使构成社会结构诸要素的活动能力提高,以实现社会和经济的持续发展,它不是一个短期能够实现的目标。

二、自然资源与环境持续发展观

自然资源与环境可持续发展观点源于人们对森林、渔业等资源的利用的认识。人们意识到,当经济生产过程中,资源利用量超过可更新资源自身的生产能力时,即使增加投入,经济增长也不会增加。而且,经济活动已经对新鲜的水体、清洁的空气、耕作的土壤等重要的环境组成部分造成了许多负面影响,这些环境组成部分也是后代人依赖,以产生经济效益和保证生活质量的基础。

实现自然资源与环境持续发展主要通过管理手段或社会成本效益方法实现。在经济增长过程,通过有效的资源管理手段,使自然资源的使用的速度低于更新速度,从利用不可更新资源或再生速度慢的资源,转向利用可再生资源或再生速度较快的资源,以实现持续的经济增长和生活质量改善。通过社会成本效益方法,对自然资源与环境的改进或恶化进行测量和计量,并计入经济生产成本,成为现代经济学的新发展(张帆,1998),即"自然资源与环境经济学"。

三、可持续发展观

可持续发展最早是在 1987 年世界环境和发展委员会的报告《我们共同的未来》(也称《布伦特兰报告》)中提出的,它第一次把互相之间独立的经济发展、社会发展和环境保护结合起来,十分强调经济增长与环境保护之间的关系,是经济增长观、社会学发展观和自然资源与环境持续发展观的结合。报告提出经济发展不应只简单地关心经济增长(经济效益),还要关心当今社会个人、组织之间的公平公正(代内公平),以及当代与未来个人和组织之间的公平(代际公平)。报告还提出代际公平实现的前提是关注经济活动的环境影响。当今经济活动的负面影响所导致的环境退化,将会影响后代生存的基本环境资源,如清洁水、新鲜空气、耕地和矿物储量等,这些都是后代用来产生经济效益和保持生活质量的环境基础。

《布伦特兰报告》将可持续发展定义为:"满足当代人的需求的同时,不损坏未来人满足他们需求的能力的发展。"(World Commission on Environmental and Development,1987)

第二节 旅游可持续发展的伦理思想

一、旅游发展带来的问题

旅游发展依赖于良好的环境质量,旅游业也是个资源型产业,有赖于自然的馈赠和社会遗产(Murphy,1985)。如果环境与资源受到了破坏,旅游地会丧失吸引力。随着旅游在世界各地的迅速发展,旅游者活动越来越多地与旅游目的地之间发生冲突,造成旅游对文化、自然资源与环境的重大损害。

根据联合国环境规划署的调查,旅游对自然资源和生态环境的影响比较大,如森林火灾、地中海地区物种灭绝、森林砍伐、珊瑚礁海岸生态系统被破坏等,成批游客到达使旅游地的旅游服务设施建设规模加大,造成地方饮用水和河流、湖泊水质量变差,动植物栖息地受影响,物种减少或灭绝等(UNEP,1992)。一些研究者也认为旅游活动的负面影响会造成生物物种变化、污染、侵蚀和视觉效果影响,以及自然资源影响,从而破坏了旅游地的景观和生态环境(Mihalic,2000;Wanhill and Buhalis,1995;Cooper et al.,1998)。

旅游对社会文化的破坏作用也是显著的。20世纪50年代以后,以享受"3S"(阳光、沙滩、海滨)为主的地中海、加勒比海和曾为欧洲殖民地的一些非洲国家的海滨、岛屿度假胜地,为满足迅速增加的旅游者的需求,服务设施数量急速增加,使旅游对自然环境的破坏首先表现出来。到70年代,旅游发展对社会文化造成的破坏作用也显现出来,加上住宿建筑普遍过时,无法更新,使这类旅游地普遍处于停滞阶段(Butler,1980)。研究者们通过实证研究发现,旅游对社会文化的破坏作用主要表现在:社区旅游从业人员失业率高,原来依靠传统道德维系的稳定的社区关系变得松弛,社区贫困、酗酒、色情、犯罪、道德沦丧等社会问题日益严重。Palmer(1994)以巴哈马为例,研究了旅游发展对该地的新殖民主义经济、文化破坏。Lankford 和 Howard(1994)、Cooke(1982)、Liu 和 Var(1986)等人研究发现旅游破坏了社区社会文化环境。Huang 和 Stewart(1995)的研究证明旅游发展通过改变社区人与人之间的关系而改变了整个社区。Dyer(2003)等人研究了旅游对澳大利亚土著社区及社区文化的破坏作用。刘振礼(1992)、刘赵平(1998)等人也研究了旅游对中国旅游地传统文化和价值观的影响。旅游者与旅游地之间存在着文化冲突(culture confusion)(Hottola,2004)。

由此可见,追求经济利益不应是旅游发展的唯一目标,兼顾旅游发展对地区经济、自然生态环境和社会文化三方面的利益,以可持续发展为指导的旅游发展的才是合理的旅游发展模式。

一个地区或旅游地发展的核心价值观是逐步演变的,这种演变可以看作是组织在具体事例中向外部学习和外部环境变化的结果。Jafari(2001)提出旅游发展的四个平台,代表着旅游发展的四个阶段:大力倡导发展阶段、谨慎发展阶段、选择发展阶段、知识为基础的发展阶段。大力倡导发展阶段在第二次世界大战之后的经济重建时出现,主要是促进对外交换,强调经济价值,强调从旅游业中获取利益;谨慎发展阶段是20世纪70年代随着对旅游研究的兴趣不断高涨发展起来的,对倡导阶段的热情提出挑战,比较强调负面影响;选择发展阶段主要出现在80年代后期,强调旅游形式的转换,通过协调旅游规模和功能来避免大众旅游产生的问题,通过权衡负面影响和正面影响,找出合适的发展方案;以知识为基础的发展阶段,是90年代以来的发展模式,强调以知识为基础的发展平台,这个"新平台要在科学的基础上找寻自己的位置",试图在前人工作的基础上,运用多学科的方法以从更协调的尺度来指导旅游的发展,强调发展途径,目的是更好地理解各种复杂后果,做到"发展第一"。后来,Macbeth(2005)拓展了Jafari的研究,提出另外两个发展阶段:即可持续发展阶段和伦理价值的发展阶段,其旅游可持续发展观实际上就是对Jafari"发展第一"的具体阐释,目的是通过一定的途径实现地区旅游经济、社会文化、生态环境持续发展。

二、旅游可持续发展的伦理思想

1987年《布伦特兰报告》可持续发展定义的公布后,可持续发展很快被引入了旅游发展研究。1990年加拿大温哥华召开的全球持续发展大会上,旅游组行动策划委员会会议上专家提出《可持续旅游发展行动战略》,明确了旅游可持续发展的目标是:①增进人们对旅游所产生的环境影响与经济影响的理解,加强人们的生态意识;②促进旅游的公平发展;③改善旅游接待地区的生活质量;④向旅游者提供高质量的旅游经历;⑤保护未来旅游开发赖以存在的环境质量。这种旅游可持续发展思想是一种强调社区与旅游者利益的发展伦理观(戴凡,1994)。

1993年世界旅游组织(WTO)编写了《旅游业可持续发展——地方旅游规划指南》,强调从社区旅游规划角度分析旅游业、环境和社区之间的关系,是地方旅游可持续发展规划的技术性指导文件(世界旅游组织,1997)。

《可持续旅游发展行动战略》和《旅游业可持续发展——地方旅游规划指南》两个旅游可持续发展文本,都十分强调旅游发展中社区发展的公平、公正和生活质量提高等社会效益以及生态环境保护问题。从本书第一章的研究可以明确:旅游研究包括旅游者需求活动、旅游业经济活动和两者与目的地环境之间的相互关系、相互影响三方面的内容,而旅游业只以研究旅游产业经济活动为主要内容。因此"sustainable tourism development"翻译成"旅游可持续发展"比较合理。

"sustainable tourism development"的中文翻译有"旅游可持续发展"和"可持续旅游发展"两种,两者没有本质差异,本书使用的是第一种翻译,即"旅游可持续发展"。

第三节 国外旅游可持续发展研究综述

一、旅游可持续发展研究理论的探索

旅游可持续发展提出的只是一种伦理思想,需要研究者们在确定其具体研究内容及理论、方法方面做出努力。1992年,Nelson和Bultler(1992)编著了《旅游和旅游可持续发展:监测、规划和管理》一书,汇集了13篇来自世界各国的旅游研究者的论文,首次系统地讨论了旅游可持续发展的关键问题,包括可持续旅游概念、旅游环境容量、生态旅游、可持续旅游政策、可持续旅游与社区和区域可持续发展的关系。其后,许多研究者在确定旅游可持续发展内容,以及实现与评价这

些内容方面做了大量的努力(Kaae,2001; Mason and Mowforth, 1996)。旅游可持续发展的研究主要集中在如何在目的地旅游与环境之间权衡发展方面,包括满足旅游者的需求、满足旅游经营者的需求、满足当地居民的需求以及保护环境(包括自然、建筑和文化)之间协调平衡问题(Bramwell and Lane,1993; Cater,1993; Cronin,1990; Forsyth,1996; Muller,1994; Unwin,1996)。

一些研究认为,旅游可持续发展有不同的理论方法,且不同的国家、地区对其有不同认识。Hunter(1997)提出旅游可持续发展包括四种不同的发展观。①通过发展旅游实现可持续发展。这是极弱可持续发展观点,在目的地发展旅游业与发展其他产业相比,环境污染少,且经济效益更大,只要旅游对环境的影响不减弱旅游地的吸引力,那么,可以通过尽可能减少不可更新资源利用和不超过可更新资源容量的旅游经营活动,以及技术进步来实现旅游可持续发展。②通过"产品指向型旅游"实现可持续发展,与弱可持续发展观点一致。认为旅游产品与环境密切相关,通过政府和私营企业的共同努力,美化当地人文环境,维持设施财产(如直接的基础设施投资)和保护自然环境,使旅游业产品得到发展。强调通过旅游业产品营销和旅游经营者的能力来使旅游企业获胜,从而提高目的地居民的福利水平。③"环境指向型旅游"的可持续发展,与强可持续发展观点一致。强调旅游发展与环境质量紧密相连,要求所有旅游参与者在容量限制范围以内,采用合适的旅游方式(如生态游),与其他经济企业协调发展,提供高质量的游历体验。④"生物保护型旅游"的可持续发展,以保护环境为主,是一种极强可持续发展观点,意味着在整个过程中要限制旅游活动,以绝对保证生态环境功能与质量为目的,尤其在生态敏感区,如对保护区的核心区实行绝对保护,采取严禁旅游开发的方式来实现旅游可持续发展,是一种通过限制旅游发展来达到生态环境保护的发展模式。

Butler(1991)极力反对通过限制来保护旅游地环境的方法。他认为,如果是这样,那么像文化遗产地和自然保护地就应该杜绝人参观,才能达到完全保护的目的,Hall 和 Driml(1994)、Driml(1996)等人也反对这种极强的可持续发展观点。

Munt(1992)通过总结前人研究的适合发展中国家和发达国家的旅游可持续发展,发现发展中国家主要强调经济发展为主,与以西方环境保护主义为基础的强旅游可持续发展观点对立,他认为这种不同的解释会使发展中国误入歧途。有一些研究者认为不同地区的环境特征差异性使不同地区有不同的旅游可持续发展模式,旅游可持续发展不仅仅是目的地政府的事情,也是旅游者和旅游经营者在环境利用中的实际行为(Dowling,1993;Lane,1994;Sanson,1994;Wall,1993)。

综上所述,不同研究者对旅游可持续发展的认识和立场是不同的,加上研究者的学科背景不同,于是出现多种多样的旅游可持续发展研究内容和方法。

二、旅游可持续发展研究领域的综述

在可持续发展伦理思想指导下,如何实现旅游可持续发展,是可持续发展思想从理论走向实践领域的研究关键。大量学者从不同领域进行了深入分析,使得旅游可持续发展研究成果比较多。概括起来可以分为以下几个方面:利用自然资源与环境经济学方法研究旅游业可持续发展,利用企业管理与公共资源管理方法实现旅游地可持续发展,通过采取有效的管理手段实现旅游目的地的可持续发展,通过改变旅游形式实现旅游可持续发展,利用综合指标法监测和管理旅游可持续发展,以及其他旅游可持续发展研究方法。

(一) 利用自然资源与环境经济学方法研究旅游业可持续发展

在旅游学中,经济学主要的贡献之一是应用标准统计技术来预测旅游需求和评价旅游对东道地区的正负影响(Tremblay,1998),利用货币价值衡量方法,将旅游资源与环境成本进行核算计入旅游成本——收益分析中,以此来评价旅游业可持续发展。

对于环境经济学家而言,货币也是反映人类偏好的方便的度量单位(Pearce,1991)。环境经济学家认为,在旅游产品生产过程中,许多旅游业发展所依赖的自然资源与环境并没有市场价格,旅游供给者把许多自然资源与环境当成是免费商品,这些资源和环境往往被过度使用而减少或被损害。因此,对这些自然资源与环境成本进行核算,并计入旅游产品生产过程中,可以评价旅游业可持续发展。但是,迄今用货币价值衡量方法直接进行自然资源与环境等非市场成本—收益核算,在环境学中应用比较多,在旅游学中应用比较少。

目前,解决旅游地资源与环境货币价值的主要方法是非市场评价法,包括表示偏好的方法和替代市场法两大类。其中,偏好方法主要是指条件价值法(CVM,contingent valuation method)和选择模型法(CM,choice model)。CVM 的经济价值评价是指因条件变化而产生的经济价值变化,是经济学家开发的非市场产品经济价值的评价方法,包括愿意支付费用法(WTP,willing-to-pay)和愿意接受补偿费用法(WTA,willing-to-accept)两种方法。这种方法是给消费者一个假象的市场,用假想市场的行为倾向代替实际估计倾向,通过问卷调查法,直接向相关群体的样本询问他们的 WTP 或 WTA。

CVM 方法主要用于对自然旅游环境与资源价值核算上。在旅游研究领域,使用 CVM 评价旅游地的历史也比较长,Garrod 和 Fyall 总结了 1997 年及其以前用 CVM 方法研究旅游资源价值的研究者及内容(表 2—1)(Garrod and Fyall,1998),主要集中在自然旅游地的价值评价方面。Bull(1991)把 CVM 当成一种直接估计游客对景点愿意支付价格的方法。Bostedt 和 Mattsson(1995)用 CVM 方法,通过游客在瑞典两个森林旅游地旅游愿意支付的费用,计算出两个旅游地的价值。Lee 等人(1998)用同样的方法计算了韩国一个旅游地的价值,并得出在该旅游地游客喜爱的是自然环境,而不是高尔夫运动。White (1995)等人用问卷调查法调查游客意愿支出(WTP, willing-to-pay)费用,测算了森林公园的价值。

表 2—1　1997 年以前用 CVM 所作的旅游研究

作者	年份	研究主题
Penning-Rowsell et al.	1992	旅游者和当地居民每次到访的平均满意状况(Mean enjoyment per visit by tourists and local residents) (Penning-Rowsell et al., 1992)
Tunstall and Coker	1992	旅游者和当地居民每次到访的平均满意价值(Value of enjoyment per visit by tourists and local residents) (Tunstall and Coker, 见 Coker, A. and Richards, E. 1992)
Hanley and Ruffell	1993	进入不同森林的价值(Value of access to forests with varying characteristics)(Hanley and Ruffell, 1993)
Willis and Garrod	1993	对不同景观或景观特征的支付意愿(willingness to pay for a variety of landscape and landscape features)(Willis and Garrod, 1993)
Bateman et al.	1994	对保护当前景观的支付意愿(Willingness to pay to preserve current landscapes)(Bateman et al., 1994)
Willis	1994	对已经定价的(景点)的最大愿意支付意愿(Maximum willingness to pay for entry, if a charge were to be imposed)(Willis,1994)
Bostedt and Mattsson	1995	进入森林的旅游者的最大满意价值(Value of enjoyment by tourists of forest visit)(Bostedt and Mattsson,1995)

作者	年份	研究主题
Pruckner	1995	旅游者为农业提供的景观服务的最大支付意愿(Tourists' willingness to pay for landscape services provided by the agricultural sector)(Pruckner,1995)
Willis et al.	1995	环境敏感地区为当地居民和游客提供的利益(Benefits of Environmentally Sensitive Area(ESA) status for local residents and visitors)(Willis et al.,1995)
Powe and Willis	1996	接受游客所获得的利益(Benefits received by visitors to Warkworth Castle)(Powe and Willis,1996)
Linberg and Johnson	1997	减少因旅游发展而产生的拥挤(Reduction in tourism-related traffic congestion)(Linberg and Johnson,1997)

用CVM研究旅游地社会价值的成果比较少。Lindberg(1997)等先用CVM方法计算了交通拥挤的经济成本,又研究了以新工作机会、额外增加的车辆(拥挤)、额外增加的垃圾和税收减少等代表福利的经济价值变化(Lindberg,1999)。后来,他又以瑞典滑雪地为例,用CVM方法研究了旅游社会福利价值,得出的结论是：旅游发展虽然使有些居民福利提高,但对整个社区居民的福利影响是负的；滑雪地对旅游者的福利影响是正的,但旅游者的正福利影响抵消不了居民的负福利影响,因此,判断该滑雪旅游地所产生的社会福利是负的(Lindberg,2001)。

CM是另一种经济价值评价方法,是"陈述偏好法"的发展,可以对任何选择项进行估计,只要这些选择项能够根据提供给个人的各种选择的属性及其水平建立起来。CM方法最早由Lancaster(1995)提出,他认为可以把商品最有用的方面看作一系列属性或者特点的化身,这些属性或者特点是消费者真正关心的东西。在选择模型中,要求个人在两种或多种资源利用选择项中做出一系列选择,一种选择项是货币支付,采用 logit 模型对个人做出的选择进行分析,通过估计货币属性与相关环境属性的边际替代率来计算个人给环境变化所赋予的价值(罗杰·珀曼,2000)。

替代市场法(SMM,surrogate market method)包括旅行费用法(TCM,travel cost method)和享乐价值法(HPM,hedonic pricing method)。旅行费用法是根据旅游者为了获得环境服务而花费的旅行费用来推断环境价值,主要用于研究国家公园的市场价格。假设前提是游览公园的旅行成本由旅行费用和门票价格组成,而且旅游人次对价格及旅游成本变化的反映是一致的。Green(1990)等人对此进行过综述。享乐价值法的基本方法可以通过空气污染的例子进行陈述,洁净的空气是不能交易的产品,但它是影响房屋资产价格的一个变量。显示偏好的经验表明人们愿意支付的房屋价格与周围的空气质量之间存在明显的正相关性,所以分析房屋资产价格可以获得清洁空气的价值。享乐价值法是旅行费用法的一个变化形式,试图利用游憩地的各种属性的数据以及旅游率和旅行成本等数据评价游憩地某属性的价值。基本思想是:假设考虑两个游憩地,除了一个游憩地有某一属性,另一个没有这种属性外,其他各方面均相同,那么该属性的价值可以通过两个游憩地的旅游与旅行成本之间的差别体现出来(罗杰·珀曼,2000)。

经济学家使用自然资本来处理环境资源,通过资源系统的核算,将减少的资源与环境成本用替代资本来弥补,这样需要定义可持续性,作为经济平衡公式的一个状态衡量指标。在经济文献中,可持续性是"一种目标化的方式"。Turner(1993)提出了可持续发展的经济学解释,即每个资本的消费不下降、每个单位的 GNP 不下降或可以替代的福利指标不下降,提出从弱到强不同等级的可持续性。弱可持续性被认为自然与人造资源资本之间是可替代的。强可持续性可以解释为自然资本存量不随时间而下降。在旅游与环境方面,弱可持续性难以得到推广,因为大多数文献集中研究的是动植物种群及其栖息地的保护问题,人造资本是难以替换这一内容的。强可持续性的定义被研究者广泛接受,因为可以将环境退化成本计算在生产过程中。但强可持续性没有考虑生态系统弹性,所以环境评价者不接受这一观点,因为弹性减少,意味着会给未来环境、自然和人类产生压力。

用经济学方法核算自然资源与环境价值,有利于风景资源与环境的资本核算与管理,但也存在一些问题。经济学家的可持续性是通过关注经济增长,而不是关注环境限制定义的,而且使用"自然资本"来处理环境资源时,只是指消费者需求的效用所衡量的那部分资源的价值,不能代表整个环境资源的价值(Hughes,1995)。所关注的生态方面的问题,也只是与人类福利有关的、熟悉的部分,对于抽象的、人们不熟悉的产品,如生态系统的多样性、生态系统维持自身发展的能力则无法定价,尤其对决定生态系统的关键物种的灭绝无法定价。而且,采用非市场评价法,对非市场交易性的旅游资源与环境定价的依据,是目前人们的福利偏好,并不一定能反映未来人们的福利偏好(Folmer,Gabel and Opschoor,1995)。自然资源和环境退化资本的弥补形式是重建、移植、修复目的地受影响的自然财产,同样适用于人工仿建物和文化资本。但是大多数情况下,人文、文化资本是独一无二的,其损失不可恢复,也不可替代。

(二) 利用企业管理与公共资源管理方法实现旅游地可持续发展

McKercher(1993)将可持续发展分为两大阵营:一个是经济可持续发展,一个是生态可持续发展,并指出旅游是否可持续发展,主要决定于这两种方法之一是否应用在旅游企业中,认为旅游产业持续性决定着旅游持续性。

Davis 提出企业"对社会负责任"行为的观点,即企业在追求经济利润的同时,要关注合法的利益相关者的利益和经济所产生的道德与伦理的影响(Walle,1995)。他的社会责任虽然狭隘,却为旅游可持续发展中的企业行为奠定了伦理基础,即旅游企业应该持有对目的地产生的社会文化和生态环境影响负责任的旅游伦理观。

一些学者从企业管理的角度,把整个旅游目的地区看成一个类似企业的组织,通过研究这一个组织的竞争力来研究旅游可持续发展。传统的目的地竞争力研究集中在目的地的形象或吸引力研究上,主要包括气候、风景和住宿接待等能够吸引游客旅游的目的地特征方面(Chon,1991;Hu,1993;Gallarza,2002)。Murphy等人提出旅游服务也是目的地形象或产品的重要组成部分(Murphy,Pritchard and Smith,2000),Buhalis(2000)意识到供方的重要性和单个产品或服务对整个旅游产品的影响,并研究了该产品的营销问题,Ritchie(2002)研究了旅游目的地营销信息系统。

目的地持续的竞争力也是可持续发展的重要内容之一。Enright和Newton(2004)综合了前人研究的成果,将目的地的形象与旅游产业作为影响竞争力的因素,提出了竞争力的量化研究方法。Croach和Riechie(1999)则拓展了旅游目的地竞争力的研究内容,认为竞争力建立在经济、生态、社会文化、政治等各方面的可持续发展基础上,他比较关注社区福利,提出旅游目的地的竞争能力是通过旅游发展提高当地居民生活质量的能力的观点,并建立了旅游目的地竞争力模型。Riechie和Croach(2000)后来又修改了该模型,强调竞争能力与持续性之间的本质联系,认为真正的竞争力必须是可持续的,并从可持续观点出发研究了旅游地的竞争力模型。Michael和Keane(1997)从经济组织角度出发,通过旅游地质量和价格决策,来研究旅游地的竞争力。Hus等人(2004)研究了旅游地产业经济组织的比较优势。Tremblay(1998)提出建立目的地供给框架来研究旅游是基础,他利用企业理论中关于经济组织的两个著名理论——交易成本(费用)和竞争理论,强调企业和产业通过网络关系变化技术与营销竞争能力,来达到可持续发展的目的,采用适合于旅游的产业、合作和组织结构来增强旅游目的地竞争力。

此外,Flagestad(2001)以增加当地经济收入和旅游地居民福利、满足旅游者需求、不破坏人文与自然环境的持续价值观为成功战略,通过旅游目的地组织结构模式的构筑,来研究组织的持续竞争力。Frank和Govers(2000)认为世界旅游竞争已由企业之间转向旅游目的地之间,提供了欧洲委员会为提高旅游地的竞争力,利用欧洲质量管理综合模式(图2—1),对七个旅游地进行综合质量管理的实践案例。

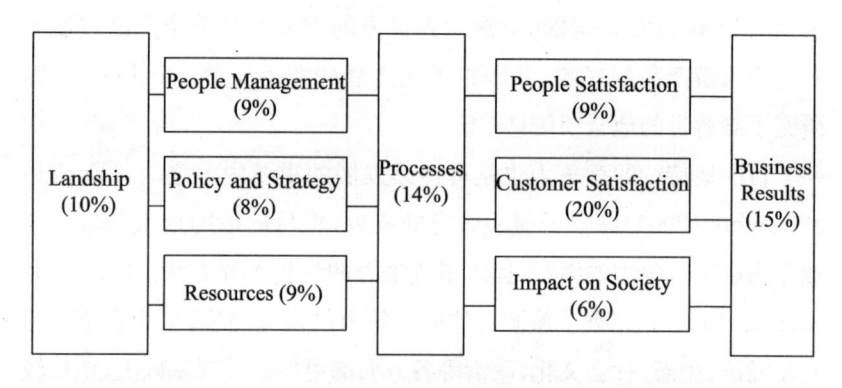

图2—1 欧洲委员会的质量管理综合模式

一些学者认为政府对旅游目的地的扶持是实现旅游可持续发展的重要途径,Warnken(2003)等人认为旅游地组织是一个整体,市场不可能保证可持续的旅游地产品,只有地方政府利用权力为旅游地设施发展掌舵,才能保证可持续发展目的的实现。他们提出现代设施是吸引旅游者的一方面,在旅游地兴盛时,所建的大量旅游设施,在淡季或经营不善时,应该得到政府的帮助,而不是仅仅依靠削价销售。Britton

(1991)用附属理论(Dependency Approach)研究了旅游跨国公司合作的影响。Papatheodorou(2004)通过旅游业内部动力研究了旅游地的演化。

还有一些学者把公共资源理论介绍到旅游研究领域(Healy,1994;Marcouiller,1998;Briassoulis,2002),认为旅游资源一方面被旅游者共同使用,另一方面被当地居民使用,具有"公共资源"(CPRs,common pool resources)的特点。公共资源被经济学家定义为"一个使用者开发利用会减少其他人使用量,且不可能排除其他使用者的资源"(Bromley,1999)。旅游资源与公共资源面对的问题实际是一样的,过度使用和缺乏激励投资者保护和改进资源的机制,使旅游资源破坏严重,不可能实现可持续性的条件,可持续旅游也无从谈起。如有游憩价值的水域、自然风景区、过度拥挤的街道等。所以学者提出:通过产权管理具有公共资源特点的旅游资源,才能实现旅游可持续发展(Vail and Hultkrl,2000)。

(三) 通过采取有效的管理手段实现旅游目的地的可持续发展

现在已经有的实现旅游目的地可持续发展的手段有:环境管理系统(EMS,Environment Management System)、生态标签(eco-labels)、地方21世纪议程、清洁生产(CP,Cleaner Production)等。这些方法被应用于旅游产业领域,如旅行社用 EMS 管理业务,宾馆利用 EMS 管理,以获得生态标签,旅游企业在管理中应用清洁产品战略,以及地方社区以21世纪议程为管理依据等。Lee(2001)认为旅游可持续发展是一个由 EMS、生态标签、清洁产品、21世纪议程共同完成的目标,因为 EMS 能够提供一个目的地的管理系统,使企业实现旅游可持续发展;生态标签可以为目的地提供评判标准;21世纪议程使目的地整体协调发展;清洁产品是具体的实现目标。这四种方法虽然不完美,但涵盖了《布伦特兰报告》提出的政治系统、经济系统、社会系统、技术系统和国际系统的内容。21世纪议程作为社区和政府使用的概念,属于政治和社会因素;生态标签因为提出了环境消费的意识,并反映了旅游消费市场的消费偏好,有利于激励企业向有利于环境质量改进的经营方式努力,属于社会和经济因素;EMS使企业和组织在传统的经济产品生产中考虑环境问题,也适于当地政府使用。

生态学、可持续学、全球变化学的一些理论也被引入旅游可持续发展研究中,如可调控的生态系统循环理论、规划理论、仿真模型、综合评价模型、综合景观规划、区域信息系统等(Walker,2002)。Farrell(2004)称这些是"可调控管理"方法的基础。所谓可调控管理是一种针对不确定性,通过一系列的实验、监督和社会学习来完成的管理方法,用这种管理方法可以实现旅游系统的可持续发展。Gunderson(2000)认为可持续发展是指整个综合旅游系统,需要了解整个系统的内部机制和系统的管理方法,由于生态系统是复杂不可预测的,对生态系统的管理就应该是弹性和不断调整、实验的,以适应关键的生态系统功能。他认为对旅游者数量进行限制的容量也应根据旅游内容、地区、季节、旅游者行为、当地居民偏好等的不同而成为一个可调容量(Adaptive Carrying Capacity)概念,同样,旅游规划也应不断修改。

一些学者根据生态学的研究成果提出,利用环境影响评价、容量和旅游规划等现代管理手段,可以比较准确地控制和预测旅游系统的发展(Lindberg,McCool and Stankey,1996;William,1994)。沃顿认为环境影响评价(EIA,Environmental Impact Assessment)是目的地旅游可持续发展实现的有效方法,并把它归属于"增长趋向型"(Growth-oriented)的弱可持续发展类型(Hunter,1995;1997)。

在以上研究方法中,容量和旅游规划是已经被大多数研究者接受并得到推广的旅游地可持续发展管理手段。

1. 利用容量(Carrying Capacity)管理实现旅游地可持续发展

容量研究是实现旅游可持续发展比较常用的手段。1992年,世界旅游组织(WTO)、世界旅行和旅游理事会(WTTC, World Travel and Council)、地球理事会(the Earth Council)联合发布了与旅游相关的可持续性原则,使环境容量成为监督衡量可持续发展的管理工具。

容量最早提出于1936年(Stankey,1981),尽管娱乐容量的概念不断变化,但其概念性框架内容没有变,所有的定义可以分为两类(Sowman,1987)。第一,自然生态内容,与资源基础的整体性有关,指进一步开发或使用后,受自然生态系统的限制而出现的一些门槛(threshold)或容忍水平(tolerate level)。第二,行为内容,反映了游历体验的质量(Mitchell,1982)。Goldsmith(1974)把旅游容量分为自然的、生态的、经济的、感知的四类,在此基础上,Martin和Uysal(1990)提出各种容量在旅游地不同生命周期阶段的作用不同,在旅游地早期开发阶段,主要受自然容量的限制,与经济容量有直接关系的生态容量和感知容量在旅游地成熟阶段逐渐变得重要,并可以阻止其向衰落期发展。世界旅游组织提出容量包括生态容量、旅游者心理容量和旅游地社会容量,并定义"生态容量是指接纳旅游来访的数量极限,超过这一极限,旅游者或者他们所需要的设施将对生态产生不良影响。旅游者心理容量是指这样一种极限,超过该极限,旅游者的满意程度会下降。旅游地社会容量是指这样一种极限,超过该极限,目的地将不欢迎旅游者"(国家旅游局计划统计司,1997)。

尽管如此,仍然没有公认的容量定义和标准的、系统的程序去评价容量。有许多对容量不同的解释,如BaudBovy(1977)定义容量是"在没有永久生物、自然破坏和对娱乐质量破坏的前提下,单位时间单位范围内的使用者数量";Mothies和Wall(1982)认为"在没有不可接受的娱乐体验质量下降前提下,娱乐环境能容纳的最大娱乐人数";Shelby

(1987)认为容量是"不超过具体评价标准的使用水平";Inskeep(1991)认为容量是维持在不破坏环境或社会文化,以及游客游历兴致基础上的一种发展水平。

早期对娱乐容量进行研究的有 Colgan(1978)和 Coppock(1975)等人,他们认为首先要解决的问题是如何制定有效的环境指标。但环境指标及其容量的确定是复杂的工程,因活动类型和环境因子(植被类型、土壤条件等)的不同而不同。如:旅游活动对自然环境的使用程度(包括密度、频率)不同,对环境的影响不同(Calais,1986;Whinam et al.,1994);游憩活动类型不同,对环境的影响也不同(Cole,1988);一些植被耐活动影响的能力比其他植被强(Calais,1986;Whinam,1994;Whinam,1996)。Cole(1992)量化了植被对娱乐活动影响的反映,并且发现苔藓植被的耐压能力非常强。研究者还发现土壤条件也影响旅游活动对植被和土壤本身的影响程度,在非施肥地的草要比施肥地草的耐压性强(De Moral,1979),一些土壤条件耐压和耐人类废弃物的能力比其他土壤要好,所以在评价旅游活动影响时,应该考虑土壤条件差异。

还有一些学者(Butler,1980;Cole,1989;Martin and Uysal,1990;Nelson,1993),对影响容量的环境指标因素有所研究,Hughes(2002)提出了环境指标的改进方法,即直接监测方法(如水、空气)、间接监测环境影响方法(如旅游对植被、生物的影响)、直接与间接结合的监测方法,他强调应在对生态系统进行实证研究的基础上制定指标,并以珊瑚礁为例研究了环境指标。但对各指标因素之间是如何影响的,是否一个因素发生变化,必然会导致其他因素发生变化还不清楚。

相对于自然环境,社会容量门槛是非常难评价的,全部依赖于价值评价。一些研究者比较了旅游者和居民对环境影响的感知(Dowling,1993;Hammitt,Bixler and Noe,1996),以及管理者对环境影响的感知

(Martin, McCool and Lucas,1989),发现旅游者对废弃物、人为垃圾、公共财物破坏和其他旅游者的活动感知比较强烈。Willian 和 Gill(1994)、Getz(1982)等人从娱乐设施容量角度出发研究了旅游地可持续发展。旅游者密度是衡量旅游者对自然环境影响的指标,旅游者对旅游目的地人口比率是评价社会容量的一个指标,该比率是指每1 000名居民所对应的游客数量(Liu and Jenkins,1996)。

Getz(1987)提出了六种解释和确定容量的方法,其中一种是通过旅游目的地居民容忍程度来确定社会容量。Saveriades(2000)认为旅游社会容量包括居民容忍水平和游客在旅游地的游历质量两方面,他把社会容量定义为在没有游客游历质量下降和对社会不利影响前提下,一个旅游地能够容纳的最大使用水平(数量和活动),并认为社会容量的研究必须从两方面入手:①游客选择其他旅游地之前的游历质量;②居民对游客来访的容忍程度,并利用社会心理学方法设计问卷,进行调查,研究了塞浦路斯东部海滨旅游地的社会容量。

巴特勒(Butler,1974)认为容量研究往往与旅游地的生命周期相联系。20世纪80年代,他提出了著名的"旅游地生命周期理论",该理论将旅游地的演进总结成六个阶段,即探索阶段、开始阶段、开发阶段、巩固阶段、停止阶段、衰退或复苏阶段,划分的主要标志是旅游者、旅游设施数量及对环境的影响。他认为居民的容忍程度会随旅游地生命周期而变化,从极度兴奋、冷漠、愤怒到对抗,并通过研究东道地区居民对旅游活动的反映,提出应该根据东道地区居民的态度和行为,确定一个容量门槛(Butler,1980)。O'Reilly(1986)结合旅游地生命周期理论,从旅游者感知自身影响角度研究了旅游者容量,即当某个旅游地游客容量达到一定程度时,游客会离开该旅游地,而选择另一个旅游地。

容量虽然与旅游地的发展有一定的关联,但是,Butler(1993)认为并没有能够度量旅游可持续发展的容量指标和能力指标,最常见的是不可持续的量度指标,即旅游人数开始下降或旅游地人文自然环境开始向不理想的方向变化,而当这些指标显示时,采取补救措施已经太晚了。

也有些学者认为容量管理方法难以实现。Stankey(1981)认为一个地区不可能有一个固定的容量,管理目标、微观经济系统、弹性、活动类型等的不同会使容量不同。Cole(1985)指出随着旅游地利用水平的提高,边际损害开始增加,这时,即使很低水平的使用,也会造成破坏。Simon(2004)等人认为容量不论定性或定量都难以表述,忍受程度本身也在变化,如当地和外部因素会使可接受程度增加或降低,对容量这方面的不足,用可接受变化和一些环境、娱乐指标可以弥补,所以他建议容量的制定要因地制宜。

在容量极限问题研究上,还有一些主流经济学家不承认有极限,他们认为人类可以通过知识和技术打破各种自然界限(Mark,1995)。Hunter(1997)也不同意使用容量管理方法实现旅游可持续发展的观点,他认为对于保护环境并没有指出如何保护?保护什么资源?用容量作为可持续性条件来限制对资源的利用时,对如何确定容量?怎样做才能不超过容量?持续的范围和最小安全标准是多少等问题难以回答。

2. 通过旅游地规划实现旅游可持续发展

1991年美国旅游规划学家Inskeep(1991)出版了《旅游规划:一个综合性可持续发展的模式》,确定了旅游可持续规划的程序和基本研究内容,充分体现了旅游可持续发展思想,是旅游可持续规划的经典著作。1993年世界旅游组织(世界旅游组织,1997)编写了《旅游业可持续发展——地方旅游规划指南》,吸收了Inskeep旅游可持续发展的规划思想,强调从社区旅游规划角度分析旅游业、环境和社区的关系,是关于社区旅游可持续发展规划的技术性指导文件。

Blangy和Nielsen(1993)认为市场手段不能解决环境破坏问题,需要地方政府的旅游规划和激励方法去解决保护环境问题,如增加费用、规定旅游线路、划定旅游范围等。

可接受变化极限(LAC,Limited Acceptable Change)规划是旅游规划中对环境容量问题的完善和发展,是一种可操作的旅游可持续发展实现方法。该方法由Frissell提出,经Stankey等人的发展,提出了任何地方将发生变化的条件,及维持和阻止这些条件变化的必要管理措施,认为不仅要对自然资源的生态环境状况设定极限,还要为游客的体验水准设定极限,同时建议将它作为环境容量问题的一个替选方法(Stankey,1985)。McCool(1994)也认为LAC规划是实施地区可持续发展的有利工具。Ann(2002)等人提出了地区旅游可持续发展规划LAC体系的九个具体的步骤,并应用于地区旅游规划实例中。

3. 通过改变旅游形式实现旅游可持续发展

可持续旅游被认为是非大众旅游的形式,为了表示对大众旅游的区别,人们提出了软旅游(Krippendorf,1989)、后工业旅游(South East Economic Development Strategy,简称SEEDS,1989)、可选择旅游(Gonsalves and Holden et al.,1985;World Tourism Organization,1990)、负责任旅游(Haywood,1989)、绿色旅游(Bramwell,1991)、乡村旅游(Lane,1994)、低影响旅游(Lillywhite and Lillywhite,1991)、生态旅游(Boo,1990)等形式。一些人认为旅游可持续发展就是新产品或市场细分,如Douglas(2001)把"特殊兴趣的旅游者"(special interest tourism)分成生态旅游者、文化旅游者、冒险旅游者(包括乘喷气式飞机旅游者、活动追逐者、运动爱好者等)和其他旅游者。这些旅游形式被研究者们认为比大众旅游的形式好,这些类型的旅游者们比较关注自我实现,关注环境,希望他们对所旅游的地区带来好的影响(Yiannakis,1992;Wheelle,1993)。在这些旅游形式中,比较有影响的是生态旅游和可选择旅游。

(1)生态旅游

"生态旅游",或"以自然为基础的旅游",最初的定义是"到不喧闹或没有污染的地区,研究、欣赏风景和自然植物、动物,以及文化的有目的的特殊旅行"(Boo,1990)。生态旅游社团的定义:"生态旅游是对保护自然环境和维持地方福利负责任的旅游"(Ecotourism Society,1993,见 Weaver,1999)。Backley(1994)认为,"生态旅游是以自然产品为基础,实施可持续管理、环境教育和有助于保护措施的内容组成的旅游"。Rymer(1992)认为,生态旅游是"旅游者进入大自然,他们的活动和支持他们的设施对环境有极少的影响的旅游形式"。

Weaver(1999)认为生态旅游由三个核心判断标准:①主要景点以自然为基础;②文化特征;③旅游者和其他参与者非常关注在目的地的活动对自然与文化环境的影响。生态旅游在东道地区坚持使用容量的前提下,是与可持续旅游一致的概念。

(2)可选择旅游

可选择旅游是在迎合西方旅游者越来越不满于地中海和加勒比海"3S"度假地旅游内容的情况下出现的。许多人向往背包旅行,去观光野生环境、原始部落和考古地,另一些人想参与骑马、划艇或皮筏等运动型旅游地活动,这使选择性出现。Weaver(1995)认为生态旅游既保护环境又不损失经济收入,是对应于大众旅游的最流行的可选择旅游形式。Butler(1989)、Romerit(1994)等人都认为可选择旅游是针对大众旅游的一种理想的有助于实现旅游可持续发展的旅游形式。

可选择旅游比较难定义,用来定义可选择旅游的要素依据比较多,有内容、设施特点、位置、所有者或经营者、开发过程或营销渠道,不同国家和地区、不同的人会有不同的定义,有许多的旅游形式对其他旅游形式来说都可以被认为是可选择的。Bulter(1989)将可选择旅游理解为属于由富有人士所组成的上层团队旅游市场,以远赴异国尤其是原始生态地域旅游为目的的形式。Becker(1988)则认为可选择旅游是经济条件有限的青年旅游者(背包旅游者)所采取的荒境漫游,而且多寄居当地居民家。Weaver(1999)提出可选择旅游分为自然型和社会文化型两种,其中自然型等同于生态旅游。

许多学者把可选择旅游看作是实现可持续发展的旅游形式,一些可选择旅游定义是由当地人控制并广泛参与的小规模旅游开发类型,这样当地人会在与旅游者接触中趋向于保护当地文化和环境。Ioannides(1995)认为可选择旅游由于属当地人管理的活动,会显示出对环境和文化友好的特征,是实现地区旅游可持续发展的途径,而生态旅游、特种旅游只是旅游政策制定者感兴趣的代替传统高影响的大众旅游的方式。Weaver(1993)认为可选择旅游是构筑地方保护旅游地脆弱性和维持旅游地吸引力的控制能力的一种形式,它是可持续旅游的一种实践形式,但在游客强行侵入旅游地或该地旅游产业被少数人操纵时,也成为不可持续的旅游形式。一些学者认为可选择旅游出现在旅游地生命周期的开始阶段,随之而来的是大众旅游,换句话说,一旦对一部分旅游者开放,如不加管理,会很快进入大众旅游阶段(Bulter,1980;Zurick,1992)。

Carey 和 Gountas(1997)从旅行社企业的角度出发研究认为,大众旅行社(mass tour operators)不利于旅游目的地的可持续发展,特色或选择性旅行社(specialist/alternative tour operators)有利于旅游地的可持续发展,可选择旅游虽然是由目的地进行管理营销的一种形式,有利于目的地的可持续发展,但必须与选择性旅行社的结合才能实现可持续发展。

Bulter否认可选择旅游是可持续旅游,他认为在旅游开发类型、规模和进度合适的情况下,容量决定着游客满意、经济收益和环境保护水平。

近几年,研究者发现旅游者很容易改变角色和兴趣,今天在某旅游点是文化旅游者,明天在另外一个旅游景点可能变成生态旅游者。Ryan和Huyton(2000a;2000b)的研究证明,在大多数情况下,旅游者想的只是如何放松自己,并不考虑旅游社区发展的人类学问题或动植物保护等环境问题,而且西方社会崇尚个人主义和消费主义,旅游者比较喜欢选择敏感地区(包括环境脆弱地区和社会文化敏感区)旅游,这种可选择旅游形式对敏感地区的影响会比较大。

4. 利用综合指标法监测和管理旅游可持续发展

第一个制定旅游可持续发展指标体系的国际旅游相关组织是世界旅游组织(WTO, World Tourism Organization)的环境理事会(Environment Committee)(International Working Group on Indicators of Sustainable Tourism, 1993),所制定的一套指标体系主要用于监测和管理,按适用范围分为复合指标、国家级指标、地方和目的地具体指标三类,分别适用于复合地区、国家和地方的旅游可持续发展管理,每一类又分为三种被推荐使用指标。

第一种是综合的或理想的指标("comprehensive" or "ideal" set of indicators),这套指标可以测量自然环境、旅游环境和旅游活动的结果,包括重要生态与自然要素的质量和数量监测;测量不同生态系统能够支持的不同旅游活动类型的影响程度;测量代表生态系统的容量极限和不同自然与文化环境对不同程度使用的敏感性;综合监测旅游业或其他企业活动产生的污染。

第二种是备选或适中指标("Candidate" or "Medium Term" Indicators),内容涉及国家或地区许多重要方面,是旅游决策者制定旅游可持续发展应该了解的信息,它又分为国家、地方或重要地区等不同空间的指标体系。其中,国家级指标有 17 个,涉及环境的有 8 个,包括保护地区面积占国家的百分比、在使用有压力的地区的受威胁的物种、使用密度、关键资源的消费(水、能源、燃料)、环境标准(房屋、宾馆用水和污水处理标准)、设施使用密度(分析水、污物和能源系统的超负荷运用)、环境规划(为旅游经营者、游客制定的战略和实践规定)、监督环境过程(评价环境影响评价程序的有效性、开发应用程序)。

第三种是最低的基本水平指标,包括 73 个指标,目的是推广成为 WTO 的国际标准。这套指标体系在环境保护方面地关注比较多的是旅游对生态系统的影响,忽视了对社会文化环境方面的影响,而且内容繁杂,难以推广。

制定旅游可持续发展指标体系的第二个国际组织是国际旅行社联盟(the International Federation of Tour Operators),是为响应欧共体可持续发展模式而制定的,称 ECOMOST(Extract of Checklists for Dangers to Sustainable Tourism),涉及居民、旅游、生态和政策四方面,如下表 2—2 所示。这一套指标中每一指标的变化都会引起相关的变化,强调政府通过决策使旅游影响保持在可接受的范围内,从而影响旅游可持续发展的整个过程。该指标系虽然强调生态影响,但度量方法却很模糊,如在"保护物种、生态栖息地"方面的指标只是提到"物种面临灭绝危险"和"物种处于危险的破坏状态",那么何时、何种状态下会使物种变得危险,并开始灭绝?旅游又是怎样引起这些变化的等问题没有解释,这使操作起来有一定的困难,也难以推广。

表 2—2 威胁旅游可持续发展的指标

主题	组成和目标	指标	关键价值
居民	保护居民财产	人口变化；单位收入相对应的失业人口率	劳动人口的不断迁移
旅游	保证持续的游客满意	维持生态质量和监测生态环境	维持住宿标准；生态条件，审美
生态	环境保护意识	游客对环境问题的意识	最简单的免费成本测量是否能保证住宿有利于环境保护
政策	有效的旅游和生态方面的立法	现有的生态质量标准	

以上两种旅游可持续发展指标体系都存在诸如如何确定环境影响、如何测度影响、测度关键门槛的能力、旅游是怎样影响环境的、对假设管理的正确判断，以及采取什么措施等问题，都需要进一步的研究。

5. 其他旅游可持续发展研究方法

1985 年，莫菲(Murphy,1985)提出一个旅游业研究与发展的生态模型，为研究旅游社会效益可持续性提供了方法。该模型把旅游作为一个生态变量来考虑，它所涉及的不同团体各司其职，各有侧重，并谋求与当地居民(企业和个人)需要和游客(旅游者及旅游企业)需要之间的平衡。Taylor 和 Stanley(1992)提出了一个旅游可持续发展的优先次序矩阵(表 2—3)。

表2—3 旅游可持续发展的研究内容与优先次序的建议

范围	当前	中期	长期
景观	各种论题的案例研究 经营管理 员工 参与 损益分析 企业文化 环境审计	保护区域的价值(经济价值、审美价值) 是否愿意支付 增强经历的手段 案例研究中对变化的监控	
当地	目的地研究 经济的、社会的、自然的容量 形象研究	纵向研究 变化性质的研究	社会、经济、自然指标
区域	资源普查 市场需求及态势的分析	市场需求及态势的纵向研究 成本、效益的测量	
国家	协调 传播 标准	网络建设 信息交流机构 方法论的研究 模型及范例	
国际	合作 适应	信息交流机构 术语定义	

有些研究者从影响旅游目的地的关键自然因子出发,研究该因子变化与旅游可持续发展问题,他们以淡水资源缺少的岛屿旅游胜地为例,研究了水资源对岛屿旅游胜地旅游可持续发展的影响。如Gössling(2001)通过旅游宾馆用水计算和农业用水计算,认为大量淡水资源开发使岛屿地下水位下降、水质变差、地面下沉、海水倒灌,严重影响了岛屿的可持续发展。Kent等人以马拉加(Mallorca)岛为例,研

究旅游需求与岛屿供水的问题,认为水的缺乏会导致环境受到影响,如湿地受损,最终游客数量减少,提出度假岛屿胜地的旅游业持续发展最终受供水的限制的结论(Kent, Newnham and Essex, 2002)。位于赤道附近的桑给巴尔岛(属于坦桑尼亚国家),降水是淡水资源的主要来源,淡水资源奇缺,旅游者主要集中在降水最少的6~9月,这一时期旅游者的到访对岛屿的水资源利用及地方居民生活造成了重要的影响,是促使该岛屿不可持续发展的主要力量之一。

此外,一些国际组织和国家通过采取制定原则制度以及积极的措施,来促进旅游可持续发展的实现。

20世纪90年代,全球旅游可持续发展行动战略提出了40条涉及政策制定者、非政府组织、旅游产业、国际旅游组织和旅游者的实施旅游可持续发展的具体措施。这些措施虽然强调社区福利的环境可持续发展,但可操作性比较差,没有提出具体的量化指标和度量标准,而且比较琐碎,政治含义浓厚。

1996年9月,为了响应联合国《21世纪议程》提出的可持续发展理念及其行动计划,世界旅游组织、世界旅游理事会和地球理事会联合制定了"关于旅行与旅游业的21世纪议程:迈向环境可持续发展",并于1997年6月,在联合国大会第9次特别会议上发布。该议程主要针对旅游业和政府,号召旅游企业采用创新的运作模式来保护环境,并针对旅游业制定了比较详细的保护自然和文化环境,以实现可持续发展的目标和行动(世界旅游组织、世界旅游理事会、地球理事会,1998)。

与旅游产业有关的组织比较热衷于制定原则来实现可持续发展,如旅游委员会和世界自然基金WWF(Worldwide Fund for Nature)制定了十项旅游可持续发展原则:持续地使用资源、减少过度消费和浪费、保持多样性、进行旅游规划、支持当地经济发展、关注当地社区发展、兼顾利益相关者和大众的利益、培训员工、负责任的营销旅游、进行旅游开发研究等,包括98条具体建议(Garrod and Fyall,1992)。

在欧洲,地区组织积极采用各种激励方法,促进旅游可持续发展目标的实现。如根据不同的旅游可持续发展标准,对环境保护非常好的企业授予生态标签和奖章,这些奖章有"欧洲旅游与环境奖"、"欧洲可持续发展城市奖章"、"蓝绿奖章"和"绿色持续发展奖章"等。

一些国家也制定一系列的规定来提高旅游可持续发展水平,最早开始这项工作的是英国,1992年和1993年分别提出地方可持续旅游发展的条例,参与者包括旅游企业、地方旅游局、旅游开发商、国家旅游局、国家自然和文物保护局,内容包括建设有利于环境保护的旅游交通线路、旅游开发等(The Tourism and Environmental Task Force Tourism and the Scottish Environment, Tourism Management Initiative,1993)。

这些可持续措施都缺乏具体的可操作性量化目标和统一度量单位,表现在:①没有指出资源使用到什么程度是可持续的或不可持续的;②没有统一的度量单位去衡量旅游操作者在什么程度是可持续的。

第四节 中国旅游可持续发展研究综述

中国大众旅游发展历史比较短,对可持续发展关注也相应比较晚,但旅游发展受可持续思想影响深远。近十几年来,大部分新开发的目的地在旅游规划时已经将可持续发展的理念贯穿其中,且国家旅游局出台的资源开发评价与规划标准也强调可持续发展的理念。这种发展历程有利于中国旅游可持续发展。

最早把旅游可持续发展的概念引入中国的是谢彦君,对'90全球可持续发展会议中旅游组行动策划委员会提出的旅游可持续发展的目标(作者译成永续旅游)进行了全面的介绍,并介绍了环境影响评价(EIA,Environmental Impact Assessment)的实施程序和格林的旅游发展对环境影响的指标体系(表 2—4)(谢彦君,1994)。其后,丁培毅(1996)介绍了国外针对旅游业持续发展中出现的环境问题而采用的环境审计管理模式。

表 2—4　旅游对环境的潜在影响

自然环境	改变动植物种群结构	1. 破坏繁殖习性 2. 猎杀动物 3. 猎杀动物以供纪念品交易 4. 动物的迁移 5. 植物因采集柴薪而遭破坏 6. 因伐除植物建成旅游设施而改变植物覆盖率或植被性质 7. 野生动物保护区/禁猎区的建立
	污染	1. 水质因排放垃圾、泄漏油污而遭污染 2. 车辆排放物导致空气污染 3. 旅游交通运输和旅游活动导致噪声污染
	侵蚀	1. 土壤板结导致地表土进一步流失和侵蚀 2. 改变地表滑移/滑坡的危险性 3. 改变雪崩的危险性 4. 损害地质特征(如突岩、洞穴) 5. 损害河岸
	自然资源	1. 地下地表水的耗竭 2. 为旅游活动提供能量的矿物燃料的枯竭 3. 改变发生火灾的危险性
	视觉效果	1. 各种设施(如建筑物、索道滑车、停车场) 2. 垃圾

续表

人造环境	城市环境	1. 土地不再用于最初的生产用途 2. 水文特征发生变化
	视觉效果	1. 建筑物密度区的扩张 2. 新的建筑风格 3. 人及其附属物
	基础设施	1. 基础设施超负荷运行(道路、铁路、停车场、电网、通信信息、废物处理设施、供水设施) 2. 新的基础设施的建设 3. 为适应旅游需要而进行的环境管理(如海坝、垦荒)
	城市特性	1. 居住、商业和工业用地方面的变化 2. 城市化的道路系统(车行道、人行道) 3. 出现分别为旅游者和当地居民开发的不同城区
	古迹修复	1. 废弃建筑物的重新使用 2. 古代建筑和遗址的修缮与保护 3. 修复废弃建筑物供作别墅
	竞争	某些旅游区点可能因其他区点的开发或旅游者兴趣变化而贬值

与国外研究者一样,国内旅游研究者也对旅游可持续发展研究内容及实现途径进行了探索。牛亚菲(2000)认为旅游可持续发展将旅游业、生态环境保护和社会发展结合起来,以社区发展为旅游业发展的主要目标,旅游环境保护为基本条件,实现社会、经济和环境的共同发展。旅游业可持续性的社会标准是:旅游业能否保证开发成本和收益的公平分配、当地居民能否从旅游业中获得经济利益和就业机会、社区能否参与旅游决策、旅游业是否可以增进对优良文化传统的保护;经济标准是:旅游业经济能否实现持续增长、不断地为地方经济注入新的发展基金;环境保护标准是:旅游业能否对自然环境的保护和管理给予资金支

持、促进对自然和文化资源的保护和促使旅游者和当地居民对自然环境保护持支持态度。何佳梅(2001)认为可选择旅游是旅游可持续发展的形式,它接受了旅游可持续发展思想内涵,并落实于各种旅游活动中,她把可选择旅游定义为:基于实现自我的需求心理,目的性特别突出的非大众旅游形式,具有理性化、小规模、小范围、多样化等特点。

　　大多数研究者比较认同容量管理和开展生态旅游形式是旅游可持续发展的实现方式,并在这两方面作了大量的研究。赵红红(1983)首次提出了旅游容量问题。汪嘉熙(1986)对苏州园林风景区游人容量进行了研究,并通过典型调查确定了各园林风景区的容量。保继刚(1987)对北京颐和园旅游环境容量作了研究。冯孝琦(1991)认为旅游区最适环境容量指在保证游览效果的前提下,旅游场所所能容纳的最高数量。楚义芳(1989)认为旅游环境容量是一个概念体系,它并无特指,根据容量属性可以分为基本容量和非基本容量两大类,同时还在旅游环境容量数学模型量测方面作了研究。崔凤军(1994)将旅游环境容量称为环境承载力,它由环境生态承载量(EEBC)、资源空间承载量(REBCA)、心理承载量(PEBC)和经济承载量(TEBC)四部分组成,并对它们作了量化研究,得出旅游环境承载力的量化值。鄢和琳(2002)以九寨沟、黄龙为例确定了旅游环境容量。李天元(2002)认为对于一个旅游目的地来讲,可持续旅游发展的核心问题是该地的旅游承载力,即容量。他定义旅游承载力是一个旅游目的地在不至于导致当地环境和来访游客旅游经历的质量出现不可接受的下降这一前提之下,所能吸引外来游客的最大能力包括:①旅游设施用地的承载力,指适合用于建造旅游设施的土地数量以及这些旅游设施的最大综合接待能力;②物质环境承载力,指在不至于导致当地旅游环境的对外吸引力出现下降的前提下,所能接待来访游客的最大数量;③生态环境承载力,指在不至于导致当地的生态环境和生态体系发生不可接受的变化这一前提下,所能吸纳来访游客的最大数量;④社会承载力,也称社会心理承载力,指在不至于导致当地社会公众的生活和活动受到不可接受的影响这一前提下,所能接待来访游客的最大数量。

李新琪(2000)等人研究了区域环境容量的评价指标体系。陈邵锋(2003)认为自然限制和人类关于经济、环境、文化、人口的选择共同决定着容量的大小。戴学军等(2002)运用环境科学的理论和方法研究量测了旅游区的旅游环境容量,认为该容量是旅游区可持续发展的基本前提。杨锐(2003)认为容量本身内涵丰富,难以确定,而且不同情况下,不同人对它又有不同的理解,仅仅将环境容量作为一个数据控制,并不能达到有效保护资源的目的,因为不同的行为、资源的敏感度、资源的空间分布、活动的时间等会使容量难以确定。刘庆友(2003)认为旅游环境容量和旅游承载力是两个不同的概念,可以通过一个地区旅游环境容量估算分析其旅游承载力,并计算了庐山的旅游承载力。

对生态旅游研究的也比较多。骆高远(1999)认为"生态旅游"是实现可持续发展的核心。牛亚菲(2000)、赵海燕(2002)、李永文(2000)、花明(2002)等学多研究者也都认为生态旅游是可持续旅游的必由之路。文军等(2003)研究了生态旅游的可持续发展,提出加强政府引导和生态旅游的法制建设,加强生态旅游规划和生态旅游风险评价,控制旅游环境容量和开发后的环境监测与评价工作等建议,认为生态旅游可持续发展的实质就是要求生态旅游与当地的环境融合成为一个整体,维持自然、文化与人类之间的平衡关系。中国研究者对生态旅游的可持续发展的研究主要集中在自然保护区,如王国霞(2002)研究了向海自然保护区生态旅游地可持续发展,王君(2004)探讨了自然保护区生态旅游可持续发展,陈保平(2003)研究了九华山生态旅游可持续发展。

旅游可持续发展研究也多集中在自然保护区和其他自然景区。尹少华(1998)对森林旅游可持续发展进行经济分析,提出森林旅游净收益等于旅游所得减去旅游所费,旅游经济效益等于旅游所得比上旅游所费的分析方法。张光生(1999)提出生态道德教育、制订发展计划等旅游可持续发展对策。曹新向和丁圣彦(2002)在自然保护区旅游开发中,导入生态学的景观结构和功能、生态整体性和空间异质性、景观多样性、尺度适宜性和景观变化的不可逆性等原理,认为对自然保护区进行景观生态规划与设计,并加强景观生态管理,能够促进自然保护区旅游的可持续发展达到自然保护的目的。杨载田(2002)、杨凤英(2004)研究了自然保护区的旅游发展。鲁铭(2002)对湿地旅游可持续发展进行了研究,在可持续发展思想基础上,提出了湿地旅游者概念,分析了湿地旅游发展与湿地环境保护的关系,针对湿地生物多样性、景观多样化、文化多样性等特点,探讨了湿地旅游价值,提出湿地旅游规划、湿地旅游立法、建立服务网络等湿地旅游可持续发展对策。

总之,国内旅游可持续发展研究者在旅游可持续发展伦理思想的认识上和生态旅游研究方面,与国外研究差异不大。在旅游地容量计算和生态旅游研究方面作了大量的研究,并取得了丰硕的成果,但利用其他方法进行旅游可持续发展研究的成果比较少,而且对不同自然因子影响下容量的测度研究,尤其是对自然资源的容量测度与国外还有一定的差距。

第三章 区域旅游可持续发展的界定

第一节 旅游可持续发展定义综述

前面分析的旅游可持续发展各种不同的研究内容和研究方法,源于研究者的学科不同以及对旅游可持续发展的定义理解不同。20世纪90年代以来,一些组织或旅游研究者从不同角度,结合可持续发展伦理思想,给出了不同的旅游可持续发展定义,归纳起来,主要有三类定义(表3—1)。第一类从社会效益角度出发,侧重强调旅游者或社区的利益;第二类从强调旅游业经济效益角度出发,注重用旅游产业的经济效益持续性来反映旅游可持续发展;第三类将社会、经济、生态环境三效益结合起来,强调旅游者满意的游历质量、旅游地社区居民生活质量提高、旅游产业的经济效益和旅游地的生态环境效益。

表3—1 三种类型的旅游可持续发展定义表述

分类	定 义 描 述
社会效益定义	旅游可持续发展要求:①满足提高东道地区居民短期与长期的生活水平的需求;②能够持续吸引旅游者,并满足不断增加的旅游者的需求;③保护环境,以保证前两个条件的实现(Cater and Goodall, 1992)。
	旅游可持续发展涉及的内容有东道地区居民生活质量、游客满意程度、对自然和人文资源保护性地使用(Hunter and Green, 1995)。

续表

分类	定义描述
社会效益定义	在1990年全球持续发展大会制定的"旅游持续发展行动战略"中,旅游持续发展"被认为是在保持和增强未来发展机会的同时,满足目前游客和旅游地居民的需求;也可被认为是对各种资源的管理进行指导,以使人们在保持文化的完整性、基本的生态过程、生物的多样性和生命维持系统的同时,完成经济、社会和美学的需要"(戴凡,1994)。
	保护满足旅游者享乐的环境资源,以保证未来旅游者和当地居民的利益,环境资源包括自然资源(如自然风景)和人造资源(如历史建筑)(The Scottish Tourism Co-ordinating Group,见 Hughes,1995)。
	世界旅游组织1993年的定义:"旅游持续发展作为一种经济发展模式,必须提高东道地区的生活质量,为旅游者提供高质量的旅游经历,并保护东道地区和旅游者所依赖的环境"(WTO,1993,见世界旅游组织,1997;WTO,1995)。
经济效益定义	旅游可持续发展就是使不同持股人或组织互相协调,共同达到持久理想的生活质量(Ahn,Lee and Shafer,2002)。
	旅游可持续发展是为减少旅游产业、旅游者、环境和社区之间互相影响产生的紧张和摩擦而采取的积极的方法……是促使自然与人文资源长期稳定发展的道路,不反对经济增长,但因地制宜,通过管理而限制经济增长。它有利于促进旅游地的持续发展,并且增加旅游者满意度(Bramewell and Lane, 1993)。
	旅游可持续发展是通过财产管理,使发展和活动建立在保证产业依赖的资源(文化、自然和其他)完整性和经济稳定性基础上进行(Godfrey, 1995)。
	旅游可持续发展是妥善考虑长期经济活动产出对资源的影响,以关注当代与未来的需求(Curry and Morvaridi, 1992)。
	从旅游业角度分析,旅游可持续发展是开发旅游容量,提高产品质量,并且不损害作为发展基础的自然和人文环境(Cronin, 1990)。
	旅游可持续发展是全部参与人员共同努力,不损害旅游地(生态、社会经济)产出,以提供可持续旅游产品(Guun, 1994)。

续表

分类	定 义 描 述
社会经济生态环境效益定义	可持续性概念的核心是重新评价旅游在社会中的角色。旅游可持续性是用长期的观点来看待经济活动,分析经济是否能够持续增长,确保旅游消费不要超过旅游目的地为未来旅游者供给的能力(Archer and Cooper,1995)。
	旅游可持续发展可以认为是满足当代旅游者和东道地区需求,并且保护和保证满足未来旅游者和东道地区需求的机会……管理各种资源,以实现经济、社会和审美需求,并保持文化完整性、基本生态过程、生物多样性和生命支持系统(Inskeep,1991)。
	旅游……依赖于自然存量、结构和社会文化特点……必须通过管理达到产业经济需求和旅游者游历需求,同时保持文化完整性,保护和促进生物多样性和生命支持系统(Harris and Leiper,1995)。
	旅游可持续发展是追求更多的产出,追求游客、社区居民与旅游地之间的和谐关系,即不破坏旅游地资源、不欺骗游客和不剥削当地居民(English Tourism Board/Employment Development Group,1991,见 Garrod,1998)。

表3—1中旅游可持续发展的定义,多是对旅游可持续发展的伦理思想的描述,部分定义提出通过管理资源来实现旅游可持续发展的途径,如定义7、8、10、13、14,其中定义10明确提出管理的方法是"开发旅游容量"。

另外,这些定义只适合住宿、餐饮、娱乐和购物等旅游服务设施与旅游吸引物在空间上集中分布在一起的旅游地,如自然保护区、森林公园、山地等风景名胜地或岛屿一类的度假胜地等"旅游飞地"或"纯旅游地"。这是因为旅游可持续发展伦理思想是在旅游发展对森林公园、自然保护区、岛屿和海滨度假胜地等旅游地被严重破坏的前提下,针对这些旅游地的发展问题提出的,所以定义只是适合"旅游飞地"或"纯旅游地"等旅游地。

各种旅游可持续发展定义,对于一个以城市为旅游服务中心的节点式旅游区域未必适用。节点式旅游区域有如下特点:①由若干旅游吸引物组成;②旅游服务设施与旅游吸引物互相分离,住宿、餐饮、娱乐和购物等旅游服务与设施集中在城市,而旅游吸引物散布在区域内;③旅游收入只是地区国民收入一部分;④影响区域生态环境的主要是区域工农业活动,如工业大气、水污染等造成的环境污染,农业用水过量造成的区域淡水紧缺和环境变迁等。旅游者和旅游业活动对整个地区生态环境的影响远远小于区域其他经济活动的影响。

在节点式旅游区域,通过旅游管理,可以维持和提高各个旅游吸引物及其周围局部地区的质量,实现提高旅游业经济效益和提高旅游社区居民收入的目的,从而实现旅游业可持续发展。但却无法阻止整个区域生态环境的不良变化所产生的旅游产品质量问题,表现在旅游业景观产品的观赏、游娱价值下降,旅游公共产品质量下降,旅游产品的环境保护费用增加及服务质量下降等方面,也无法阻止因区域环境恶化所造成的旅游者的满意度降低和居民生活质量下降,其最终结果是整个区域旅游不可持续发展。如在坦桑尼亚的桑给巴尔岛,20 世纪 80年代前,旅游旺季时,农业灌溉大量用水,使净水资源短缺,旅游供水不足,严重影响了旅游可持续发展(Gössling,2001)。在马拉加(Mallorca)岛,旅游季节正是农业用水量最大时期,淡水资源紧缺,旅游需求用水虽然远小于农业用水,但为了保证旅游季节农业与旅游需求用水量,不得已增加了地下水开采量,结果环境受到破坏,湿地受损,最终游客数量减少,使岛屿旅游处于不可持续发展的状态(Kent,Newnham and Essex,2002)。

在中国干旱的旅游区域,90%以上淡水资源用于农业生产,适宜人类生存的绿洲沿河流分布,河流中上游大量引水或打井抽取地下水灌溉农业,造成河流下游绿洲因缺水而大面积沙漠化,许多有价值的历史文化遗存类旅游资源现在正受沙漠化威胁或被掩埋在沙漠中,导致旅游吸引物欣赏环境进一步恶化。同时,中上游人工绿洲及城市一方面受到沙漠化的威胁,一方面受到地下水位下降的影响,区域整体环境处于非持续发展状态,威胁着旅游可持续发展。还有,全球气候变化对干旱地区的山地景观和冰川旅游景观将造成重大影响,表现在山地森林草场退化、冰川萎缩,风蚀作用对历史文化遗迹的破坏力增强,这些自然环境变迁叠加在不合理的人类绿洲活动上,将对干旱区旅游产生重大影响。因此,只将旅游者和旅游业的活动地从区域发展中独立出来,研究其可持续发展,除了在"旅游飞地"和"纯旅游地"有效外,在以城市为依托的节点式旅游区域,不一定适用,在干旱地区亦不适合。在节点式旅游区域,旅游可持续发展是区域可持续发展的构成内容之一,区域生态环境质量决定着区域旅游可持续发展水平。

第二节 区域旅游可持续发展中利益主体的界定

"利益相关者"(stakeholders)最初是经济学的概念,后来逐渐扩展到其他领域。利益相关者理论最早由佛里曼(Freeman,1984)提出,后经过一些学者的研究逐步完善。该理论认为企业是由多个利益主体构成的一个集合体,这些利益主体包括所有者、投资者、员工、供应商、政府、顾客等,企业的目标应与这多个利益主体相关,其价值增值是多个利益主体共同作用的结果,各个利益相关者的利益目标的实现就是企业绩效的最优化。因此,企业是每个利益主体实现其利益最优化的载体,正是这种利益驱动机制的存在,才使企业有了直接的发展动力。各利益主体都试图在企业运行中掌握"话语权",从而在博弈中达到一种力量的均衡,使企业能有效整合各个资源,形成竞争对手难以模仿的核心竞争力。可见,企业绩效最优化实现的基础,是各利益相关者在企业运行中必须拥有"话语权"。

利益相关者理论由描述型的、工具性的和规范性的三部分内容构成(Donaldson and Preston,1995)。描述性的部分主要集中在对谁(或什么)是企业的利益相关者的回答。佛里曼最先的定义是一个利益相关者是"任何可能影响公司目标的实现,或受这种实现影响的群体或个人",这是范围最广的定义。1995年,克拉克森和其他人提出总括性的广义定义,即"利益相关者就是在一个公司以及它过去、现在和将来的活动中拥有或宣称拥有所有权、权利或利益的群体"。按照广义的定义,利益相关者包括人与环境的诸多要素。根据与公司联系的正式性,可以把利益相关者分为直接的和间接的两类:由于合同或其他法律承认的利益而能直接提出要求的那些利益相关者,被称为"直接的"利益相关者,包括顾客、供应商、债权人、雇员等;所有其他比较疏远的群体被归入"间接的"利益相关者,包括消费者群体、媒体、地方社区甚至环境(Savage,1991)。

工具性的部分被界定为关注"利益相关者管理与完成传统的公司目标(如利润率、增长率)之间的联系或缺乏联系"。用于分析坚持利益相关者管理能否取得优于传统企业绩效目标管理,以及利益相关者影响企业的策略和企业实施利益相关者管理的策略等问题,从而证明利益相关者理论的现实合理性。

规范性的部分是为利益相关者理论寻找"规范核心",即找到一个抽象范畴来论证其合理性,为各利益相关者的发展确定一种科学合理的衡量标准或伦理价值,以探索进一步发展和完善利益相关者理论。不同学者提出的"规范核心"内容是不同的,如佛里曼(Freeman,1994)提出的"公平契约学",Donaldson和Dunfee(1999)提出的"综合契约论",Phillips(2003)提出的"利益相关者公平原则"等。其中,综合契约论对利益相关者理论影响深远,由美国乔治城大学商学院、肯尼迪伦理研究所教授Donaldson和宾夕法尼亚大学沃顿商学院企业伦理研究中心教授Dunfee提出,该理论汲取了社会契约论思想,旨在解决全球商业活动中伦理冲突,所关注的重点更多是企业层面。综合契约论的理论体系由三个层面组成,即最高规范、宏观社会契约、微观社会契约。最高规范,也称"超规范",是指超越一切文化差异的人类共同的道德规范,是评价其他规范的基础,也是全人类应当普遍享有的核心人权,如个人自由、人身安全和健康、政治参与权、知情权、财产所有权、生存权、平等权等。超规范规定了宏观和微观社会契约(全部或某一经济社团)规范的范围,并可以授权认可某些基本的利益相关者的要求,如把得到确认的优先规范,作为在互相竞争的合法规范中进行选择的一般指导。超规范把企业责任分为必需的、许可的、禁止的三种责任。宏观社会契约是指全球社会订立的、关于确立和执行微观社会契约的一套规则。微观社会契约是某一现实经济社团在特定文化背景下的道德行为规范。综合契约论认为,公司是通过与所在社会建立的社会契约而得以合法存在的,必须通过发挥特有的优势和使劣势最小化的方式增加消费者和员工的利益,进而增进社会福利,以换取公司的合法存在和繁荣兴旺。这就是公司生存和发展的"道德基础"。当公司履行契约时,他们是道德的,应受赞扬;否则是不道德的,应受谴责和惩罚。宏观和微观契约论将伦理规范植根于特殊共同体,规定利益相关者的地位,并提供区分相互冲突的利益相关者利益的标准。

旅游业的发展也是涉及各个利益主体的发展。基于利益相关者理论,可持续发展理论所强调的代内和代际公平原则,应该是旅游业利益相关者理论的"规范核心"。

1999年,世界旅游组织出版的《世界旅游业中的新伦理符号》

(*New Global Code of Ethics for World Tourism*)中的第六篇文章,提到利益相关者在旅游发展中的义务,界定利益相关者指:旅游人才、与企业相关者、政府、出版社、媒体(尤其是与旅游相关的媒体)。这代表着利益相关者理论已经成为旅游研究的基本理论之一。但是 WTO 在利益相关者构成中没有提到旅游社区居民和旅游者。Ryan(2002)认为利益相关者是指任何一个受操作目标影响的或影响操作目标成功的个人或确定群体。他设计了一个以旅行社为中心的利益相关者图(图3—1),当然,他提出中心也可以是当地政府或居民,图中各利益相关者之间关系箭头可以是相互的、多项箭头关系。这一利益相关者界定比 WTO 的界定相对更完善,但也没有考虑旅游社区居民的利益。

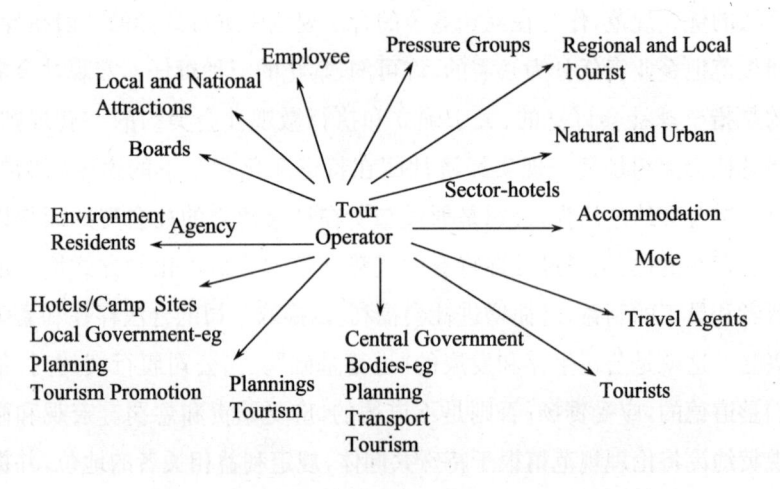

图3—1 受旅游公司目标影响的潜在利益相关者

Sautter 和 Leisen(1999)以旅游规划为核心,提出旅游业的利益相关者为本地商业部门、居民、激进团体、旅游者、国家商业链、竞争者、政府部门、职工、旅游规划师。保继刚、钟新民在编制"桂林市旅游发展总体规划"时,将桂林旅游发展的相关利益者界定为:游客、外地旅行社、商业部门(正规商业部门和地下市场)、景点开发商、服务设施企业、旅游管理部门、当地居民(孙九霞,2009)。

在我国,利益相关者理论的研究较少,没有一个统一的界定范围,哪些是利益相关者,哪些不是,众说纷纭。对旅游领域的利益相关者界定属于个案研究,尚没有形成规范,对干旱地区旅游业及其利益相关者研究更是匮乏。因此,有必要对区域旅游可持续发展角度对利益相关者主体进行界定。

首先,旅游企业经济活动的目的是获取利润,如果无法实现其合理利润,企业会选择终止生产供给活动。因此,旅游企业是主要的利益相关者。

其次,社区也是主要的利益相关者。在干旱地区欠发达的农村发展旅游,是外来现代化经济文化模式侵入社区和农村社会、文化与经济发展的过程,对地方传统农业社区人民生活和社区结构会产生巨大的冲击。在农村社区旅游发展中的过程,村民的日常生产生活被当作产品暴露在旅游者面前,供旅游者体验。如果不把村民作为利益主体去发展旅游,其后果必然是不可持续的旅游发展。表现在居民的态度和行为一方面通过直接影响旅游者体验水平而影响旅游产品;另一方面居民如果不能从旅游发展中获得利益,会持反对旅游业发展的态度,直接影响或阻碍旅游业的发展。因此,居民从旅游发展中的获益水平决定着地区的旅游可持续发展水平。Murphy(1985)在《旅游:社区方法》一书中提出了旅游是一个社区产业,是旅游产品的重要成分,该产业把社区作为一种资源,把它当作产品出售,并且在此过程中影响了每个人的生活。他强调通过社区居民参与规划和决策制定过程实现利益分享、实现社区发展。社区居民参与规划,还可以使居民的想法和对旅游的态度被反映在规划中,以减少居民对旅游方案的情绪和冲突,以便规划实施，从而实现地方旅游可持续发展。Walle(1995)通过对人类学和民俗学研究认为，当地居民和社会文化的稳定性应当被考虑在内，否则会产生很多负面影响，如当地居民敌意态度、高犯罪率等社会问题，进而损害旅游业的利润，最终使旅游地丧失吸引力。

第三，旅游者也是主要的利益相关者。旅游者是与旅游企业有契约关系的群体，是旅游业赖以生存的市场。旅游者体验感知水平决定旅游业发展的市场前景，决定着旅游企业的收益水平。

第四，地方政府也是重要的利益主体。地方政府是地方经济、社会、环境发展的管理者，社区居民的发展也属于其管理范围。通过设定地方旅游发展的"游戏规则"、设立信息交流谈判等平台的方式保证区域旅游业、地方经济、社会、环境和谐发展。

可见，旅游企业、旅游社区居民、旅游者、地方政府都是直接影响旅游发展的行为主体，他们决定着旅游地的可持续发展，属于旅游地发展中的直接利益相关者。其他如旅游人才、出版社、媒体等则属于间接利益相关者。因此，区域旅游发展的利益相关者是以旅游企业、当地政府、旅游者、社区居民为核心，包括一系列与旅游发展相关的主体的体系。联系各利益相关者的中心是四个主要利益相关者中的哪一个，受旅游地发展的伦理观决定，在不同国家、不同发展水平以及旅游地的不同发展阶段，呈现出不同的特征。

旅游发展观从单纯的旅游企业利益最大化，到关注社区及居民获益情况和追求可持续发展观，是社会发展的进步。反映了旅游发展核心价值观的变化，即从经济发展观向社会发展观，再向可持续发展观的转变。利益相关者理论为旅游可持续发展界定了利益主体及其行为规范，是指导旅游可持续发展的重要理论基础。由此，如何实现旅游可持续发展或和谐发展的问题，则转化为各利益主体如何实现合理化利益的均衡过程。旅游企业行为的目的是获取经济利益；居民支持旅游地发展行为的目的是获取合理利益,包括经济、社会文化和环境利益;旅游者进行旅游活动行为的目的是获取合理效用;地方政府支持旅游业发展的目的则是实现地区经济、社会文化和环境和谐发展。

第三节 区域旅游可持续发展的定义

旅游者和旅游产业的活动分别指从旅游者开始出游到返回期间的体验活动与供给活动,涉及的地域范围比较大,由客源地与目的地之间的旅游通道及旅游目的地组成。因此,有必要对区域旅游可持续发展的研究范围和对象进行界定。旅游区域是指有中心城市和统一行政管理机构的行政地域单元,区域旅游可持续发展的研究内容是旅游者和旅游产业在旅游区域内的活动,以及旅游社区居民利益和地区环境的可持续发展。社区是指一定数量居民组成的、具有内在互动关系与文化维系力的地域性生活共同体;地域、人口、组织结构和文化是社区构成的基本要素(孙九霞,2008)。在实际调研中发现,共处一地域的社区成员,离旅游者接待中心有一定距离的,其生活经济几乎没有受到影响,所以将社区地域界定缩小。本书社区指旅游开发所直接影响的人群居住区,这个人群居住区有共同的政府部门、有共同的历史和文化传承。地区环境包括经济环境、人文环境和生态环境,是旅游者消费的公共产品,也是地区居民提高生活质量的基础。

旅游发展依赖于高质量的区域旅游资源与环境。旅游者的活动属于满足于基本生存需要基础之上的高层次的需求活动,不仅对旅游业产品质量要求高,而且对区域的公共旅游产品质量要求比较高。其中,对资源和环境质量水平要求比较高。既然旅游可持续发展是可持续发展的一项具体活动组成和实践,那么区域旅游可持续发展目标只有建立在区域实现可持续发展的基础上才能实现。换句话说,区域可持续发展决定着区域旅游可持续发展。Lee 的整体性旅游可持续发展定义也认为,旅游可持续发展是建立在整个目的地可持续发展基础上的(Lee,2001)。而且,当地居民生活质量的提高也以区域资源与环境可持续发展为基础。可见,区域资源与环境是决定区域可持续发展的关键指标,其管理主体应属于政府。地方政府是地区环境质量的管理主体,通过对不利于地区环境质量的企业行为的监管或采取不支持的行为,维持环境质量水平。以旅游企业、旅游者、当地居民和地方政府为行为主体,可以构建区域旅游可持续发展的组成框架(图3—2)。

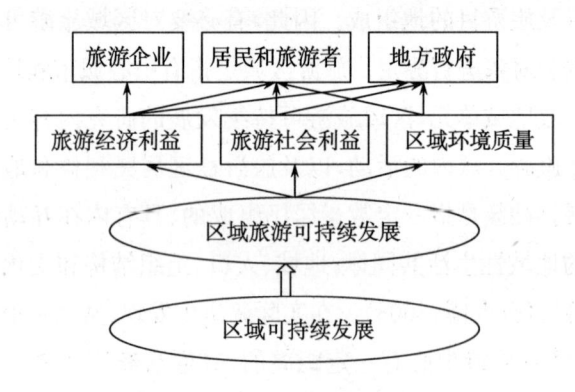

图 3—2　区域旅游可持续发展组成框架

由此,区域旅游可持续发展可界定为:"通过区域旅游产业管理和资源与环境管理,提高区域旅游业产品质量和环境质量水平,以保证在满足当代旅游者、旅游业、社区居民利益和地方政府利益的同时,不减少后代旅游者、旅游业、社区居民、地方政府在本地区的利益。"区域旅游可持续发展研究内容包括旅游社会效益(旅游社区居民利益和旅游者利益)可持续性、旅游经济效益可持续性和区域环境质量可持续性三方面。区域旅游发展认为旅游企业、居民、旅游者和地方政府四个行为主体均应获益。在区域旅游可持续发展理论指导下的区域旅游发展是和谐的,可以实现旅游产业的经济功能、社会功能和环境功能,有助于中国区域协调和持续发展目标的实现。

由区域旅游可持续发展定义可知,旅游业可持续发展是区域旅游可持续发展的一个组成部分,以研究旅游业持续的经济发展为目标,主要通过研究旅游业经济效益、旅游产品竞争力和旅游业内部结构竞争力来反映旅游业持续发展的能力与水平,旅游业产品的核心组成——旅游吸引物的质量水平提高,主要通过容量管理与旅游规划来实现。王大悟等也认为发展旅游业本身就是可持续发展目标体系的一个组成部分(王大悟、魏小安,2000)。

第四节 各利益主体行为的理论基础

区域旅游可持续发展的定义使我们了解到旅游可持续发展研究内容包括经济利益、社会利益和环境质量三方面,与其相关的利益主体分别是旅游企业、居民、旅游者和地方政府,这些利益主体的在旅游发展中所获利益水平,决定着他们在旅游发展中的态度和行为,从而影响着区域旅游可持续发展的水平。各利益主体在旅游发展中会采取何种行为,可以用社会交换理论结合社会表象理论进行解释。

一、社会交换理论

社会的发展与变化,使得以个人为基本研究单位的交换理论得以产生和发展。社会交换理论在西方旅游社会效益研究中应用比较广泛,它是在古典政治经济学、人类学和行为心理学基础上发展起来的,将人与人之间的互动行为看成是一种计算得失的理性行为的社会学理论。

1958年,霍曼斯(George Casper Hormans)提出了社会交换理论

(Kang and Lee,2008)，主要用于解释人们在经济事业中的社会行为。认为所有的人与人之间的关系都是在主观的成本—利益分析与比较基础上建立的,社会的变化和稳定也是一个各部分之间谈判交换的过程。由于着眼点在于个体交换行为上,故也被称为"行为主义交换论"。该理论形成的基础是古典功利主义经济学、人类学、行为主义心理学的相关理论。功利主义经济学认为理性经济人通过交换满足其自身的利益,并在交换中盘算各种行为路径,指导思想是以最小成本求得最大利润。人类学交换思想认为交换系统按照一定的规范——"互惠原则"运行。行为主义心理学认为人在各种环境因素下,总是趋向于趋利避害,与古典经济学功利主义一样都是追求最大报酬和逃避惩罚。报酬相当于经济学的利润,而惩罚相当于成本。霍曼斯提出了社会交换行为发生的五个基本命题,并在五个基本命题基础上提出总命题,即当某人在各种行为中进行选择时,他会根据其当时的认识而选择获得最大报酬(利润)而避免惩罚(成本)的行动方案。

社会交换理论最早被 Perdue、Long 和 Allen(1990)引入旅游研究中,他们以该理论为基础构建了居民态度模型。其后,美国得克萨斯大学的 AP(1992)教授用社会交换理论建立了居民对旅游发展感知的研究框架。AP 描述社会交换理论"是一个一般的社会理论,用于解释个人之间和组团之间互相交往时进行资源交换的理论"。人们在交往过程中都在追求有价值的东西,可能是物质的、社交的、精神的,如果判断回报大于交换的成本,就会选择交换。他根据社会交换理论的内涵和要素,构造出社会交换过程模型,解释居民对旅游影响形成的知觉,以此说明居民初始涉及旅游交换、持续交换及最后脱离交换的过程。其后,一些学者用社会交换理论解释居民在旅游发展中的感知与行为,进一步完善了社区旅游交换行为(Madrigal,1993;Jurowski,1997;Gursoy,2002;Kang,2008;Lee,2003,2006;Andereck,2005)。

总之，根据社会交换理论，旅游发展被看作是一种可以参与交换的意愿；旅游企业经营活动中的成本效益高低，决定着企业经营者是继续进行旅游生产或放弃旅游生产的行为。旅游者在旅游活动过程中，对其成本、效用的比较，决定着其继续或放弃旅游消费的行为。社区居民对旅游发展的评价和交换也是基于成本与利益判断完成的，居民首先认为旅游具有潜在或实际价值，当个人判断成本不会超过收益时，就愿意交换，对旅游发展评价可能会是积极的，会积极支持旅游发展，而且感觉交换会得到正的收益的人，会比感觉得到负的收益的人更倾向于交换。当地政府的职责和义务则是通过权衡旅游发展所带来的经济、社会文化与生态环境成本和效益，决定是否继续支持旅游发展。因此，从行为主体角度看，只有四个利益主体均能获益，达到利益均衡时，才可能实现区域旅游可持续发展。从这点上看，旅游可持续发展是主要利益相关者之间权衡利益、实现均衡的最优化发展模式。

二、社会表象理论

社会表象一词最早出现在法国实证主义社会学家 Durkleim 的一篇论文中。在 20 世纪 60 年代，法国社会心理学家 Moscovici 引入了这一概念，并对其加以扩充，定义社会表象为"拥有自身的文化含义，并且独立于个体经验之外而持续存在的各种预想、形象和价值所组成的知识体系"（应天煌，2004）。简单地说，社会表象就是人们用来对周围的事物、事件以及目标作出反应的一系列定义性的短语或形象，是人们用来了解周围世界的工具。该理论认为人们总是利用自己过去的经验和知识作为参照物，去了解和认知新鲜事物，在此基础上，把有关的社会、文化和政治态度具体化和形象化，对个体和群体看待世界的方式产生重要影响。

社会表象理论强调社会群体意识反映的共性，而非群体成员之间的差异性,是一个组织化的理论。它关注日常社会知识的内容、形成过程、各种群体如何共有某种社会知识等等。1996年澳大利亚的旅游学者Pearce(1996)将该理论引入旅游学研究,用于解释社区层次对旅游的态度形成。强调居民个人对旅游的态度与社区观点、相关信息等的关系,重视分析态度的形成过程,重视行为者本人的思考、感觉和评价。

感觉和知觉是心理学研究的一个重要基础论题,感知由感觉和知觉两个心理过程组成。感觉是人脑对直接作用于感官的客观刺激物的个别属性的反映,知觉是人脑对直接作用于感官的客观刺激物的整体反映(刘纯,2007)。一般认为,人们对旅游的态度来自于对各种影响的感知,也就是说,旅游客体产生的影响引起了人们对它的感知;人们对旅游活动的感知是一种社会知觉,它是一系列直观的、复杂的、综合的反应。社会表象理论则提出,人们如何看待旅游,其感知和态度如何,受其所拥有的相关旅游知识体系(即社会表象)的影响。如社区居民对旅游的感知除受人口学特征影响外,还受其社区归属(community attachment)和个人对旅游和当地经济了解程度等的影响(Allen,Long, Perdue and Kieselbach,1988;Lankford,1994;McCool and Martin 1994;Keogh 1990;Liu and Var 1986)。旅游者社会表象不同,对其旅游感知也有影响,如旅游者的年龄、收入、工作、家庭、民族、受教育水平等的人口社会学特征和旅游经历对其感知均有影响。1997年Murphy和Prichard(1997)测试了一个顾客感知价值模型,并应用于目的地,发现旅游者对价值的认知和评价因客源不同、文化背景等不同而有差别。他们的试验验证了旅游者社会表象对旅游感知的影响。旅游企业对旅游效益的感知受业主的自身社会表象的影响,而政府对旅游环境质量水平的感知,则应受政府对区域福利、环境质量问题认识水平及区域发展观的影响。

因此,在旅游者、居民、旅游企业和地方政府对旅游效益感知研究中,应该注重研究人们如何形成对旅游的认识,这种认识如何影响他们对旅游的态度,当然从因果长链的另一个方向去分析结果也具有现实意义。旅游者、居民、旅游企业和地方政府对旅游的态度不是孤立、单一、完全个人化的,而是他们对旅游产业、地区环境及其相关现象的感知,是有关旅游的表象的一部分,他们对旅游的态度在一定程度上取决于他们的旅游或环境损益计算,但是同时也深受大众传媒、社会交往、自身经历等影响,以及他所隶属的群体或想要隶属群体观点的影响,因为社会识别及个人价值与人们持有的态度有很强的关系。因此,从社会表象理论出发,旅游者、居民、旅游企业和地方政府的旅游态度研究,应关注各种信息交流和区域文化,从整体上关注主要利益主体的社会特征。

综上所述,社会交换理论中所提到的主要利益相关者对成本、利益因子的态度感知水平,受其社会表象的影响。可见,将社会表象理论与社会交换理论结合起来,进行旅游效益分析,才能够更加全面、深入地解释四个主体感知效益形成的机理过程。

第五节 区域旅游可持续发展研究的基本内容

根据社会交换理论可知,区域旅游发展的主要利益主体,即居民、旅游者、企业、地方政府,通过权衡成本收益来决定是否采取有利于旅游发展的行为。这些主要利益主体从旅游发展中获取的效益水平直接反映了旅游社会效益、经济效益和区域环境的质量水平。根据社会表象理论,同样的旅游发展项目或内容,在不同地区,会因利益相关者的社会表象不同而产生不同的感知、态度及行为。由此,结合区域旅游可持续发展定义可知,区域旅游可持续发展研究包括旅游社会效益、旅游业经济效益和区域环境质量三部分。其中,旅游社会效益反映了当地社区居民和旅游者两个利益主体的获益水平;旅游业经济效益反映了旅游企业和区域从旅游产业发展中所获取的经济收益；区域环境质量是决定区域可持续发展的重要因素，也是决定区域旅游可持续发展的重要因素，其维护和监督的主体是当地政府，当然社区居民对环境的感知态度也是反应区域环境质量水平的指标之一。

旅游发展依赖于良好的环境质量，尤其是发展中国家和地区的旅游产业多属于自然资源、历史或民俗文化资源与环境密集型旅游吸引物产业，有赖于原生态自然和社会文化的馈赠，是旅游吸引物的吸引力所在。如果其环境受到破坏，游憩、审美、休闲等价值就会降低，旅游者从中获得的效益（效用）相应降低，导致旅游地丧失吸引力。因此，关注自然资源环境和文化环境密集型的旅游产业的环境质量研究，即旅游吸引物的生态环境质量研究，有利于旅游地的可持续发展，也有利于维持旅游环境效益不下降。但旅游环境不仅仅是旅游吸引物所依赖的自然与文化资源及环境，许多旅游产业，如主题公园、高科技景点、会展、体育竞技等，更多地受旅游吸引物所在地区的现代人文社会环境和经济环境等影响，包括便捷的现代通信设施、快速便捷的交通条件、居民对待旅游者的态度等，都影响着旅游环境质量。因此，旅游吸引物本身的自然生态和文化环境属于狭义的旅游环境，广义的旅游环境包括旅游吸引物环境质量和影响旅游吸引物发展的区域环境，如区域人文社会环境、经济环境和生态环境等。

一般地，旅游可持续发展对旅游环境的研究主要集中在狭义的旅游环境方面，如自然风景区的生态环境质量不下降，旅游业产品质量不下降等，这是自然风景区发展首要关注的重点。可以通过旅游景区的监测管理手段实现对景区质量的监督。广义的旅游环境所产生的效益，有正面的，也有负面的，其环境质量则不是旅游景区所能够监测的。如何对广义的旅游环境质量进行测度是旅游环境效益评价研究的内容之一。

第四章　旅游经济与环境可持续性研究

旅游业属于经济活动，除了直接增加旅游业产出外，还通过波及效应带动其他产业增值，产生区域经济效益。区域旅游经济效益则包括旅游业增值部分和所引起的区域其他产业的增值效应两部分，即旅游业经济发展水平和旅游业所产生的区域经济效益水平两部分。旅游业经济发展水平可以直接通过测度旅游业可持续发展能力实现，旅游业所产生的区域经济效益则可通过乘数效应、投入产出等计量经济学方法测度。

第一节　旅游业持续发展能力研究

旅游业作为一个经济产业，是否持续发展的关键是能不能获得持续的经济利益。总结前面第二章旅游目的地产业组织竞争力的研究内容，可以看出，决定旅游业经济利益持续性的因素是稳定增长的旅游经济收入，高质量、富有竞争力的旅游业产品和富有竞争力的产业组织结构。当然，评价旅游吸引物生存力的指标还有利润率、就业率、乘数效应评估、成本回收及社区总旅游投资与其他类型设施投资之间的比率（艾伦·法伊奥等，2005），但这是微观的企业增长效益研究内容。本章从中观产业角度对旅游业发展进行评价。

一、旅游业产出

经济效益是旅游产业活动追逐的目标,旅游产出水平是分析旅游业增长水平的指标。旅游业产出(yield)指的是旅游带来的经济收获(gain)(Northcote and Macbeth,2006)。这一概念最早被用于航空和酒店经营利润管理,现在应用于整个旅游地(Reynolds and Braithwaite,1997),甚至整个国家(Dwyer and Forsyth,1997)。旅游业产出可以衡量旅游业经济增长水平,也是旅游业产品竞争力和内部结构竞争力的外在表现。但以后这一概念内涵逐渐转变,从公共资源产出角度发展到可持续产出概念,进而又发展到可接受变化的产出概念。

Dwyer 和 Forsyth(1997)提出旅游产出这个术语还可以反映环境、文化和社会方面的非经济收获。于是,有学者将这个概念引入旅游可持续发展研究中(Becken and Butcher,2004),提出可持续的产出概念。但有学者认为可持续产出概念仅被理解为反映生活质量的金融、经济收益,并没有涉及所有权回报的生活质量构成内容,主要用于探讨对环境和文化方面的保护,而不是提高和改进(Ryan,2002)。而且,主要分析的是旅游对区域环境、社会、文化带来的影响内容体系,没有构架评价这些效益的方法。

Northcote 和 Macbeth(2006)认为在资源依赖型旅游系统中,产出广泛地影响制约着投入和资源利用的政策,旅游产出改变了不排他的公共资源建设(Briassoulis,2002;Healy,1994)。但产出只是公共资源净回报的一部分,是在考虑投入(资源利用)和产出(生产率)基础上的成本收益分析,缺乏对公共资源改变的经济计量。公共资源的改变会使持股人界定的极限降低或超过极限,其门槛根据需求和潜在极限界定,指在旅游活动导致停止发展之前所获取的最小或最大回报。旅游活动停止是因为缺乏可利用的资源来产出这种产出,也是因为为了旅游产出而接待人数太多或污染破坏了公共资源,如过量游客、过多的企业等。为保证公共资源维持在设计的极限和处于可接受变化中,定义了可持续的利用概念。由此,提出旅游产出也是可接受变化的极限。可见单纯的旅游业产出概念已经转换为可接受极限的产出概念。

可接受变化强调极限,而产出方法倾向于了解已经产生的和潜在的变化水平,可持续产出则同时强调极限和假设的增长,包括最小(理想的)和最大(潜在)产出水平的增长。如此,则可以通过可持续产出来管理真实的收益,通过强调社会和环境发展与利润和经济增长同样重要的思路,来实现可持续发展(Reid,2003)。在这种思路指引下,Northcote 和 Macbeth(2006)构建了综合旅游产出(ITY, Inregrated Tourism Yeild),来研究旅游可持续发展,它由三个层次组成:最基本层次包括旅游者、财政、经济、环境、社会和文化方面;第二层次是每个方面当前和预期回报;第三层次是潜在层面,指最大允许的条件,即特殊机会层面。

其中,最基本层次的六个方面的产出衡量指标分别是:①旅游者产出:年流入量、季节流入量比(旺季淡季比)、停留长度、停留方式、密度、多样性;②财政产出:当地产业、地区企业、雇佣、基础设施、通货膨胀、州收入;③经济产出:收益、员工、行政、贬值、设施管理、其他,衡量旅游带来的经济收益;④环境产出:植物、动物、地形、水、能量、大气;⑤社会产出:社区满意度、平等、教育、社区婚约(community engagement)、群际之间的凝聚力(intergroup cohesion)、群内一致性(in-group unity);⑥文化产出:遗产价值(历史文化遗存的重要性)、人(偶像)价值(Iconic)、生活风格价值、多文化价值、艺术价值、宗教(仪式)价值(ritual value)。

旅游综合产出由以上六个产出与三个层面组合而成,是综合的产出维,处于模型的顶端。这是理想目标,所有与目标冲突的部分最终会限制其他目标。可见,旅游系统综合产出理论中的可持续的旅游产出,是在权衡旅游者、财政、经济、环境、社会和文化产出基础上界定的。

由以上可知,基于公共资源基础上的可接受变化的产出和旅游系统综合产出,均是对如何测度旅游业经济可持续发展的完善和发展。资源依赖型旅游产业的产出是在改变公共资源基础上的所获,游憩价值只是公共资源使用价值中的一种,且受可接受的极限的限制。还需要在公共资源的环境价值和生态功能价值及其产出方面进一步完善测度方法,补充可接受变化产出的概念。旅游综合系统中所提出的可持续的产出概念所包括的六个方面若干指标的产出,尚需要在计量标准和计量方法上进行完善。

笔者认为旅游产业内部系统运行的目的是利润最大化,追求利润是产业存在的理由,所以旅游业产出就是指旅游带来的经济效益。可持续理念下的旅游产出是旅游业系统经济产出在权衡旅游社会效益、旅游环境效益基础上的一种产出,是兼顾经济效益、社会效益、环境效益的均衡。在权衡另两个效益时,旅游业经济产出量可能不是系统能达到的最大经济效益,只是产业可接受的产出,但产业为兼顾另两类效益所产生的经济利润损失,可促成产业社会效益和环境效益的正向发展,使得整个旅游可持续发展系统仍处于良性发展中,从而实现旅游业长期的持续增长。因此,旅游业持续性转化为兼顾社会效益和环境效益基础上,产业长期增长和短期增长之间均衡的发展模式。基于此,本节以旅游产出为旅游业经济发展水平的测度指标,同其他产业一样,反映旅游产业持续发展能力的内部因素还有旅游业产品的竞争力和旅游业内部结构竞争力等因素。社会效益在下一章将要述及,用社区满意度和旅游者满意度指标衡量,环境效益在本章下一节即将提及。

二、旅游业产品竞争力

人们选择旅游目的地时，并非完全是理性的，情感的成分往往先入为主（德克·格莱泽，2004）。Fesenmeier 和 MacKay 指出，在旅游决策的初始阶段，体验价值具有重要作用；人们选择旅游目的地决策是以目的地的象征性成分（通过视觉形象传递）为基础，而不是目的地的实际特征（德克·格莱泽，2004）。所以，旅游消费实际上是情感型消费。

科特勒（Kotler,1984）将"产品"分为三个层次，第一层次是核心产品，是顾客实际想得到的核心服务；第二层次是实际产品，顾客购买的客观对象，如质量标准、特性、款式、品牌、包装；第三层次是附加产品，是其他服务以及产品附加的一些好处。对于旅游业产品而言，旅游吸引物产品的独特性决定了整个产品的核心服务。如果旅游吸引物产品不具有独特性，那么旅游业产品的客观功能特征不突出，不太可能在核心利益范围内创造出任何竞争优势，只能在成本领先和非物质差异化战略，即体验价值战略之间进行选择。从中长期看，情感型的消费体验在许多市场上都为提高顾客的生活质量作出了更大的贡献，包括旅游体验，相比而言，旅游产品所具有的基本的和功能性的特征价值则不大。因此，战略性和操作性的市场营销就是创造、赋予和保持这些对购买决策起决定性作用的附加利益。

旅游体验是借助于产品和服务为旅游者提供的一种难忘的经历。科特勒所说的附加价值，就是旅游业提供给旅游者的难以忘记的经历，这是旅游体验产品的核心竞争力所在。但是由于我国旅游业发展历史短暂，国内大众旅游才开始兴起，历史人文和自然风景旅游资源对国内外旅游者的吸引力处于非常强势的阶段，靠卖现有景点吸引物完全可以获得不菲的利润。再加上全国各地掀起发掘已有吸引物和创造新景点的开发热潮中，大部分旅游吸引物产品经营还没有达到关注附加值的发展阶段。而且，旅游业尚被许多学者和官员误认为是劳动密集型产业，在这种观点引导下，旅游业雇用的往往是文化和创新素质欠缺的劳务工人，缺乏创造让旅游客人产生"难忘的旅游体验"产品的能力。所以中国旅游业竞争力仍然处于如何提高产业产品服务竞争力方面，并且以提高旅游吸引物吸引力为主。

在自然和文化旅游资源依赖型旅游吸引物业的发展下，大部分中国西部旅游业产品的核心竞争力取决于旅游吸引物的独特性。包括观光游憩的水域、动植物资源、山川、河流、冰川、地质地貌等自然景观资源，这些自然、游憩类旅游吸引物产品开发主要使用的是自然资源的观赏、游憩、审美、科普等使用价值。除此之外，还有人文类旅游吸引物产品，包括历史文化遗存、民俗文化、现代文化等，以历史文化、观赏、体验、科学等使用价值的形式被旅游者消费。我国《旅游资源分类、调查与评价》(GB/T18972-2003)对旅游资源要素价值评价时关注的也是类似的使用价值，其评价项目是"观赏游憩使用价值"、"历史文化科学艺术价值"。通过这一套评价体系可以测度旅游吸引物产品在全国或地方的独特性，以此分析旅游吸引物核心服务的竞争力水平。而联合国"世界遗产名录"、"世界人居奖"等评价标准，则有利于测度旅游吸引物服务的国际竞争力水平。旅游吸引物核心服务的独特性即构成了旅游业产品的第一层"核心产品"部分。其持续发展可以通过容量管理和旅游规划来实现。

旅游业产品竞争力是区域旅游业参与国内国际竞争的主要能力之一，它是反映旅游业获得持续利益的一个主要指标。旅游市场的无国界性，要求旅游业产品的质量也是国际水平的，尤其是世界级自然和文化遗产旅游地，以及国家高级别的旅游地产品。除了旅游吸引物提供的核心产品/服务外，交通、住宿、饮食、娱乐、购物、旅行社服务等产品的质量衡量标准，应当是国家或世界旅游业相应的标准，这是没有区域差异的。

旅游业产品质量达到国家或世界相应标准只是实现了可持续发展的基本要求,要使产品富有超过同类产品的竞争力,拥有对手无法超越的竞争力,必须在产品和服务之上的附加利益——独特的旅游体验方面有所创新,形成独特的产业竞争力。本书所构架的旅游业竞争力根据中国发展实践,以旅游产品服务竞争为主,属于科特勒产品的第一和第二层次。当然关注附加部分,即提供"值得旅游客人回忆的"旅游体验产品,是本书所倡导的,因为这是未来中国旅游业可持续发展的核心所在。旅游地产业文化的塑造和创新员工的培训即是未来区域旅游业维持持续竞争力的重要手段之一。

三、旅游业内部组织结构竞争力

旅游业内部组织结构竞争力是另一个决定旅游业能否长期获得经济利益的主要因素。组织结构是企业战略管理的主要内容之一,合理的组织结构能加强企业竞争力。有些学者将产业组织结构理论应用到目的地的旅游业竞争力研究方面,试图通过目的地组织结构的构建来提高旅游业的竞争力(Flagestad and Hope,2001)。旅游业是产权独立企业的组合,只有在实现旅游业内部垂直一体化的前提下,才能建立统一的管理体系,自由构建富有效率的组织结构。

垂直一体化因为能够产生进入障碍和更加稳定的契约形式,而使企业组获得比对手更强的竞争优势(迈克尔·波特,1995;Friedman,1986;Shipro,1989;Hamilton and Mgasgas,1997)。旅游业内部比较常见的垂直一体化是旅馆业和饮食业的合并。近20年来住宿企业与航空企业合并后的经营状况并不理想,如住宿企业 Club Mediterranee 与 Minerve Airline 和 Air Liberte 两家航空公司的合并,Hyatt 与 Braniff Airlines 航空公司的合并等,都以失败而告终。Lafferty 等人分析失败的原因是航空企业是资金密集型企业,不能在低的利用率的情况下生存,而住宿业和餐饮业是劳动密集型企业,利用率低也可以生存(Lafferty and Fossen,2001)。

因此,旅游业内部各企业仍然是以市场为纽带的互利经营状况,即以市场交易形式为主,无法形成类似企业战略管理所强调的强有力的内部组织结构。

目前,旅游业内部结构主要表现为各类企业收入构成结构,即:地区旅游产业内部结构指旅游业内部旅游吸引物业、住宿业、餐饮业、旅游商品销售业、娱乐项目服务业和交通业六大产业的构成情况。旅游业结构竞争能力和水平,主要用各产业的收入占旅游业总收入的比重来反映。

旅游产业内部结构不同,产业结构效益和产业竞争力也不同。旅游发达地区或国家服务业和商品制造业发达,娱乐业和旅游购物业等也比较发达,形成多样化、比较稳定的产业竞争力结构,产业竞争能力相对比较强,旅游购物业普遍比较发达,如中国香港、新加坡旅游购物收入占到其国际旅游业收入部分的60%以上,高于世界平均40%的水平。

我国西北干旱地区主要是旅游景点门票收入型产业,旅游购物业和其他文化体育娱乐普遍落后,旅游景点和住宿业收入所占的比重比较高,形成景点门票收入和住宿收入占60%以上的结构特点,旅游产业结构相对比较单一脆弱,竞争力与发达国家和地区有一定的差距。如2003年吐鲁番地区门票和住宿收入占62%,旅游商品购物收入只有16%(新疆,2005)。所以,旅游业内部结构特征反映了旅游产业所处的发展阶段,也是反映旅游业持续发展能力的一个主要指标。

四、旅游业所产生的区域经济效益测度

旅游产业的经济效益测度包括两部分：旅游业产出的直接测度和旅游业所产生的地区经济效益测度。旅游业产出是测度其直接经济发展水平和效益的指标。由交通企业、住宿企业、饮食企业、旅游吸引物企业、娱乐企业、旅游商品销售企业和旅行社的产品等旅游核心企业的产出加总而成，旅游产出在数值上与旅游收入一致。根据中国国家旅游局统计标准：旅游收入指游客（入境游客和国内游客）在旅游过程中（由游客或游客的代表为游客）支付的一切旅游支出就是国家（省、区、市）的旅游收入。游客的旅游支出应包括（过夜）旅游者和一日游游客在整个游程中行、游、住、食、购、娱，以及为亲友、家人购买纪念品、礼品等方面的旅游支出，不包括为商业目的的购物、购买房、地、车、船等资本性或交易性的投资、馈赠亲友的现金及给公共机构的捐赠。旅游收入包括国际旅游收入和国内旅游收入。

旅游业所产生的地区经济效益测度一直是研究关注的焦点问题之一。旅游业是多种企业的组合，不像其他产业那样，可以很容易地计算出产业的经济贡献，其经济贡献计算方法不统一，难以与其他产业进行比较。一些学者或机构用乘数方法、投入产出模型、卫星账户、一般均衡模型计算、协整理论等多种经济学方法，对旅游经济效益进行测度。

（一）旅游乘数

Archer(1982)定义旅游乘数"是一个系数，表示旅游花费每增加一个单位给一个地区创造的收入数量"。1991年我国学者李天元又提出另一旅游乘数定义，该定义间接说明了旅游乘数种类的非单一性及各个乘数值之间的差异（李天元，1999）。他认为旅游乘数包括旅游收入乘数和旅游支出乘数。旅游收入乘数通过旅游者在旅游目的地的花费引起目的地国民收入变化。旅游乘数越大，说明旅游设施与服务供给

经济的自足能力越强。乘数大小一般根据如下萨缪尔森的乘数公式计算：

$$K = \frac{1}{1-MPC}$$

K 为乘数，MPC 为边际消费倾向，即消费变化与收入变化之比。外国旅游者在所访的国家内消费的钱被当作"收入变化"，消费变化只代表收入中的一部分变化（翁科维奇，2003）。

由于乘数关注的只是某一变化的最初原因和最终结果之间的关系，而实际过程并不在它的研究视野之内。因此，旅游乘数分析并不能展现旅游对地方经济影响的全貌，而只是反映出一种不对等和不完整的宏观经济影响景观，研究具体的变化过程则是由投入产出模型来实现的。

（二）投入产出分析

投入产出分析（Input Output，简称 I—O 模型）是美国著名经济学家里昂惕夫教授创立的，是反映经济系统个部分（如各部门、行业、产品）之间的投入与产出间的数量依存关系的分析方法。该模型已经被广泛应用于旅游研究当中，是一种综合性较强、分析内容较全面的旅游经济分析工具。目前使用投入—产出模型对旅游经济效益的分析主要集中在部门关联分析和乘数分析方面。部门关联分析主要是对旅游业产业关联和产业波及效应的分析，乘数分析主要是测度游客消费的具体构成及其效益。

投入产出模型能有效分析旅游的经济效益，尤其旅游波及影响，将旅游消费作为一个最终需求，分析其最终需求是如何拉动总产出和增加值的。旅游者需求是一揽子产品或服务，包括住宿、交通、餐饮、银行、医疗、精神康复中心、安全、制造业、信息业、废弃物等。从供给方看，一些旅行经营社、宾馆可看作是重要的旅游企业，其他如医疗医生、投递员被看作是不重要的旅游企业。Archer详细阐述了旅游投入产出分析方法(Henry,1997),我国学者李江帆也简述了应用投入产出法的步骤(李江帆,1999)。首先,分解剥离出旅游消费构成中各个项目的支出,然后将其归类到国家标准行业分类中的相应行业中。根据相应行业的增加值率把旅游总收入中的购物、饮食、交通、邮电通信、社会服务(含住宿、娱乐和其他服务)的总产值数折为增加值数,再把这些增加值与该行业全部增加值的比例作为旅游消费剥离系数。接着,应用投入产出法,测算旅游消费引起的相关行业最终产出水平。最后,按照旅游产出乘数的计算公式即可测算出相应的旅游产出乘数。

(三) 旅游卫星账户

旅游卫星账户(tourism satellite accounts,简称TSA)构建依赖于SNA1993,它界定了旅游卫星、旅游消费、旅游需求、旅游业和旅游经济的等一系列概念。从"产业"角度定义旅游业是指为游客消费(包括旅行和旅游消费)生产和提供各种物质产品与服务的产业,这些物质产品和服务的消费具体体现在个人消费支出、商务旅游支出、政府支出(为个人)和旅游出口等方面。

从旅游需求的角度定义旅游经济不仅包括为游客消费所提供的物质产品和服务(即前述的旅游业),同时包括为旅游业发展而提供的相关物质产品和服务,是一个比旅游业更为广泛的经济领域的概念(或称为广义旅游业概念)。UN/WTO的定义:"旅游消费是为旅游者提供或被旅游者使用的商品和服务的价值"(UN/WTO,1994)。该旅游消费包括三部分:旅游之前在居民户所在环境的消费或支出部分,旅游当中在惯常环境以外如途中、目的地或目的地消费和支出部分;旅游之后在惯常环境中的旅游消费或支出部分。三部分加总是旅游最终消费。这种定义扩展了居民户需求和旅游产品的含义,并拓展旅游消费为包括与旅游活动有关的耐用性商品,如汽车、照相机、录像机、GPS等

(Frechtling,1999)。

根据建立旅游卫星账户的分析和有关内容,按照旅游产业主要是以服务业为主的实际,旅游卫星账户即可以从总需求方面按照旅游产品流量计算;也可以从供给方面按照旅游要素收入流量计算(Frechtling,1999)。

(1)从旅游产品流量计算,就是根据国内生产总值支出法的计算方法,按照旅游业和旅游经济对最终产品的消费支出进行计算,旅游业增加值计算公式如下:

$$GDP_C = C + B + G_1 + (X - M) \qquad (4—1)$$

其中,GDP_C—旅游业增加值(旅游消费),C—旅游者个人支出消费,B—私人部门和政府部门具有个人性质的商务公务消费支出,G_1—政府部门为保障旅游者合法权益的消费支出,X—国际游客出入旅游接待国购买商品和服务的消费支出,M—国内游客出境到其他旅游目的地国购买商品和服务的消费支出(包括国内为满足旅游需求而外购国外商品和服务的支出),旅游经济增加值计算公式如下:

$$GDP_e = C + B + G_1 + G_2 + I + (X - M) + N \qquad (4—2)$$

其中,GDP_e—旅游经济增加值(旅游需求),G_2—政府部门为整个旅游目的地的公共支出,I—私人部门和政府公共部门的投资,N—非旅游净出口收入。

(2)从要素收入流量计算,是根据国内生产总值的收入法,按照旅游业和旅游经济提供旅游要素供给,并相应支付要素收入来进行计算,旅游业增加值计算公式如下:

$$\begin{aligned} GDP'_c &= R + T + P - (X - M) \\ &= C + S_p + S_b + T + R_m - (X - M) \end{aligned} \qquad (4—3)$$

其中,GDP'_c—旅游业增加值(旅游业供给),R—旅游业的工资、薪金，T—旅游业税收(包括个人直接税、公共间接税及其他税)，P—旅游业的利润和折旧等，S_p、S_b—个人和企业的储蓄，R_m—转移支付(税收、利润形成)。

旅游经济增加值公式同前，但计算范围除旅游业范围外，还包括旅游经济应包括的各部门中用于旅游方面的要素收入和净进口。

根据以上两种不同的计算方法，对应于旅游消费和旅游需求，就可以计算出旅游业和旅游经济的总需求；同样，从旅游供给角度也可以相应计算出旅游业和旅游经济的总供给。两种不同计算方法所得结果最终是相等的，即总需求等于总供给，实现了旅游卫星账户的平衡关系。

(四) 协整理论

协整的概念最早由 Granger 提出，表述为某两个(或几个)经济变量的时间轨迹在长期被牵制着以大致相同的速率作同向运动且不至于分岔太远，在短期它们有可能分岔，但经过若干期调整它们似乎又返回原有的运动轨迹。这一段文字表述所隐含的意义是这两个变量之间存在着长期稳定即协整关系。协整理论的作用在于正确地解释和预测经济现象，误差修正模型将影响变化的因素有效地分解成长期静态关系和短期动态关系之和。其中，格兰杰定理证明了协整关系与误差修正模型之间的关系，指出若干个一阶非平稳经济变量间若存在协整关系，那么这些变量一定存在误差修正模型表达式，反之也成立。

协整理论被广泛应用于经济领域的研究，目前也被引入旅游业与经济增长的因果促进关系研究中，如 Khan、Phang 和 Toh(1995)、Lee 和 Kwon(1995)得出了旅游业发展对整个国民经济增长有着正向促进作用的结论。Chi-ok oh(2005)通过协整分析及 Granger 因果检验得出韩国旅游收入与经济增长之间不具有长期的均衡关系，但经济增长对旅游业却具有单向的推动作用。杨勇(2006)分析了我国旅游业与经济增长的关系。吴忠才(2007)论证了中国入境旅游与经济增长之间存在长期稳定的协整关系,通过构建协整模型,表明入境旅游收入每增长1%,可拉动国内生产总值增长0.51%;通过建立误差修正模型,得出短期内若入境旅游收入变化1%,则国内生产总值变化0.05%,若这种短期波动偏离长期均衡,系统将以0.097的调整力度将非均衡状态拉回到均衡状态。庞丽(2006)等也运用此方法研究了我国入境旅游业与国民生产总值增长的关系。

学者利用以上方法测度旅游产业的经济效益方面都有不少成就,旅游产业的内涵界定直接影响着旅游产出的计算值。因此,各种方法的关键都是如何使旅游产出的计算统一起来。旅游卫星账户的建立,则是目前国际上比较统一的旅游业经济效益核算的方法。

第二节 区域环境质量可持续性研究

旅游发展依赖于良好的环境质量,尤其是发展中国家和地区的旅游产业多属于自然资源、历史或民俗文化资源与环境密集型产业,有赖于原生态自然和社会文化的馈赠,是旅游吸引物的吸引力所在。如果其环境受到破坏,游憩、审美、休闲、科学等使用价值就会降低,旅游者从中获得的效益(效用)相应降低,旅游地丧失吸引力。因此,关注自然资源环境和文化环境密集型的旅游产业的环境质量研究,即旅游吸引物的生态环境质量研究,有利于旅游地的可持续发展,也有利于维持居民的生活环境质量不下降。

旅游环境不仅仅是旅游吸引物所依赖的自然与文化资源及环境,许多旅游产业,如主题公园、高科技景点、会展、体育竞技等,更多地受旅游吸引物所在地区的现代人文社会环境和经济环境等影响,如现代通信设施、快捷的交通、居民对待旅游者的态度等,都影响着旅游环境质量。旅游吸引物本身的自然生态和文化环境属于狭义的旅游环境，广义的旅游环境包括旅游吸引物环境质量和影响旅游吸引物发展的区域环境，如区域人文社会环境、经济环境和生态环境等，属于旅游体验产品的公共产品部分。

目前学者对狭义的旅游环境的研究比较多，集中于对单体旅游吸引物的容量研究，而且主要集中在对自然风景区容量研究。对于一个单体旅游吸引物来讲，可持续旅游发展的核心问题是该景区的旅游容量问题。对于旅游吸引物本身环境及区域环境质量，可以通过容量和环境监测方法进行监督管理，判断其可持续发展水平。

通过前面关于旅游可持续发展研究综述可以看出，容量的定义是多种多样的，但大都由四部分组成：资源或生态环境容量、旅游设施（或管理）容量、经济容量、心理容量等。旅游容量（也称承载量或承载力）是一个旅游目的地在不至于导致当地环境和来访游客旅游经历的质量出现不可接受的下降这一前提之下，所能吸引外来游客的最大能力，包括：①旅游设施用地的容量，指适合用于建造旅游设施的土地数量以及这些旅游设施的最大综合接待能力；②物质环境容量，指在不至于导致当地旅游环境的对外吸引力出现下降的前提下，所能接待来访游客的最大数量；③生态环境容量，指在不至于导致当地的生态环境和生态体系发生不可接受的变化这一前提下，所能吸纳来访游客的最大数量；④社会容量，也称社会心理容量，指在不至于导致当地社会公众的生活和活动受到不可接受的影响这一前提下，所能接待来访游客的最大数量。容量的管理即包括对这四种容量的检测与管理（李天元，2002）。

对于旅游环境容量的研究方法进行探索的成果也较多。崔凤军（1997）设计了资源空间承载量、经济承载量、环境生态承纳量、心理承载量四种静态模型的计算公式。胡炳清（1995）认为，影响旅游环境容量的因子是多种多样的，但主要的有交通、床位、空间、游乐设施和停留时间,他将上述五个因子作为影响环境容量的最低限制因子,并建立定量计算旅游者容量的数学模型。之后,还有戴学军(2002)、刘玲(1998)、刘益(2004)、鄢和琳(2000)等一批学者探索了旅游环境容量的研究方法。他们主要运用经验测量法、理论推理法、综合推测法、帕累托最适度方法、乘积矩阵矢量长度法、水桶法等对环境容量进行研究和测算。

我国大量的旅游环境容量测度研究集中在实证研究方面,主要用面积计算法和线路计算方法计算环境容量。面积计算法也称总量模型,其值等于旅游区游览面积与游人游览活动最佳密度之比;线路法也称流量—流速模型,它的值等于游览区内游览线路的总长度与游览线路上的旅游者合理间距之比,这两种方法已经在我国推广应用于旅游规划中。

直接测度旅游环境质量的另一种方法是环境检测方法。这种方法主要用于自然资源环境密集型旅游产业的环境质量测度,以提高旅游环境效益,包括实地监测法、田野调查分析法、模型法、特尔菲分析等方法。迄今,实地监测方法主要集中在自然风景区的大气环境、水环境、生态环境、声环境、土壤环境等的现状检测方面(Paul, Eckhard and Duijnisveld, 2007;宋秀杰、赵彤润,1997;崔凤军,1997;王金亮、王平、鲁芬等,2004)。田野调查分析方法主要用于分析旅游开发对风景区生态环境所产生的影响上(Arrow, 2002;李征、刘登义、王立龙,2005)。还有学者用一些模型来分析旅游环境质量,如灰色关联优势分析复合模型、生态旅游地大气质量指数模型和最优水质评价模型等。

区域生态环境质量是广义的旅游环境研究的关键,它通过影响区域可持续发展及旅游者体验质量,来影响区域旅游可持续发展。区域环境质量可持续性是指区域环境质量水平至少不下降,即研究期环境质量水平不低于前一期环境质量水平。区域生态环境是旅游产品的重要组成部分,其质量水平决定着旅游产品的质量与旅游地的可持续发展,可以按照具体的区域或城市环境质量监督体系及相应的国家和世界环境要素标准,如空气、水、绿地等国际标准,对区域环境质量进行测度,防止区域旅游环境质量和旅游产品质量下降。区域大气、水、绿地等旅游环境质量水平反映了可持续发展的水平。

此外,对旅游环境质量的测度,国外大量研究从旅游者感知的环境质量角度出发,通过问卷调查法直接计算得分(Luci and Pereira,2003;Tunstall,2000),用评价分值的高低,来反映了环境质量的水平。这是一种比较可行的区域环境质量测度方法,但是对旅游者本身素质的要求比较高,因为不同旅游者的环境质量要求是不同的,评价结果可能会多样化,但这种方法对社会文化环境的质量的测度应该是有效的。如果把旅游者感知与专家检测及其评判结合起来,应该是一个可行的测度工具。

【案例一】入境旅游对新疆经济的影响研究

一、指标选取与数据处理

选取新疆入境旅游收入(TOUP)作为衡量旅游业发展指标,国内生产总值(GDP)作为经济增长的基本指标。以1985~2006年为研究时间段,原始数据来源于《新疆统计年鉴》。

由于"八九"风波及2003年爆发"非典"事件,对新疆入境旅游造成强大的冲击,致使入境旅游收入出现大幅度滑落,为剔除其影响,本书采用内插法对其进行修正。具体方法如下:①用原始统计数据作出长期变化的统计线;②根据目视观察从统计线上找出需进行订正的时间区段,并确定适合直线内插的起始点(n_a)和终止点(n_b);③用内插公

式订正异常区统计数据如下:

$$Y_n = Y_a + (n - n_a) \times d \qquad (4-4)$$

其中,d 为进行内插的公差值,其计算公式为:

$$d = (Y_b - Y_a)/(n_b - n_a) \qquad (4-5)$$

Y_n 为内插数值,Y_a 为起始点数值,Y_b 为终止点数值。

从入境旅游收入历年变化趋势线分析,得到二者的内插区段、内插方程和内插订正后的数据(表 4—1)。

表 4—1 入境旅游收入数据序列直线内插参数及内插数值

类别	内插区段端点		公差值(d)	1988~1992 年内插方程	修复订正后的数据		
	起始点	终止点			1989	1990	1991
TOUP	1998	1992	436.5	$y_{88}+(n-88)d$	2 266.5	2 703	3 139.5
	起始点	终止点	公差值(d)	2002~2004 年内插方程	2003	2004	
	2002	2005	22.33	$y_{02}+(n-02)d$	9 964.33	9 986.66	

对数据的奇异性进行修正后,为消除时间序列中存在的异方差现象,避免序列自身激烈的震动,以及反映二者之间的弹性,对数据进行自然对数转化,转换后的序列不改变原来的相关关系,并且能使其趋势线性化。对转化后的序列分别用 LnGDP、LnTOUP 表示。

二、新疆入境旅游与 GDP 之间的因果关系研究

计量经济学中的 Granger 因果检验可分析变量之间的相互影响关系,且该方法在经济研究领域已得到广泛应用,一些学者应用此方法对我国区域的旅游与经济增长关系进行了研究,得出不同的结论。本书采用 Granger 因果检验方法测度入境旅游与 GDP 之间的因果关系。在对入境旅游与 GDP 进行因果关系研究时,首先要对二者发展的时间

序列数据进行协整检验,然后构建两变量向量自回归模型(VAR),才能在此基础上用 Granger 因果检验方法分析二者之间的先导滞后关系。在 Granger 因果检验基础上,进一步分析因变量对从变量的贡献水平,具体思路是:通过运用脉冲响应函数与预测方差分解技术,分析 GDP 增长对于入境旅游收入一个标准差新息的冲击所产生的响应及对其的贡献度。

(一) 时间序列的平稳性检验

进行 Granger 因果检验的前提是随机变量为平稳的时间序列。如果随机变量是非平稳序列,进行 Granger 因果检验时有可能出现伪回归的现象,从而可能导致错误的结论,因此首先检验随机变量时间序列的平稳性。如果变量是非平稳序列,则需对变量进行差分,直到变量变成平稳序列为止。检验用的统计量采用常规的 t 统计量,但该统计量已不服从标准的 t 分布,所以采用扩展单位根检验(ADF)方法,来判断随机变量的时间序列是否平稳。关于滞后长度的确定,本书为简便起见,结合经验,选择滞后 1 阶。

表 4—2 ADF 检验结果

变 量	检验类型 (C,T,K)	ADF	临界值 1%	5%	10%	结 论
LnGDP	(C,T,2)	−3.250 2	−4.802 5	−3.792 1	−3.339 3	非平稳
△LnGDP	(0,0,2)	−3.084 4	−2.798 9	−1.972 5	−1.630 7	平稳
LnTOUP	(C,T,2)	−1.990 2	−4.802 5	−3.792 1	−3.339 3	非平稳
△LnTOUP	(C,0,2)	−5.723 82	−4.136 6	−3.148 3	−2.718	平稳

注:本表中检验结果采用 Eviews5.0 软件计算得到,其中,检验形式中的 C、T、1 分别表示单位根检验方程中是否包括常数项、时间趋势和滞后 1 阶,△表示差分阶数。

从表4—2可以看出：LnGDP、LnTOUP在0.01～0.1之间的ADF值均不能通过检验，表现为非平稳，对二者分别进行一阶差分后，△LnGDP、△LnTOUP在0.01～0.1之间的ADF值均通过检验。因此，可拒绝原假设，认为它们都是一阶单整数列，均为非平稳的时间序列，不能够用传统的回归分析来构建模型，应使用协整理论和误差修正模型来研究二者之间的长期均衡关系。

(二) LnGDP 与 LnTOUP 的协整检验

协整检验的基本思想是：两个（或两个以上）非平稳的时间序列，若它们是同阶单整的，则变量之间的某种线性组合可能是平稳的，即变量之间可能存在着长期稳定的均衡关系（协整关系）。通常有两种方法用来检验变量之间的协整关系，即是EC两步法和Johansen极大似然估计法。EC两步法需求样本容量必须充分大，否则得到的协整参数估计量将是有偏的，而且样本容量越小，偏差越大。因本书研究的样本范围相对较小，为克服小样本条件下EC两步法参数估计的不足，采用Johansen极大似然估计法对变量进行协整检验。

Johansen极大似然估计法是从向量自回归VAR出发，先确定合理的滞后期数，再通过Johansen的迹统计量检验协整向量个数r，从r=0开始检验，未能拒绝H_0表明无协整关系；若拒绝H_0，从r=1再依次做下去；若在r=r_0-1时拒绝H_0，在r=r_0未能拒绝H_0，则协整关系的个数为r_0。

在进行检验之前，需要先对建立的VAR系统确立合理的滞后期。对Eviews5.0软件输出的无约束VAR模型的残差进行分析，以AIC值最小的原则确定其最优滞后期为2，由于协整检验选择的滞后阶数等于无约束VAR模型的最优滞后阶数减1，因此，协整检验的最优滞后阶数为1。

表4—3 LnGDP 与 LnTOUP 的 Johansen 检验结果

特征值	迹值	显著水平为5%临界值	显著水平为1%临界值	零假设 H_0	结论
0.760 2	28.379 5	15.41	20.04	r=0	拒绝
0.073 7	1.128 9	3.76	6.65	r≤1	接受

注：上述统计量是在有截距项、无趋势项情况下得出的，*(**)代表在5%(1%)显著水平下拒绝原假设。

由 Eviews5.0 软件输出结果可看出(表4—3)：当 H_0:r=0 时,似然比统计量的值为28.38,大于1%显著水平的临界值20.04,所以拒绝零假设 H_0:r=0,即认为 LnGDP 和 LnTOUP 之间存在协整关系；接下来进一步检验,由于 H_0:r≤1 时,似然比统计量等于1.13,小于1%的临界值6.65,所以接受零假设 H_0:r≤1。因此,在1%的显著水平下,变量之间有且仅有一个协整关系。

根据 Granger 定理,如果非平稳的变量之间存在协整关系,则可以建立误差修正模型。在误差修正模型中,各个差分项反映了变量短期波动的影响。被解释变量的波动可以分为两部分：一部分是短期波动,一部分是长期均衡。误差修正模型比普通的单方程模型能更全面地反映变量间的短期和长期的关系。因此,可在上述协整分析的基础上,建立 GDP 增长与入境旅游收入之间的误差修正模型(ECM)如下：

$$\triangle \text{LnGDP} = -0.1146 * \text{ECM} + 0.2695 * \triangle \text{LnGDP}(-1)$$
$$(0.1766) \qquad (0.1442)$$
$$-0.242 * \text{LnTOUP}(-1) + 0.1094 \qquad (4—6)$$
$$(0.4266)$$

$$\triangle \text{LnTOUP} = -0.8071 * \text{ECM} - 0.1272 * \triangle \text{LnTOUP}(-1)$$
$$(0.2185) \qquad (0.1784)$$
$$+ 0.8310 * \triangle \text{LngGDP}(-1) + 0.2609 \qquad (4—7)$$
$$(0.5279)$$

两模型中误差修正项 ECM 的系数均为负,符合反向修正机制。短期看,入境旅游收入滞后一阶对经济增长的推动作用不大,而经济增长滞后一阶对入境旅游收入具有正向拉动效应。从长期看,如果本期的 GDP 增长偏离长期均衡,那么在下一时期这种偏离度将有 11.46% 得到修正。同理,若入境旅游收入偏离长期均衡,将有 80.71% 得到修正。

(三) Granger 因果检验及其结果

协整检验结果证明了新疆 GDP 增长与入境旅游收入之间存在长期稳定的均衡关系,但这种均衡关系是否构成因果关系,还需进一步检验。本书借助 Ganger 因果检验来判定变量之间的因果关系,此方法可以判断新疆 GDP 增长与入境旅游发展之间的因果关系及其方向。

Granger 因果检验是用于检验两个变量之间因果关系的一种常用方法,于 1969 年由 Granger 提出。其实质是考察相互关联的两个变量之间在时间上的先导—滞后关系,即对时间序列 X_t 和 Y_t 检验以下的回归:

$$Y_t = a_0 + \sum_{i=1}^{m} a_i X_{t-i} + \sum_{j=1}^{m} b_j Y_{t-j} + u_{1x} \tag{4—8}$$

$$X_t = a_0 + \sum_{i=1}^{n} p_i X_{t-i} + \sum_{j=1}^{n} q_j Y_{t-j} + u_{2x} \tag{4—9}$$

其中: X_t 为新疆入境旅游收入, Y_t 为新疆 GDP; a_0 是常数; t 表示时间; X_{t-j}, Y_{t-j} 分别为各自的滞后值; m, n 为最长滞后期; a_i, b_i, p_i, q_i 为回归系数; u_{1x}, u_{2x} 为随机误差。如果检验拒绝原假设 $H_{01}: b_j = 0$, $j=1,\cdots,m$, 则认为变量 X_t 是 Y_t 的 Ganger 的原因, 即变量 X 有解释和预测 Y 的能力; 如果检验拒绝原假设, $H_{02}: q_j = 0, j=1,\cdots,n$, 则认为变量 Y_t 是 X_t 的 Granger 的原因, 即变量 Y 有解释和预测 X 的能力。以上偏回归系数为零的联合检验可通过 F 检验来实现:

$$F = \frac{(RSS_R - RSS_{UR})/m}{RSS_{UR}/(n-k)} \tag{4—10}$$

其中，RSS_R 和 RSS_{UR} 分别表示在 H_{01} 或 H_{02} 下的受约束回归残差平方和及无约束回归残差平方和，m 表示线性约束个数，n 表示样本个数，k 表示无约束回归中的回归因子个数。若计算出来的 F 值大于给定的临界值 P，就拒绝原假设，说明存在因果关系；反之则接受原假设，说明不存在因果关系。为了更清楚的说明问题，在检验时分别选择了滞后期为 1、2、3 的情况（表 4—4）。

表 4—4 LnGDP 和 LnTOUP Granger 因果关系检验结果

滞后期	原假设	观察值	F 值	P 值	结论
1	LnTOUP 不是 LnGDP 的 Granger 原因	19	1.015 7	0.328 5	拒绝 H_0
	LnGDP 不是 LnTOUP 的 Granger 原因		0.076 3	0.785 9	接受 H_0
2	LnTOUP 不是 LnGDP 的 Granger 原因	18	0.939 8	0.415 7	拒绝 H_0
	LnGDP 不是 LnTOUP 的 Granger 原因		0.009 4	0.990 6	接受 H_0
2	LnTOUP 不是 LnGDP 的 Granger 原因	17	1.622	0.245 9	拒绝 H_0
	LnGDP 不是 LnTOUP 的 Granger 原因		1.311 4	0.324 3	拒绝 H_0

表 4—4 提供了不同滞后阶数时的 Granger 因果检验结果，可以看出，当滞后 1、2、3 阶时，新疆入境旅游收入均为 GDP 增长的 Granger 原因。因此，入境旅游对 GDP 具有促进作用，但随着滞后阶数的不同，其作用的强弱程度呈现上下波动的状态。同时可以看出，在滞后 1、2 阶时，GDP 均不是入境旅游收入的 Granger 原因，在滞后 3 阶时，GDP 才成为入境旅游收入的 Granger 原因，说明 GDP 对入境旅游收入有促进作用，但作用滞后两阶。

三、新疆入境旅游收入对 GDP 的影响水平

运用 Granger 因果检验只能反映变量之间的长期均衡因果关系，为了能深入分析二者间的互动程度，即新疆入境旅游收入对 GDP 的影

响路径以及贡献度,本书进一步运用脉冲响应及预测方差分解对其进行分析。

(一)脉冲响应函数分析

脉冲响应函数是指在向量自回归(VAR)模型中,在扰动项上加一个标准差大小的冲击,通过变量之间的动态联系,给变量的当前值和未来值所带来影响,即描述系统对某一变量扰动的一个冲击(或新生)所作出的动态反应,从动态反应中判断变量间的时滞关系。由于 VAR 模型要求残差向量必须是非自相关的,所以滞后阶数的选择就显得很重要。本书用 AIC 准则确定 VAR 的滞后期。滞后期过大会导致自由度减小,影响模型参数估计量的有效性,本书的样本数量较少,不宜选取较大的阶数,根据综合比较,选取滞后阶数为 2。对模型的稳定性进行检验。VAR(2)的特征多项式的根均落于单位圆内,如图 4—1 所示,即表示 VAR(2)是稳定的。

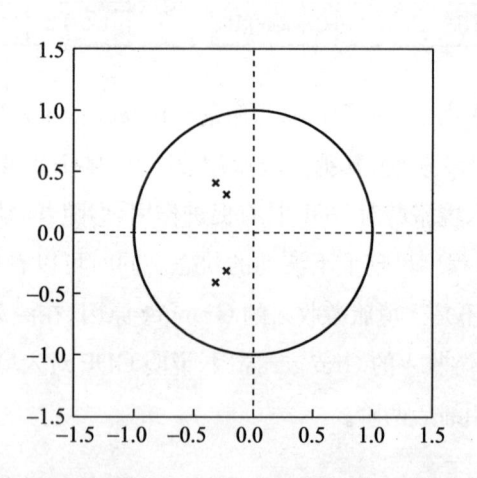

图 4—1 基于 VAR(2)的 AR 特征多项式根

基于 VAR(2)的脉冲响应函数如图 4—2 所示,横轴代表响应函数的追踪期数(设置为 10),纵轴代表因变量对解释变量的响应程度,即

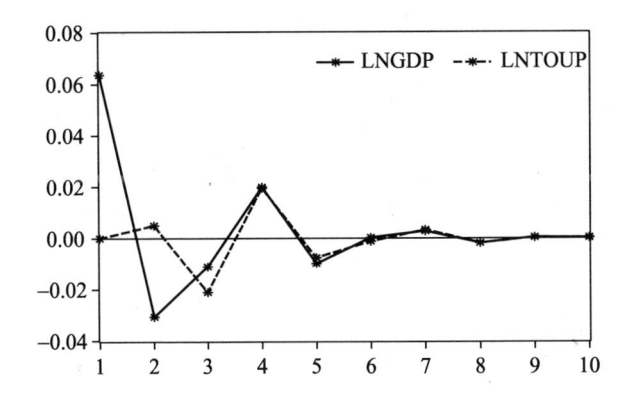

第四章 旅游经济与环境可持续性研究

图 4—2 新疆 GDP 对入境旅游收入一个 Cholesky 标准差信息的响应

GDP 对入境旅游收入一个标准差信息冲击的响应程度。从图 4—2 的脉冲响应函数曲线可以看出，新疆 GDP 对入境旅游收入一个标准差信息的响应总体上呈较强的正向响应，到第四期达到最大。这说明在新疆入境旅游收入增长的同时带动了 GDP 的增长，这种带动作用在前六期一直处于调整的状态，且波动幅度较大，直到第七期才趋于相对平稳，显现强度较弱的正向响应，而这种正向响应在随后的时间内呈现出稳定收敛的态势。因此，可以判断：新疆入境旅游发展对 GDP 增长具有长期稳定的正向促进作用。

（二）预测方差分解研究

预测方差分解提供了另一种描述系统动态变化的方法，脉冲响应函数是追踪系统对一个内生变量的冲击效果，而方差分解是将系统中任意一个内生变量的预测均方误差分解成系统中各变量的随机冲击所作的贡献，然后计算出每一个变量冲击的相对重要性，即变量的贡献占总贡献的比例。比较这个相对重要性信息随时间的变化，就可以估计出该变量的作用时滞，还可估计出各变量效应的相对大小。

利用预测方差分解法分解入境旅游收入对 GDP 影响的结果见表 4—5。可以看出,新疆 GDP 的波动在第一期只受自身波动的影响,入境旅游收入对 GDP 增长的冲击到第二期才显现,从第二期的 0.48% 持续上升到第三期的 8.39%,并呈现继续上升的趋势,从第五期之后显现一个平稳缓慢的增长态势。与此同时。新疆 GDP 受自身冲击的影响逐步减弱,由第二期的 99.51% 下降至第四期的 86.62%,并呈现继续下降的趋势,到第十期,其自身贡献率降至 85.88%,而入境旅游收入对其的贡献率则上升至 14.12%,这进一步从数量关系关系反映出新疆入境旅游收入对 GDP 增长的推动作用随着时间的推移逐渐增强。

表 4—5　新疆 GDP 与入境旅游收入预测方差分解结果

时期	LnGDP 预测方差分解			LnTOUP 预测方差分解		
	S.E	$\triangle^2$LNGDP	$\triangle^2$LNTOUP	S.E	$\triangle^2$LNGDP	$\triangle^2$LNTOUP
1	0.054 1	100.000	0.000	0.128 6	24.311	75.689
2	0.060 2	99.513 6	0.486 4	0.148 8	25.138	74.862
3	0.063 5	91.6	8.4	0.150 8	25.491 1	74.508 9
4	0.067 8	86.620 3	13.379 7	0.150 8	25.514 4	74.485 6
5	0.068 6	86.068 1	13.931 9	0.150 9	25.509 3	74.490 7
6	0.068 6	86.047 9	13.952 1	0.150 9	25.516	74.484
7	0.068 7	85.923 4	14.076 6	0.150 9	25.518 7	74.481 3
8	0.068 7	85.886 6	14.113 8	0.150 9	25.518 8	74.481 2
9	0.068 7	85.885 6	14.114 4	0.150 9	25.518 8	74.481 2
10	0.068 7	85.884 2	14.115 8	0.150 9	25.518 9	74.481 1

注:S.E. 所对应的列是相对于不同预测期的变量的预测误差。这种预测误差来源于信息的当期值和未来值。其他的几栏给出关于源于某个特定的信息所引起的方差占内生变量总方差的百分比。

综上所述,新疆 GDP 与入境旅游收入之间存在以下三种关系。

(1)由协整检验可以看出,新疆 GDP 增长与入境旅游收入之间存在一个长期稳定的均衡关系。由误差修正模型可看出,短期内,入境旅游收入滞后一阶对经济增长推动作用不大,而经济增长滞后一阶对入境旅游收入具有正向拉动效应;从长期来看,如果本期的经济增长偏离长期均衡,那么在下一时期这种偏离度将有11.46%得到修正。若入境旅游收入偏离长期均衡,将有80.71%得到修正。

(2)由Granger因果检验得出的结论是,在不同的滞后阶数下,入境旅游收入均为GDP增长的Granger原因,但随着滞后阶数的不同,入境旅游收入为GDP增长的Granger原因的强弱程度呈现上下波动的状态。而经济增长在滞后三阶时对入境旅游才具有促进作用。

(3)从脉冲响应函数曲线可以看出,新疆GDP对入境旅游收入一个标准差信息的响应总体上呈现较强的正向响应,虽然这种带动作用在前六期一直处于微调的状态,且波动幅度较大,但到第七期后趋于平稳,呈强度较弱的正向响应,而这种正向响应在随后的时间内呈现出稳定收敛的态势,说明新疆入境旅游发展对经济增长具有长期稳定的正向促进作用。从方差分解可看出,新疆GDP的波动在第一期只受自身波动的影响,入境旅游收入对GDP的冲击到第二期才显现,并呈现继续上升的趋势。与此同时,新疆GDP受自身冲击的影响逐步减弱,并呈现继续下降的趋势,到第十期,其自身贡献率降至85.88%,而入境旅游收入对其的贡献率则上升至14.12%,说明新疆入境旅游收入对经济增长的推动随着时间的推移而逐渐增强。

【案例二】新疆天池风景区旅游环境容量分析

一、天池风景区旅游环境质量问题

天池风景区是中国首批公布的5A级风景名胜区之一,是新疆天池自然保护区的重要组成部分。1980年被辟为旅游区,当年即接待旅游者10.7万人,其后发展一直比较快。尤其是2000~2005年间,旅游者增加迅速,从52.2万人增至2005年的64.14万人,成为新疆旅游业发展的龙头产业。持续的旅游者增长为旅游业带来了经济效益,但同时也对景区产生了一定的负面影响,表现在以下七个方面。

第一,有效游览面积较小,旺季时旅游者过度拥挤

天池风景名胜区规划总面积为158平方千米,而实际景区有效游览面积只有7.7平方千米,其中水面面积2.75平方千米,陆地面积4.95平方千米。天池景区是天池风景名胜区的精华景区,也是天池风景名胜区的主游览区和游人到达周围景区的必经之处,前往各个景区的游人先要汇集于此,然后再分散。由于时间有限,大多数为一日游,加上连接天池风景区内其他各景点的路况不是很完善,多在主景区附近转一圈就返回了,这就造成旺季时旅游者在天池北面和西面过度拥挤的现象,影响了旅游者的游览兴致。

第二,交通组织较乱

目前景区内的主要交通工具有缆车、区间车、电瓶车。旺季时,区间车和缆车拥挤不堪,有时排队等待坐车要花费一个小时左右。淡季时,旅游者较少,车辆又严重的闲置。加上管理制度的不完善,一些外来的车辆还可以随意地进入景区,使景区内的交通秩序较为混乱。

第三,水体污染严重、生态恶化、湖泊面积在逐渐缩小

天池水面的游艇主要是以柴油为燃料,游艇的漏油、尾气排放和噪音都会对天池水面和大气环境造成一定的污染。随着近几年旅游者大幅增加,气候的变暖和冰雪融化,三工河上游的植被破坏、水土流失也越来越严重,上游各支流冲刷其两岸的松散土质引发山洪泥石流的概率越来越大,2005年8月9日特大洪灾就是生态严重恶化的见证。另据天池自然保护区与中科院水利部成都山地灾害与环境研究所对天池

南部淤积的山洪泥石流调查研究表明,32年来因泥石流洪灾的侵袭,淤积天池泥沙量为185.9万立方米,天池泥沙32年向湖心推进了217米,使天池缩小了0.075平方千米。大量泥沙进入天池,缩小天池的水面面积,直接影响旅游景区的质量和天池的旅游资源。

第四,大气污染

大气污染主要来自旅游地生活服务设施,如餐厅、茶炉、接待毡房的燃煤废气、交通工具如汽车、游艇等排放的废气以及游人、马匹践起的扬尘等。总体来看天池旅游地空气环境综合质量良好,未超过环境自净能力,但局部区域个别指标在特定时间里有变差现象(刘丹萍、阎顺,2001)。景区监测结果显示出(郭宇宏、唐德清,2000):陆地区域,在海北、海西、海南三个监测点中,NOX、SO_2、CO小时浓度和日均浓度均未超过(GB30950—1996)中Ⅰ级标准,但TSP日均值在海北和海南有超标现象;污染物浓度日变化中,所有监测点的TSP和NOX白天测值明显大于夜间,且在中午14:00左右(即一天中旅游高峰期)达到最大值。这表明,扬尘是主要大气污染物,车、人、马匹、建筑施工是四个主要污染源,NOX、SO_2、CO等尚未构成污染。至于水域,监测结果是游艇是天池主要大气污染源,其行驶时拉起一道30~50米长的黑色烟雾,使人的咽、鼻、眼部明显不适。同时尾气中NOX浓度严重超标。值得注意的是,从2000年开始冬季到天池观雪、滑雪的旅游者大增,餐饮、供热服务点明显增多,又会带来新的空气污染源,必须加强监督管理。

第五,对土壤与动植物的影响

土壤与动植物是构成旅游地生态环境的基本要素之一。旅游活动对目的地土壤的影响主要表现在土壤质地、结构、松紧度、植物根系、pH、容重、有机质等理化性状上,对植物的影响则有种群成分、形态、密度、频度等(冯学钢,1999),使草原受损严重。首先,草原覆盖面积减少。目前,在天池景区内共有毡房250座(郭宇宏、唐德清,2000)、一座毡房平均占地25平方米,每年光建毡房一项就可能破坏草皮近7 000米(杨云良、闫顺等,1997),再加上游道、人造景观、餐厅、宾馆等占用值,总体数量相当可观。好在已有牧民意识到这个问题,他们在固定位置用水泥铺设地面,可连年使用。其次,景观视觉美方面。研究表明(郭宇宏,2000):践踏作用可使地被植物高度改变,原有优势草种密度减少,耐践踏的草本植物种类数增多。虽然目前缺乏相关生态监测资料,不能确定新疆旅游地草种改变情况,但外观上看草原被踩痕迹明显,纵横交错的旅游小径附近的牧草更是少了植物特有的油性、水性和灵气,给人以枯燥无华的感觉。对天池景区而言,景区内供旅游者乘骑的350多匹马(黄韶华,1999)及牧民自用牲畜的践踏、啃食更加重了草场退化,旅游美感大打折扣。另外,修路建桥等建设行为使旅游地原始景观连续性遭破坏,旅游者嬉戏、玩耍发出的噪声等都对动物生长繁衍产生一定影响。

第六,对自然景观的影响

旅游地人工建筑与周围环境不协调,会影响旅游环境质量。天池缆车的修建对景观造成一定的破坏作用。国家环保局1994年颁布的中国环境保护行业标准HJ/T6—94《山岳型风景资源开发环境影响评价指标体系》中,将景观相融性评价定为衡量拟建项目与风景资源背景之间景观相融性的景观指标。新疆环保部门采用此指标体系对天池景区内拟建、已建项目进行综合评价(黄韶华,1999),结果是已建项目中重点保护区,与景观极协调的设施仅占8.3%,相融性一般的设施占33.3%,不协调的设施占54.2%。拟建项目中与原有景观协调的占38.46%,较协调的占38.46%,不协调的占15.38%(黄韶华,1999)。

第七,对旅游社会文化环境的影响

原生态的自然环境和特质的原真性民族文化是天山天池风景区的

旅游产品主要构成部分。天池风景区是哈萨克民族世居地区,哈萨克族是游牧民族,其民风淳朴、热情好客、善良豪爽。但随着旅游业给他们带来丰厚收入,使其生活现代化水平提高,文化原真性逐渐丧失。在展示民族文化时常流于形式,或商业包装过浓,无法真正体现其土著文化的精髓。同时旅游发展使居民的商业意识浓厚,淳朴、好客的民风逐渐丧失。旅游社会文化环境效益逐渐降低。

二、天池风景区旅游容量研究

旅游环境容量由资源空间容量、生态环境容量、旅游经济发展容量(包括交通娱乐设施容量、供电设施容量、住宿设施承力等)和心理容量组成,其中心理容量包括居民心理容量和旅游者心理容量。一个旅游地域所能接待的旅游流量,决定于上述容量中最小的那个。

目前,天池景区内居住有 70 多户牧民,已经搬迁到景区外围地区,远离旅游者活动。因此,当地牧民的心理容量不会成为限制性因素。又因天池景区的旅游者基本为一日游,旅游经济发展容量中的供电设施容量和住宿设施承力可以不考虑。

(一) 旅游资源空间容量

由于旅游者对风景(旅游资源)的欣赏时间、空间占有的要求而形成的某一时段内(如一天)的旅游者承纳量,称为资源空间承载量(崔凤军,1995)。本书采用线路法(流量—流速模型),即游线容量计算旅游资源容量,其瞬时容量、日容量、年容量计算公式如下(崔凤军,1997)。

$$瞬时容量: \quad C_m = L/L_0 \quad (4—11)$$

$$日容量: \quad Ca = C_m \times t/t_0 \quad (4—12)$$

$$年容量: \quad Can = Ca \times Y \quad (4—13)$$

式中,L 为游览区内旅游线路总长度(米);L_0 为旅游线路上的旅游者合理间距(米/人);t 为游览区(点)日均开放时间;t_0 为游人每游览一次平均所需时间(时/人)，Y 为全年可游览天数(天)。

结合天池实际情况调查，天池游览主干道长度为 13 000 米，游线路上的旅游者合理间距一般为 2 米/人，游览区(点)日均开放时间为 10 小时，游人平均游览时间为 26 米/分，游人每游览一次平均所需时间 8 小时，全年开放接待天数取 180 天，计算结果见表 4—6，天池景区旅游资源容量为 8 125 人/日。

表 4—6　天池旅游资源线路法容量

项目	游览路线总长度(米)	旅游者合理间距(米/人)	日开放时间 t(时/天)	人均游览时间 t_0(时/人)	日容量 Ca(人)	年容量 Can (人)
天池	13 000	2	10	8	8 125	1 462 500

(二) 旅游经济发展容量

某一旅游地综合承载能力大小还取决于旅游经济条件，即满足旅客的衣食住行等基本生活条件。经济承载量主要包括主副食供应、旅馆床位、水、电、煤气、热力、电话、交通车辆、停车场等诸方面的供给水平所能承载的旅游者人数。根据国内旅游研究的实践，一般取宾馆床位、水资源供给、电力供给、交通运载四个要素(崔凤军，1997)。本书采用游乐设施和交通设施为限制因子计算旅游经济发展容量。

(1) 以游乐设施为限制性因子的 TEC_1 公式如下(胡炳清，1995)：

$$TEC_1 = \frac{M \times N \times O}{D} \qquad (4—14)$$

式中：M——某种游乐设施的数量、N——每一设施可供游览的人数、O——开放时间、D——每游览一次所用时间。因设施的不同取值不同，见表 4—7。TEC_1 的瞬时值 TEC_1'。由下式得到：

$$TEC_1' = M \times N \qquad (4—15)$$

第四章 旅游经济与环境可持续性研究

表 4—7 天池游乐设施容量统计

项目	游乐设施数量 M(艘)	每个设施可供游览的人数 N(人/每艘)	开放时间 O(小时)	每游览一次用的时间 D(小时)	瞬时容量 TEC_1'	日容量 (TEC_1)
游艇	6	60	10	0.33	360	10 909
快艇	15	15	10	0.25	225	9 000
画舫	1	80	10	1	80	800

因此,游乐设施的瞬时容量为 665 人,日容量为 20 709 人/天。

(2)以交通为限制性因子的 TEC_2(胡炳清,1995):

$$TEC_2 = \frac{M \times N \times J}{T} \quad (4-16)$$

式中:M——投入旅游服务的某种车辆的最大车辆数,N——该种车每辆可乘人数,J——平均工作服务时间,T——往返所需时间,TEC_2 的瞬时值 TEC_2' 为:

$$TEC_2' = M \times N \quad (4-17)$$

根据公式 4—16、4—17 可以计算天池经济发展容量,计算结果见表 4—8。

表 4—8 天池交通设施容量

项目	交通设施数量 M(辆)	每个设施可供搭载的人数 N(人/每辆)	平均工作时间 J(小时/日)	往返所需时间 T(小时)	瞬时容量(人)	日容量(人/日)
缆车	178	2	10	0.57	356	6 245
区间车	18	19	10	0.5	342	6 840
电瓶车	26	10	10	0.17	260	12 594

从停车场到天池主景区是采用缆车、区间车和电瓶车三种方式(其中缆车和区间车是同一线路上可任选择的不同的交通方式,容量数值取两种中最小的),所以交通限制因子容量为 18 839 人/天。而旅游设

施容量与交通设施容量中最小值为交通容量。由此可知,天池景区经济发展容量由交通容量决定,具体为 18 839 人/天。

(三) 生态环境容量

生态环境容量是指生态环境自我恢复能力所允许的旅游者数量,其函数式为(崔凤军,1995):

$$EEBC = \min(WEC、AEC、SEC) \qquad (4—18)$$

式中:EEBC 为生态环境容量,WEC 为水环境容量(以水面为主要旅游资源,WEC=污水日处理能力 H_i/人均污水产生量 P_i,不以水面为旅游景点或不构成主要环境因素,则取无穷大),AEC 为大气环境容量(对于不产生大气环境污染的旅游活动类型,可取无穷大;产生大气污染时,AEC=区域大气环境容量/人均废气产生量);SEC 为对产生固体废弃物的容量(固体废弃物日处理能力 H_i/平均每人每天产生固体废弃物量 P_i)。

天池属于高山湖泊,生态系统较脆弱,因此在开发旅游业的同时要特别注重湖泊与周围的生态环境之间的影响。根据新疆天池水质再探表明天池水质与地面水环境质量三级标准中的第一级相近,具有很好的开发利用价值,但是从大肠菌值检验结果分析来看,上中下游均超出了饮用水卫生标准,因而不能直接饮用。从目前天池的开发现状来看,天池并无太大的噪音污染,影响景区的生态环境主要是大气、旅游垃圾、生活污水及粪便等。本书主要从空气净化能力、垃圾处理能力、污水处理能力来反映生态环境容量。

(1) 关于空气净化能力。绿色植物具有放出氧气、吸收 CO_2 和 SO_2 等有害气体,吸收粉尘等净化空气的作用,以及减弱噪音,调节气候,维持生态平衡的功能。天池风景名胜区的生态容量(大气)可根据 $R_s = S^* f / S_k$ 计算(胡忠行,2002)。式中,R_s 为生态容量;S 为风景区实际游览面积,S_k 为人均绿地面积,取值 40 平方米/人(根据胡忠行的研究认为,每人平均拥有 30~40 平方米的森林绿地,才能维持空气中的 CO_2 和 SO_2 的正常比例,使空气保持清新;f 为风景区森林覆盖率,天池风景区森林覆盖率平均为 60%,则全区日旅游生态容量(大气)为 115 500 人/天。

(2)关于污水处理能力。目前,天池景区最大的排水量为 680 立方米/天,天池污水处理站(含污水调节池)7 座,总处理能力为 750 立方米/天。排放后的污水二级生化处理,夏季可用于林带绿化,冬季排放量较少,处理达标后可以直接排放至天池。污泥经消化和脱水处理后,定期由环卫车外运。根据最新《城市居民生活用水量标准》,人均每日用水 75~150 升,结合实际调查,人均废水量取 20.5 升/天。则污水处理能力最大日容量为 36 585 人/天(表 4—9)。

表 4—9 天池生态容量

参数值	容量值	公式	参数说明
大气净化 S_k=40 平方米/人 F=60%	日容量=115 500 人 年容量=4 125 万	$R_s = S^* f / S_k$	
污水处理 Hi=750 立方米/天 Pi=20.5 公斤/天	日容量=36 585 年容量=1 335 万		不考虑常住人口
垃圾处理 hi=10 000 公斤/天 Pi=1.1k 公斤/天	日容量=9 090 年容量=163 万		不考虑常住人口

(3)关于垃圾处理能力。天池景区内现有垃圾存放池 11 座,垃圾桶 60 个,垃圾转运车 1 辆,天池核心景区内平均日产垃圾 10 吨。生活、旅游垃圾成为天池景区环境卫生的主要污染物。天池景区内垃圾的处理方式为:垃圾桶收集—垃圾存放站分类存放—每日定时运出景区—垃圾处理场处理。根据笔者实际调查,人均每天产生的固体垃圾大约为 1.1 公斤/天,垃圾处理最大日容量为 9 090 人/天(表 4—9)。

由公式 4—18 可得，天池景区的生态环境容量 9 090 人/天。

三、天池风景区旅游环境承载能力及其评价

根据以上逐项旅游容量数据，可以得出天池的合理日容量为 8 125 人/天，合理年容量为 146 万。

天池景区近几年旅游者总数都在 50 万以上，最高年份是 2005 年，为 64.14 万人，只是合理年容量的 43.83%。2005 年"五一"和"十一"黄金周间接待人数达到历史最高，分别为 17 565 人和 29 972 人，日均接待量分别是 2 500 人和 4 282 人，是合理日容量的 30.77% 和 52.70%。可见，目前天池景区的年、日旅游者接待量均处于适载状态，尚没有出现因容量超载而造成的严重的旅游环境问题。

为了维持目前的这种适载水平，天池景区还需要集中改善景区内部各景点通达性，提高旅游接待服务水平，强化景区内各景点对旅游者的吸引能力，合理疏散核心景区的旅游者量，增强旅游者的观赏愉悦程度，以此提高旅游环境质量水平。

第五章　旅游社会效益研究

旅游社会效益通过在旅游发展中所影响主体的直接获益情况表现出来。旅游社会效益的主要影响主体由旅游社区居民和旅游者组成。旅游社会效益可持续研究主要包括社区居民利益和旅游者利益可持续性两方面。

第一节　居民利益

一、居民利益可持续性

目的地旅游产品除了旅游业供给的市场交易产品外,还有公共产品部分。居民态度也是旅游产品的重要组成部分,其对旅游发展以及旅游者的态度和行为直接影响着旅游目的地的可持续发展。因此,社区居民态度也是目的地旅游产品重要组成部分。Murphy(1985)把旅游描述为"是以社区为资源,把社区当作产品出售的一种产业。"旅游服务是目的地形象或产品的重要组成部分(Murphy, Pritchard and Smith,2000),而社区居民态度则构成目的地服务的有机组成部分。Ryan认为影响旅游者体验的满意度因素之一是他们与目的地居民之间作用的性质(谢彦君,2005)。孙九霞提出社区是旅游资源的一部分(孙九霞,2009)。这些学者的观点也基本赞同社区居民是旅游产品组成部分,对旅游者体验有影响,只是表述上有所不同。

社区传承下来的属于居民所有的生活习俗、生活方式,即社区社会文化作为社区旅游的产品之一,其所有权是属于居民的。在社区旅游中,旅游者使用了社区社会文化资源的观赏价值、科学价值等,使社区社会文化资源被迫或自愿参与旅游产品生产过程,旅游者将使用费用支付给企业,但居民或社区并没有享受旅游业利益分配的权利。目前在我国大部分地区,尤其是西部地区,这种现象普遍存在。这是目前阻碍社区居民满意度的主要问题所在。

居民从旅游发展中获取利益的高低,是决定旅游地是否持续发展的主要因素之一。利益相关者理论告诉我们,社区居民是旅游地发展的直接利益相关者之一,是影响旅游地可持续发展的行为主体之一,旅游发展必须考虑社区居民的获益问题。Ioannides(1995)对塞浦路斯的 Akamas 半岛旅游区的研究发现,可持续旅游发展失败的原因就是自上而下的旅游发展战略没有考虑居民利益。

社区居民利益可持续性主要指旅游社区居民的生活质量不下降并不断提高,这是旅游发展必须要兼顾的内容,它是决定旅游区域发展是否可持续的重要内容之一。

世界旅游组织在倡导旅游可持续发展时,非常强调通过社区参与来提高社区居民的生活质量(世界旅游组织,1997),并把社区参与当作是实现旅游可持续发展的重要方法。根据利益相关者理论,旅游发展应是一种兼顾各个利益主体的发展模式,其操作的基础是:各个利益主体都在旅游发展中拥有充分的"话语权"。社区参与即是居民在旅游发展中发挥"话语权"的主要途径,居民通过社区参与既能获取合理利益,又能促进旅游地持续发展。

社区参与指社区居民作为旅游发展的主要利益相关主体之一,有权对旅游规划的制定与实施发表意见,甚至直接参与决策,并享受旅游开发带来的利益。这一理念源于 1985 年 Murphy 提出的"社区导向的旅游规划(community driven tourism planning)"和"基于社区(community based)的规划"。经过20多年的发展,目前,社区参与已经成为一种比较普及的旅游规划方式,中国一些旅游规划也强调社区参与。但社区参与的旅游规划文本多停留在概念层次,参与方式也处于低层次参与阶段,缺乏实施方案的深入探讨。

社区参与作为一种可持续的旅游发展理念,虽然被推广开来,但在实践中成功的案例并不多。一些学者认为社区参与只是一种理想,无法保证参与的实施。如 Teye、Sonmez 和 Sirakaya 认为在发展中国家,社区参与往往因居民被决策者和项目管理者排除在外而无法实施(Teye,Sonmez and Sirakaya,2002)。Nash(Dyer and Gursoy et al.,2007)研究发现发达国家和地区社区参与在也存在类似的情况,在社区权力关系研究中居民是被排除在外的。

但是事实上,在发展中国家旅游社区居民参与方式仍有一些新进展。Tosun(2000;2005;2006)分析了发展中国家社区参与旅游发展的障碍,提出发展中国家社区参与旅游发展时,因为社会的政治结构、经济结构和文化结构不同,效果也不同,他将社区参与的利益主体分为中心政府、地方政府、地方私营企业、地方居民,分析并探索了各利益主体的具体参与模式。Ritchie(1996)认为通过评估居民需求的方法能够促进社区参与旅游规划,提出"旅游规划过程模型",认为领袖人物(leadership)是地方商业、经营组织关键过程之一,领袖参与即是一种理想的社区参与方式。左冰、保继刚(2008)对中国社区参与研究发现,社区参与的本质是一个实实在在政治过程,并提出社区增权是实现社区参与的途径之一。孙九霞(2009)通过对广西、云南三个旅游社区的实证分析发现,中国西南地区旅游社区参与实践中,由于社区文化背景、社区族群传统有很大差别,资源条件也各有特点。因此,在这同一经济进程当中,不同地域的不同民族,其参与方式和态度应不同,需要针对不同地方的文化脉络，提出不同的解决方案，需要切合族群、文化、环境等状态来选择适当的参与策略。她提出"政府主导＋社区主体＋企业经营＋第三方力量介入＋法制规范"的社区参与模式，模式的运行原则为：自上而下、自下而上、由内而外、由外而内。"自上而下"是政府作为行动的核心，实行主导性管理和决策，但政府的主导是有限的；"自下而上"是社区发挥自身的能动性，进行参与方式和途径选择；社区力量是"由内而外"发展起来的；在社区参与的能力建设、法律援助等方面需要第三方力量、政府即企业等多方面"由外而内"进行推动和扶持。

尽管如此，发展中国家的旅游社区参与水平并不高。Petty（1995）将社区参与划分成了象征式参与、被动式参与、咨询式参与、因物质激励而参与、功能性参与、交互式参与、自我激励式参与七个层次，但发展中国家实际参与中，大多只停留在象征式参与和咨询式参与两个层次（黎洁、赵西萍，2001）。

由此可见，社区参与离现实还有一定的距离，需要在实现模式上进行进一步的深入研究。即使社区参与能够实现，其参与程度也只能反映在旅游开发管理过程中代内平等问题的解决情况，无法反映居民对这种结果是否满意，满意程度如何，将来应如何调整才能使居民满意程度提高。因此，社区参与只是实现旅游可持续发展的一种途径，并不是反映可持续状态的指标。

根据社会交换理论，旅游发展被看作是居民参与交换的意愿，居民是否愿意参与交换，即是否支持旅游发展，由其从旅游发展中的获益水平来决定。但居民获益水平则受其感知的成本和利益决定，居民获益水平高，会使其满意度高，则会产生积极的态度。根据社会表象理论：不同群体的居民因家庭背景、收入、社会文化、宗教信仰、发展历史等的不同而存在社会表象的差异性，造成不同群体居民对成本利益的感知水平也是不一样的。表现在不同国家、不同民族和文化区域，处于不同经济发展水平的居民,以及同一地区的不同居民群体,会因为社会表象不同而对生活质量的追求标准及实际感知不同。因此,同一旅游企业在不同旅游地的相同行为,可能会因旅游社区居民社会表象不同,对成本利益的判断有差异,从而产生不同水平的社会效益。

居民从旅游中所获得的收入和工作机会是反映居民旅游社会效益的主要指标,但单纯用收入水平、是否参与旅游工作或旅游决策等,只能反映他们生活中某些方面的改善,并不能反映居民对这些改善是否满意。选定一些能够代表旅游发展对生活质量有影响的指标,通过问卷调查等形式反馈出在不同时间段、不同条件下,居民对这些指标所代表生活质量因素的改善持续表示满意时,才能证明社区居民利益是持续的。所以,居民满意度是测度居民利益可持续性的指标,也是衡量社区居民从旅游发展中获得利益水平的理想指标。

二、居民社会效益水平的测度

居民获益水平可以通过居民态度分析方法完成,通过测度其对各种旅游影响指标的满意度来实现。研究居民对旅游影响的感知态度,可以进一步增加居民行为模式的解释力(Sirakaya, Teye and Sonmez,2002),并可以测度居民、社区是否处于可持续发展水平。居民态度分析方法主要有直接测度居民满意度和成本利益感知测度两种。

(一)直接测度居民满意度

目的地社区居民态度是多种多样的,他们对旅游总体发展方向、具体发展项目和途径的态度是不一样的(Mason and Cheyne,2000)。从20世纪70年代开始,大量研究致力于测度社区居民对旅游产业及影响的感知研究(Allen and Long et al.,1998),也涉及了态度得分的测度。态度的得分可以通过直接测度居民满意度方法获取。1990年

Perdue(1990)构建了社区满意度模型,认为个人从旅游发展中所获利益,通过影响正面和负面感知,来影响社区总体满意度,并进而影响对旅游发展的态度。1994年,Lankford和Howard(1994)提出了态度得分法,是满意度模型的一种测度方式,通过问卷形式,直接询问居民对旅游发展所引起的各因素的变化的反应程度,来测度居民对旅游的态度得分,是大家比较认可的态度测度法。其后,学者开发了态度分析与价值结合(Lindberg and Johnson,1997)、态度分析与责任结合(Pearce et al.,1996)的研究,使居民态度分析理论与方法不断完善。

因为居民对旅游影响的感知内容广泛,加上受所处经济环境、文化的影响,不同地区、不同个人和社区的居民因社会表象不同,而感知水平存在差异性,使居民的旅游感知因子因社会水平的不同而存在广泛的不同。1998年Lawson总结影响居民旅游感知的具体因素有:宾/主比率、文化或身体感知距离、经济对旅游的依赖性、季节性程度、旅游地生命周期阶段、社区居民与旅游者接触的形式等。

KO(2002)从旅游正面影响和旅游负面影响角度,建立社区满意度指标,并采用李克特分值法,以韩国Cheju岛屿为研究区,采用直接测度方法进行了满意度测度。还有许多研究者在测度居民态度方面进行了深入的研究(Akis, Peristianis and Warner, 1996; Fredline and Faulkner,2000; Ko and Stewart, 2002; Pearce, Moscardo and Ross, 1996; Tosun,2002; Williams and Lawson,2001)。这些研究的主要不同之处,是影响正面感知和负面感知的指标因子不同,但研究方法大致相同,使用的都是直接测度居民满意度的方法。

(二)成本—收益感知测度方法

用心理学、统计学的方法研究发现:居民态度与旅游相关的成本和利益相关。最早的旅游社会成本收益分析由Bryden(1973)提出,他确定了一些与旅游发展相关的公共福利经济成本。在研究中他发现有一些社区社会净效益比较低,尤其在发展中国家,外国所有者资金雄厚,消费比地方高,有"示范效应",使居民的消费成本增加、最终获益减少。

Travis(1984)对目的地社会文化影响的成本和利益因子进行了界定,提出利益指文化发展(现代化)和变化、社会变化和选择、东道社区的形象改进、公共健康改进、社会和礼仪进步、教育和保护、积极的文化交流、政治改革;成本包括东道地区文化损害、社会稳定性、消费主义(consumerism)、法律和社会秩序的变化、商业化的东道主人—游客关系、传统价值观变化和政治不稳定。

近年来,以社会交换理论为基础进行的居民成本收益感知分析成果比较多,将居民感知的旅游影响划分为成本和收益两部分,通过分析收益是否大于成本,来判断居民的感知态度。居民成本收益感知分析研究的代表是 Ap(1992)、Jurowski(1997)、Lindberg 和 Johnson(1997)、Gursoy(2002;2004)等人,他们通过旅游的成本—收益分析,研究了居民对旅游发展的态度,试图建立普遍适用于目的地的成本利益感知分析理论。Jurowski 等人(1997)利用社会交换理论开发了一个影响旅游反应的因子模型,把成本和收益因子归为经济、社会和环境三方面进行分析,模型中提出用对经济、社会、环境有影响的资源基础、社区归属、自然环境保护态度,来分析居民感知的经济收益。

Gursoy(2002)认为 Jurowski 把总成本利益因素归为社会、经济、环境三类不合适,他在 Jurowski 研究的基础上,增加了两个新的因子,即当地经济水平和社区对其关心程度指标,并把社会、经济、环境影响三类因子归为成本和收益两类,利用社会交换理论,建立了一个基于居民支持态度的理论模型,该模型由 32 各指标因子组成。2004 年,Gursoy 又改进了这一模型,仍从居民感知的成本、利益角度出发,把感知因子分为经济利益、社会利益、社会成本、文化利益、文化成本五个方面进行研究,通过检验得出影响居民支持的有九个因子。2007 年,Dyer

和 Gursoy 通过实证方法检验了 2004 年 Gursoy 提出的模型，认为该模型是可行的。模型中的九个感知因子分别是：对社区的关心程度、生态主义价值、旅游资源利用基础、社区归属、社区经济水平、经济利益、社会利益、社会成本、文化利益(Dyer and Gursoy,2007)。

以上居民成本收益研究，主要是通过居民感知的成本和收益水平的相互比较，来分析旅游产生的社会影响。用成本—收益感知方法测度居民满意度，以进行居民旅游社会效益的研究比较缺乏。区域旅游社会效益可持续性的研究假设是：个人感知的收益超过成本时，就会感知满意，且收益大于成本越多时，满意度越高。个人感知满意时，则会选择进行交换的行为，即积极参与旅游业，积极支持地方旅游发展。如此，则有利于地区旅游可持续发展。因此，基于社会交换理论的居民成本收益分析，也是旅游社会效益可持续性的主要研究手段之一。

(三) 居民态度分析内容的确定

居民态度是影响旅游可持续发展的关键因素之一。从以上分析可以看出，学者们对居民感知的因素并没有形成统一的体系，但大致都认同居民感知的影响因子分为经济、社会文化和环境三方面。其中，几乎所有的居民态度研究都包括经济因素(Gursoy et al.,2000;Jurowski et al.,1997;Liu and Var,1986;Milman and Pizam,1988;Sentha and Richmond,1978;Sheldon and Var,1984)，经济因素中大部分包括了雇佣机会(Belisle and Hoy,1980;Davis,Allen and Cosenza,1988;Ritchie,1988;Tyrrell and Spaulding,1984;Var,Kendall and Tarakcoglu,1985)和在旅游产业发展中居民/社区的收益指标(Davis et al.,1988;Jurowski et al.,1997;Lankford,1994;Murphy,1983;Tyrrell and Spaulding,1984)。说明旅游发展中所获经济效益水平主要通过受雇佣和收入增加指标来反映，对于这一点，大家是比较认可的。居民获益多者和被旅游业雇佣者，多对旅游发展持满意态度，赞成旅游发展

(AP,1990;1998;Lankford,1994)。可见居民对各种变化的感知态度,直接影响着其对旅游发展支持或不支持的行为,从而影响着旅游地的可持续发展。

但居民对社会文化和环境的感知因子纷繁复杂,难以统一。旅游发展所产生的经济、社会文化和环境效益影响了居民的生活质量。因此,居民对旅游发展感知内容包括经济、社会文化和环境三方面。

KO(2002)提出社会文化影响指标包括:改善生活质量、增加享受休闲设施和娱乐的机会、增强对不同社区/文化形象的理解、增加对历史文化展示的需求、鼓励不同文化活动、改善政策和防火保护质量,以及交通事故增加、犯罪、抢劫和破坏行为增加、赌博和违法事件增加、本地原始景观开发;环境影响指标包括:保护环境和增强地方形象、改善生活基础设施(水供应、电、电话等)、改善公共设施(人行道、交通网络、文化中心),以及破坏原始环境和景观、破坏当地生态、增加环境污染(废弃物、水、空气、噪音)等。

Figuerola(Pearce,1989)认为旅游的社会文化影响分为六个方面:人口结构、职业类型和变化、观念(norms)和价值变化、传统生活方式的变化、消费模式的变化、旅游者利益变化。

Pizam和Milman(1984)把社会环境影响分为六类。①人口影响(包括人口规模、年龄、人口年龄结构变化)。影响人口规模的因子有:产生新的雇佣机会、减少移民、吸引新的工人或居民。旅游有助于留住居民,尤其是经济边缘区没有被雇佣的年轻人。旅游可以替代农业,造成农村人口迁移和山区社区发展成旅游地,使人口年龄金字塔结构发生变化。同时,家庭规模也发生变化。②职业(包括职业变化、职业分布)。由于当地居民无法控制旅游发展及其规模,所以当地人从事的是无技术或半技术的地位低下、工资低的职位。管理和技术类工作主要由外来人员承担。旅游的季节性导致旅游工作的季节性和受雇佣的季节性。③文化(包括传统变化、宗教、语言)。④观念(norms)变化(包括价值、道德、性角色)。⑤消费模式的变化(包括基础设施、商品)。⑥环境影响(包括污染、交通拥挤)。

还有学者研究旅游对社会系统变化和社会阶层的影响,认为旅游产生新的社会阶层和特殊的城市中产阶级,如有些人的土地会因旅游发展而突然增值很多,从而改变了这些人的社会经济地位。旅游改变了家庭传统的成员之间的关系,使家庭内部结构发生变化。如女性经济地位的独立,使家庭结构变化。年轻人经济的独立使其能有机会参观外国,导致移民现象。旅游也使当地居民产生无法实现的偏好,如崇尚西方消费方式、扩大职业偏好,还使社区凝聚力和道德观降低。旅游所特有的非社会性工作时间和季节性等,影响了人们日常生活安排。同时,会对家庭生活产生影响,造成夫妻关系紧张、离婚等。

可见,居民社会环境感知研究尚没有建成统一的研究指标因子,而且不同地方的指标设置也不相同。但无论如何,居民感知因子应该包括经济、社会文化和环境三方面的内容这一点是比较统一的,而且在经济效益的分析方面,对居民收入和工作机会两个指标是比较认同的。

第二节 旅游者利益

一、旅游者利益可持续性

旅游者利益指旅游者在旅游活动过程中通过消费旅游产品所获的效用,即旅游者旅游欲望的满足程度。从微观经济学角度看,产品价格和质量是决定消费者满意程度的重要因素,但事实上,前已论述,旅游者消费的产品除了旅游业供给的旅游业产品外,还有不能进入市场进行交换的公共产品。因此,旅游业产品的价格和质量只是决定旅游者满意度的部分因素,单纯用旅游业产品的价格和质量不能全面反映旅游者的满意程度,用旅游者对区域旅游产品(包括旅游业产品和公共产品)的效用感知水平反映其所获利益水平比较全面。旅游者利益可持续性主要是指旅游者在区域是否能够持续享受高质量的旅游产品,其可持续性水平可以用旅游者对所消费的旅游产品的满意度来衡量。

1997年Murphy和Prichard(1997)测试了一个顾客感知价值模型,并应用于目的地,发现旅游者的需求是多方面的,他们对价值的认知和评价因客源不同、文化背景不同以及景点景观情况的不同而有差别。Ryan在其著作《休闲旅游:社会科学的透视》中,将影响旅游体验的因素划分为先在因素、干涉变量、行为和结果四个因素,其中,先在因素由个性、社会等级、生活方式、家庭生命周期阶段、目的地的营销和形象定位、过去的知识和经验、期望以及动机所构成,而旅游动机受先在因素中其他因素的影响并对各个干涉变量施加影响。干涉变量包括旅游体验中的延误、舒适、便利和目的地的可进入性,目的地的性质、住宿的质量、景点的数目和活动内容的多少,以及目的地的种族特征。影响行为结果表现为满意或不满意,但受以下因素影响:旅游行为过程中旅游者感知到的期望与实在的偏差大小,他们与目的地居民以及同行的旅游者之间相互作用的性质,还要受到诸如旅游者本身辨别事件真实性的虚幻性的能力(辨别事件真伪能力),对认知失调、活动替换、失信中止这些随时可能发生的情况积极适应的能力(即心理调适能力),建立可以使自己获得归属感的人际关系的能力(即交际能力)、旅游者的活动方式等的综合影响(谢彦君,2005)。

可见,旅游者表象对其感知影响比较大,不同社会表象的旅游者对于同一个旅游地会有不同的期望和感知水平。这就要求在研究旅游者满意度时,应该注重旅游者主观因素的差异对满意度感知的影响,因为主观因素不同决定着社会表象的不同,但国内有关旅游者满意度的研究较少关注这一点。

虽然不同旅游者的社会表象有所不同,但同一类型旅游者的社会表象应该是大致相同的。因为社会表象理论强调社会群体意识反映的共性,而非群体成员之间的差异性,是一个组织化的理论。它关注日常社会知识的内容、形成过程、各种群体如何共有某种社会知识等,即社会表象理论强调的是群体的某种共性的社会表象。在此理念指导下,进行旅游者利益可持续性分析时,可以将旅游者分成不同类型,即进行市场细分,每个细分的市场即是一个具有某种共同社会表象的旅游者群体,如本书第七章根据旅游者人口社会学特征进行的群体分类感知研究。

对旅游者按照社会表象进行分类,还可以进行跨时间段的旅游者利益的比较研究。因为旅游者对绝大部分旅游区域的重游率是比较低的,同类市场在不同时期对同一旅游地所发生的旅游活动,可以看成是同一旅游市场在该旅游地发生连续不断的旅游活动,这样就可以构成一个时间序列的满意度函数,以此来研究旅游者利益的可持续水平。后一期同类旅游者的满意度至少应该不低于前一期的满意度,这可以作为旅游者满意度可持续性的衡量标准之一。

旅游者分类方式比较多,可以依据年龄、性别、收入、客源市场地域、工作种类、性格等进行市场分类。同一地域、同一民族的消费具有共性,按地域进行的市场分类比较简单可行,利于市场地域性营销。国际市场按国家分类,国内市场按省级地域单位进行分类。同一类型旅游者持续的满意程度是对旅游产品质量水平的测度,也是旅游者利益可持续性水平的测度,是决定旅游者在区域旅游活动持续性的基础。目前学者对旅游者市场细分满意度及行为研究方面,基于目的地所开展的个案研究比较多,共性探索相对比较少。

旅游者消费同其他市场消费一样,要受到效用递减规律的影响。

所以,旅游地区要实现持续发展,在旅游产品质量提升方面的投资和营销也应该是持续的,只有这样,才能巩固持续的市场规模,使旅游者效用维持不变或不断提高。

二、旅游者利益水平测度

旅游者效用可用满意度来测度,旅游者所获效用多,则满意度高。旅游者满意度研究起源于顾客满意度研究,是根据消费者服务期望进行测度的。

比较权威的服务期望界定是顾客在接受服务前所具备的信念或观念,作为一种标准或参照系,与实际绩效相比较,形成对服务质量的判断(陈静宇、温剑娟、雷源,2007)。将服务期望的概念应用于分析顾客满意度,即通过比较顾客感知与期望水平,来测度产品质量,是质量管理的核心研究内容之一。质量管理体系(ISO9001)中定义满意度是"顾客对某一事项已满足其需求和期望的程度的意见"。其中,某一事项是指,在彼此需求和期望及有关各方对此沟通的基础上的特定时间的特定事件。顾客满意度模型是测度顾客满意度的有效方法。此研究领域的代表人物有 Oliver(1980)和 Fornell(1993)。1989年,瑞典最早建立了全国性顾客满意度指数,其后,美国、欧洲、中国也建立了顾客满意度指数模型。比较有影响力的顾客满意度模型有卡诺(Kano)模型、美国顾客满意度(ACSI,American Consumer Satisfaction Index)模型、欧洲顾客满意度(ECSI)模型等。中国有清华提出的 CCSI 模型和中国石油兰州炼化公司提出的 CCSI 模型(刘宇,2002)。

卡诺模型将产品和服务的质量分为当然质量、期望质量和迷人质量三类。当然质量是指产品和服务应当具备的质量。期望质量是指顾客对产品或服务具体要求的质量特性。迷人的质量是指产品或服务所具备的超越了顾客期望的、顾客没有想到的质量特性。期望质量与顾客满意度之间呈线性正相关关系,这种关系是目前各种满意度测评方法和模型的理论基础。当然质量和迷人质量与顾客满意度之间则是非线性关系。对此各种满意度模型都没有做出令人信服的数学解释。

美国顾客满意度模型由顾客满意度与其决定因素感知质量、顾客预期、感知价值以及结果因素——顾客满意、顾客忠诚和顾客抱怨六个变量组成。美国顾客满意度模型认为顾客满意度的三个前提变量(顾客期望、感知质量和感知价值)和三个结果(顾客满意、顾客抱怨和顾客忠诚)之间存在着复杂的相关关系。顾客期望是顾客在购买决策过程前期,即购买前对其需求的产品或服务给予的期待和希望。顾客对质量的感知是指顾客在购买和消费产品或服务过程中,对质量的实际感受和认知。顾客价值感知是指顾客在购买和消费产品或服务过程中,对所支付的费用和所达到的实际收益的体验。顾客满意度是顾客感知与顾客期望的比值,即顾客满意度=顾客感知/顾客预期。如果产品和服务的感知质量超过顾客的预期,那么顾客就满意;如果没有达到顾客的预期,顾客就不满意。但这个结论的前提假设是顾客是理性的,即顾客具有从以前消费经历中学习的能力,而且能够据此预测未来的质量和价值水平,其预期能够正确地反映当前的产品和服务质量。

顾客抱怨产生的原因是对产品和服务的实际感受未能符合原先的期望。顾客忠诚是指顾客在对某一产品或服务满意度不断提高的基础上,重复购买的该产品或服务,以及向他人热情推荐该产品或服务的一种表现。

服务期望的测量可以利用英国剑桥 Parasuraman, Zeithaml 和 Berry(简称 PZB) 1988 提出、1990 年改进修正的期望测量表 SERVQUAL 对顾客期望进行测量。该量表中包含反映服务质量 5 个维度的 21 个期望项目(陈静宇、温剑娟、雷源,2007)。可是其他学者如 Carman(1990)根据实证研究提出,对在顾客不具备成形期望时而进行期望测量并不合理。另外，Teas(1993)发现对原始服务质量的期望测量的概念性定义和操作性定义之间缺乏一致性，而且形成对服务质量期望量表不同反应的主要原因不是被调查者的态度不同，而是他们对所问问题的理解不同。

以上顾客满意度理论被应用于旅游者满意度研究中。国外关于旅游者满意度的研究主要集中在三个方面：旅游目的地形象满意度、旅游者满意度与服务质量之间的关系、旅游者满意度评价方法。国内有关旅游者满意度测评模型包括期望差异模型、服务绩效模型（SERVPERF）、服务质量模型（SERVQUAI）、花费—收获模型（EQUILTY）和标准模型（NORM）等，研究内容主要集中在旅游者满意度测评体系构建及模型探索、旅游地旅游者满意度的实证研究两方面。大多数旅游者满意度分析方法采用的是美国顾客满意度模型的满意度测度方法，将顾客变为旅游者，满意度公式变为：旅游者满意度＝实际感知的旅游产品质量水平/期望的旅游产品质量水平。

【案例】丝绸之路入境旅游市场及其对乌鲁木齐旅游城市的感知

一、丝绸之路入境旅游市场发展水平

丝绸之路是国家旅游局重点推介的旅游线路，该线路集聚了中国璀璨的历史文化遗产，是宣传中国悠久历史文化的重要介体。其跨越西北五省区，经过新疆、青海、宁夏等欠发达的少数民族省区。该线路的持续发展不仅可以促进少数民族地区旅游经济发展，提供旅游就业岗位，而且具有富民富边、促进西部发展的社会效应。掌握旅游市场的变化规律，则是有的放矢地制定营销策略、推动该旅游线路可持续发展的基础。旅游者在中国选择丝绸之路旅游产品时,往往从陕西出发,经过甘肃到达新疆,或从新疆出发,经过甘肃到达陕西。因此,本书打破行政界限,从市场消费角度出发,以陕西、甘肃、新疆为旅游目的地,利用竞争态和亲景度模型综合分析了1995~2006年丝绸之路国际客源市场的演变态势,为该线路的市场营销提供借鉴。

(一)丝绸之路入境旅游市场竞争态的变化特征

1. 客源市场竞争态模型

竞争态可以反映市场的竞争态势,由市场占有率(α_i)和增长率(β_j)两个指标联合分析得到,计算公式如下(李景宜、孙根年,2002;白凯、马耀峰,2007):

$$\alpha_i = \frac{x_{i,j}}{\sum_{i=1}^{n} x_{i,j}} \times 100\% \quad \beta_i = \frac{x_{i,j} - x_{t-1,j}}{x_{t-1,j}} \tag{5—1}$$

其中,$x_{i,j}$为第i个市场第j年的旅游统计量(可以为客流量或旅游收入),本文用旅游者人次。在坐标中以$\alpha = p$、$\beta = q$为界,依据各市场占有率和增长率将客源市场划分为明星市场、金牛市场、幼童市场和瘦狗市场四种类型,它们分别处于由占有率和增长率所圈定的四个象限内(图5—1)。确定p、q的常用方法是分别取市场占有率和市场增长率的平均值,再结合竞争态坐标图中点$\Omega_i(\alpha_i, \beta_i)$的分布特征对平均值进行修正,以保证竞争态的划分(分布)均衡。

在不受外部环境影响的均质条件下,市场竞争态转移遵循"瘦狗市场—幼童市场—明星市场—金牛市场"的自然转移模式。由于旅游目的地客源市场的影响因素错综复杂,因此各竞争态转移状况各异,大体可概括为"稳定型、增长型、衰退型和波动型四种模式"(周旗、赵景波,2004)。

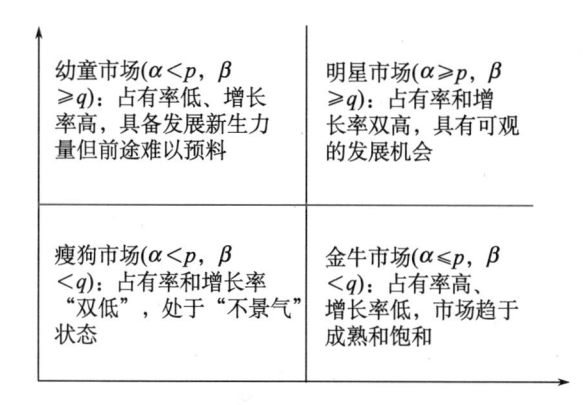

幼童市场($\alpha<p$, $\beta \geq q$)：占有率低、增长率高，具备发展新生力量但前途难以预料	明星市场($\alpha \geq p$, $\beta \geq q$)：占有率和增长率双高，具有可观的发展机会
瘦狗市场($\alpha<p$, $\beta <q$)：占有率和增长率"双低"，处于"不景气"状态	金牛市场($\alpha \leq p$, $\beta <q$)：占有率高、增长率低，市场趋于成熟和饱和

图 5—1 旅游市场竞争态类型和特征

2. 市场竞争态的变化趋势

以全国入境旅游市场为基础，选取1996～2007年《中国旅游统计年鉴》国际游客接待人次数据，将陕西、甘肃、新疆三省（自治区）的旅游人次加总，作为丝绸之路的客源数据。利用公式5—1，以 $p=5.3\%$、$q=10.0\%$ 分析丝绸之路主要入境旅游市场1995～2006年的市场竞争态变化趋势，见图5—2。

从图5—2可以看出，1995～2006年以来丝绸之路入境旅游市场竞争态经历了"金牛市场（1995～1998年）—明星市场（1999～2000年）—金牛市场（2001年）—明星市场（2002年）—瘦狗市场（2003年）—幼童市场（2004～2005年）—瘦狗市场（2006年）"的动态变化过程，属于波动型模式。总体态势由明星市场、金牛市场向幼童市场、瘦狗市场转移，市场竞争态呈现恶化趋势。2003年出现"非典"疫情，丝绸之路入境旅游市场进入瘦狗市场；2004年相对于2003年虽有较大变化，即从瘦狗市场到幼童市场；但2005～2006年又再次由幼童市场退回到瘦狗市场，说明相对于中国入境旅游市场而言，丝绸之路入境旅游市场的竞争优势正在弱化。

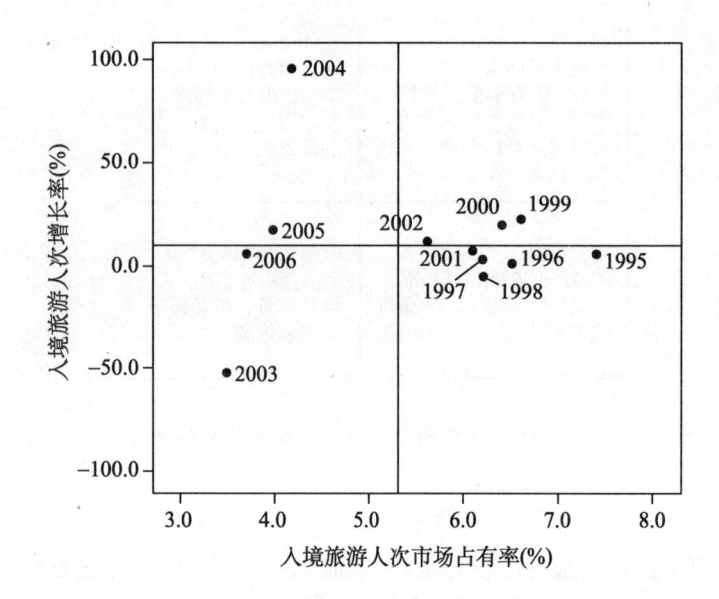

图 5—2 1995～2006 年中国丝绸之路入境旅游者市场竞争态变化

(二) 丝绸之路入境旅游客源市场的时空变化特征

1. 亲景度理论

研究旅游目的地客源市场的竞争优势,传统的做法是按年度计算出到某地的旅游客源国人数与到某地的旅游外国人数之比值,以此作为参照,根据其比重的大小得出目的地的客源市场份额。这种方法是从纵向对客源国到旅游目的地的人数进行对比,可以为目的地决策部门提供一定参考,但没有考虑整体客源市场的变化规律。亲景度理论最早是马耀峰教授于1999年出版的《中国入境旅游研究》一书中提出的,指某客源国在旅游目的地的市场占有率与该客源国在全国市场占有率的比值。它源于地理学的区位熵理论,用全国某客源市场的变化为参照,分析某旅游目的地的客源变化与全国相对比的特征,能更加客观地反映该目的地的客源市场竞争优势。其核心模型为:

$$D_i = \frac{P_i}{C_i} \qquad (5-2)$$

其中,D_i表示亲景度,P_i表示某客源国在旅游目的地的市场占有率,C_i表示该客源国在全国的市场占有率。

根据亲景度的大小,可将客源市场分为亲景客源市场($D_i \geqslant 1$)和疏景客源市场($0 \leqslant D_i < 1$)。亲景客源市场进一步细分为强亲景客源市场($2 \leqslant D_i < +\infty$)和弱亲景客源市场($1 \leqslant D_i < 2$),疏景客源市场进一步细分为弱疏景客源市场($0.5 \leqslant D_i < 1$)和强疏景客源市场($0 \leqslant D_i < 0.5$)。亲景度反映的是旅游目的地客源市场竞争优势,即亲景度越大,某旅游目的地在全国市场中的竞争力越强;亲景度越小,竞争力越弱。

2. 客源市场亲景度变化

选取 1994 年、2000 年和 2006 年丝绸之路所接待的主要客源国人数进行分析,计算结果见表 5—1。

表 5—1　1994～2006 年中国丝绸之路主要客源国亲景度变化

客源国	1994 年	2000 年	2006 年	客源国	1994 年	2000 年	2006 年
日本	1.18	1.41	0.77	加拿大	0.8	1.08	1.17
韩国	0.55	0.66	0.62	英国	1.61	1.83	1.66
菲律宾	0.18	0.29	0.34	法国	1.99	1.67	1.77
新加坡	0.37	0.56	0.51	德国	1.59	1.66	1.32
泰国	0.2	0.3	0.37	俄罗斯	2.17	1.58	1.35
美国	1.14	1.36	1.26	澳大利亚	1.02	1.09	1.46

由表 5—1 可以看出,丝绸之路的主要入境旅游市场及其变化具有以下特点。

(1) 亲景客源市场主要由日本、美国、加拿大、英国、法国、德国、俄罗斯和澳大利亚组成。1994～2006年,除加拿大、澳大利亚市场的亲景度持续上升外,其他市场的亲景度均有不同程度的下降。说明在全国入境旅游市场竞争中,丝绸之路客源市场中的加拿大和澳大利亚市场竞争力在增强,其他市场竞争均有所下降。加拿大在1994年为弱疏景客源国,2000年以后转变为弱亲景客源国,亲景度由1994年的0.80上升为2006年的1.17;澳大利亚虽然亲景度有所增加,但一直是弱亲景市场。亲景度下降最大的两个客源国是俄罗斯和日本,其中俄罗斯竞争优势下降最大,由1994年的2.17下降到2006年的1.35,使俄罗斯从强亲景客源市场转化为弱亲景客源市场;日本则由2006以前的弱亲景客源市场转变为弱疏景客源市场;英国、法国、德国一直处于弱亲景市场。

(2) 疏景客源市场分两类:一是弱疏景客源市场,主要是韩国和新加坡,1994～2006年韩国和新加坡虽有波动但总体呈增加趋势;二是强疏景客源市场,主要有菲律宾、泰国,这两国亲景度一直呈现上升趋势。说明丝绸之路国际客源市场中弱疏景客源国韩国、新加坡和强疏景客源国菲律宾、泰国的市场竞争力相对于全国均有所增强。

(3) 在我国的目标客源国市场竞争中,丝绸之路具有市场竞争优势的客源国主要集中在亚洲的日本,欧洲的英国、法国、德国和俄罗斯,大洋洲的澳大利亚以及北美洲的美国和加拿大。其中,除加拿大和澳大利亚外,竞争优势都在下降,这是导致丝绸之路国际客源市场竞争态趋于恶化的主要原因。

3. 市场变化特征及其分类

亲景度反映的是客源市场对旅游目的地的偏好程度,其客源市场的绝对变化可以用市场份额方法分析,两种方法结合能够更加全面地掌握丝绸之路客源市场变化特征。1994～2006年丝绸之路的国际客源份额呈现不断下降态势,1994年是7.87%,2000年6.38%,2006年降至3.68%;入境客源国接待人次除日本外均呈上升趋势(图5—3)。

根据亲景度、接待人次和市场份额可将丝绸之路国际客源市场分为如下三类(表5—2)。

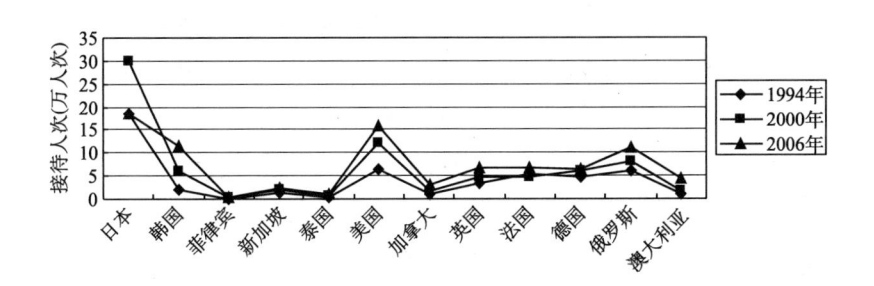

图5—3 中国丝绸之路入境旅游客源市场人次

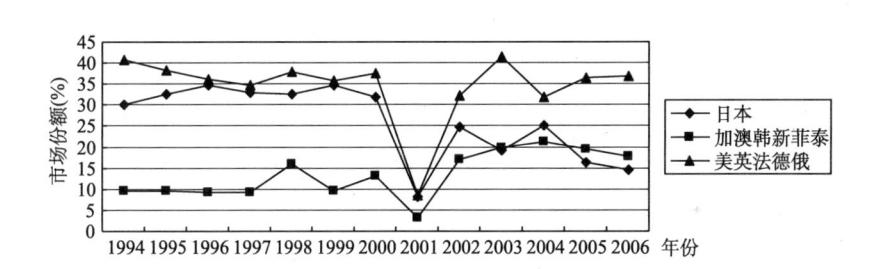

图5—4 1994~2006年中国丝绸之路三类入境旅游市场份额变化

表5—2 1994~2006年中国丝绸之路国际客源市场分类及其特点

市场类型	客源市场	特点
萎缩市场	日本	亲景度由大于1变为小于1;接待人次下降,市场份额大幅度减小
平稳扩张市场	美国、英国、法国、德国和俄罗斯	亲景度大于1,但不断减小;接待人次上升,市场份额有所减小
迅速扩张市场	加拿大、澳大利亚、韩国、新加坡、菲律宾和泰国	亲景度大于或小于1,但不断增大;接待人次上升,市场份额迅速扩大

第一类萎缩市场,主要指日本市场。日本是丝绸之路市场份额中最大的客源国,消费总人次不断下降(图5—3);其市场份额虽有波动,但整体呈下降态势(图5—4),1994年是30.05%,2006年为14.61%。说明1994~2006年日本入境游客对丝绸之路旅游产品的偏好持续下降,对中国其他目的地的偏好持续增加。因此,其亲景度由高于全国平均水平变为低于全国平均水平,市场不断萎缩。

第二类平稳扩张市场,如亲景客源国中的美国、英国、法国、德国和俄罗斯。虽然亲景度呈下降趋势,但入境旅游人次不断增加,说明这些客源国市场呈扩张态势,只是扩张水平低于全国平均水平;其市场份额因其他市场的快速增长而呈缓慢下降态势,1994年为40.89%,2000年为37.58%,2006年为36.92%。

第三类迅速扩张市场,如弱亲景客源市场中的加拿大和澳大利亚,以及疏景客源市场中的韩国、新加坡、菲律宾和泰国。虽然这些客源国的入境接待人次增长幅度低于全国平均水平,但其亲景度、旅游人次和市场份额都呈上升趋势,其市场份额1994年为9.40%、2000年为13.00%、2006年为17.74%,市场扩张迅猛。

综上所述,1994~2006年丝绸之路入境旅游市场及其变化有以下特征。

(1)市场竞争态呈现波动型特征,大体趋势是由金牛市场和明星市场向瘦狗市场和幼童市场转移,整体竞争态势趋于恶化。拐点是2003年,之前属于明星或金牛市场,之后主要是幼童、瘦狗市场,并向瘦狗市场转移。

(2)市场整体份额呈下降趋势,1994年为7.87%,2000年为6.38%,2006年为3.68%。同期,亲景客源市场主要由日本、美国、加拿大、英国、法国、德国、俄罗斯和澳大利亚组成,疏景客源市场是韩国、新加坡、菲律宾和泰国。在我国目标客源国市场竞争中,丝绸之路具有竞争优势的客源国主要集中在亚洲的日本,欧洲的英国、法国、德国和俄罗斯,大洋洲的澳大利亚,以及北美洲的美国和加拿大,但只有加拿大和澳大利亚的竞争优势在增强,其他客源国竞争优势均呈下降趋势。弱疏景市场中的韩国、新加坡和强疏景市场中的菲律宾、泰国的市场竞争优势呈增加态势。

(3)旅游市场变化可分为三类:萎缩市场,如日本;平稳扩张市场,有美国、英国、法国、德国和俄罗斯;迅速扩张市场,有加拿大、澳大利亚、韩国、新加坡、菲律宾和泰国。丝绸之路国际市场向多元化方向发展,以往的市场结构以日本客源为主、欧美为辅,现在除了原市场外,韩国、新加坡、菲律宾和泰国市场均有发展,尤其以韩国市场发展最快。应当注意的是,日本市场萎缩幅度比较大,这是因为20多年来丝绸之路产品一直没有变,没有增加新旅游服务内容或项目,尤其是没有增加新的吸引日本旅游者的特色旅游项目,使其相对于中国其他旅游地而言,市场处于萎缩状态。因此,从稳定老市场、发展新市场的角度出发,日本应是未来丝绸之路入境旅游市场营销的攻坚对象,欧美、澳大利亚和亚洲其他国家的市场营销难度要比日本相对容易些。

二、外国旅游者对乌鲁木齐旅游城市的感知水平

乌鲁木齐是中国西部旅游目的地之一,也是丝绸之路的重要旅游节点,是西部典型的旅游中心城市,入境旅游者人次一直呈递增趋势,并且接待量居新疆之首。旅游者对乌鲁木齐旅游城市的形象研究,可以为该城市的进一步发展提供借鉴,为丝绸之路旅游城市营销提供理论依据。

(一)研究方法与数据来源

1. 研究方法

对数据的分析采用因子分析和方差分析方法。因子分析法的

主要原理是将具有复杂关系的一组变量（或样品）综合为数量较少的几个因子，以再现原变量和因子之间的相互关系。具体而言，就是根据变量之间的相关程度把若干个能直接观测到的原变量分为数量较少的几个组，使得同组内的变量相关性较高，不同组的变量相关性较低，每组变量代表一个方面，或称综合因子，这些因子是隐含的，不可观测的，但共同影响原变量（杨虎、钟波，2006）。因子分析模型为：

$$\begin{cases} X_1 = a_{11}f1 + a_{12}f_2 + \cdots a_mf_n + \varepsilon_1 \\ X_2 = a_{21}f1 + a_{22}f_2 + \cdots a_{2m}f_n + \varepsilon_2 \\ X_m = a_{m1}f1 + a_{m2}f_2 + \cdots a_{mn}f_n + \varepsilon_m \end{cases}$$

式中：$X_1—X_m$，为实测变量，a_{ij} 为因子载荷，f_i 为公共因子，ε_i 为特殊因子，$(i,j=1,2,\cdots,m)$。

方差分析是研究分类性自变量对数值型因变量的影响，是通过数据误差来源的分析判断不同水平之间的均值是否相等，进而判断分类型自变量对数值型因变量的显著性响。其实质就是归纳为一个检验问题，即检验原假设 $H_0:\mu_1=\mu_2=\mu_3=\mu_4=\cdots=\mu_i$（$\mu_i$ 为第 i 种水平的平均值）是否为真，$\mu_1、\mu_2、\mu_3、\mu_4\cdots\mu_i$ 之间的差异主要来自两个方面：一是水平间的差异，二是水平内的差异。前者称为组间差异，后者称为组内差异。如果不同的水平对结果没有影响，则它与水平内部的方差比值就应该接近 1，反之，就会大于 1，当大到某一个程度时，即到某一个临界点，就可以作出判断，不同水平之间存在显著性差异。因此，方差分析就是通过对水平之间的方差和水平内部的方差的比较，作出拒绝还是不能拒绝原假设的判断，根据统计学原理，组间均方和组内均方比值是服从 F 分布的统计量。给定显著性水平，将其和 F 分布统计量所对应概率 P 值的比较，若 $P>\alpha$，

则接受原假设 H_0，表明均值间差异不显著；反之，差异显著（管于华，2008）。

对旅游者满意度分析方法采用前所述的旅游者满意度测度方法，即旅游者满意度＝旅游者实际感知评价值/旅游者期望值。实际感知评价值是指旅游者来目的地后的评价值，期望值是指旅游者来目的地之前对旅游目的地的评价值。

2. 数据来源

分析所利用的原始数据通过问卷调查获得，问卷内容由四个部分组成。第一部分是入境旅游的基本情况，包括性别、国别、年龄、收入、文化程度；第二部分为入境旅游者对敦煌来之前的期望评价；第三部分是入境旅游者对敦煌具体形象因素实际感知评价；第四部分是入境旅游者对目的地的建议。在测量入境旅游者感知时，采用了李克特量表5分赋值法，即：5＝非常好；4＝好；3＝一般；2＝差；1＝非常差。问卷语言种类有英语、德语、日语、韩语。2008 年 6 月调查组八人，分成四组分别在乌鲁木齐机场、国际大巴扎、博物馆等地对外国旅游者发放问卷，问卷当场收回，共发放问卷 400 份，回收 370，回收率 92.5％，有效问卷 326 份。问卷使用 EXECL 录入整理，结合 SPSS15 软件进行分析。

(二) 样本信度检验总体特征

1. 问卷信度测试

在进行正式分析前，首先应检查量表的稳定性和可靠性，如有必要，要剔除一些不适用于测量的冗余指标。本研究使用克朗巴哈系数（Cronabach,a）为信度判断标准，一般研究认为克朗巴哈系数 a 值至少需要在 0.7 以上才算具有一致性。利用 SPSS15 软件进行信度分析，结果显示认知量表的克朗巴哈系数 a＝0.78。因此，可以认定该量表的信度较高，量表的指标基本能反映要测量的概念。

2. 研究样本总体特征

对326份有效问卷进行基本信息统计,结果见表5—3。从旅游者性别看,男性占总人数的56%,女性占总人数的44%,性别结构比较合适;从客源地看,亚洲国家旅游者居多,主要是韩国和日本,占总数的54%;从年龄结构看,外国旅游者构成呈两头低中间高的特征,以25~44岁和45~64岁居多,分别占总人数的40%和32%,说明乌鲁木齐外国旅游市场中青年旅游市场比较有吸引力;从学历看,旅游者文化水平较高,本科学历者较多,占总人数的59%,研究生占21%。旅游者年收入在20 001~40 001美元的较多,占总人数的29%;年收入在20 000美元以下的旅游者次多,占总人数的20%。以上样本人口社会学特征分布比较合适,反映出调查样本具有一定的代表性。

表5—3 样本总体结构描述

内容	类别	人数	比重(%)	内容	类别	人数	比重(%)
客源地	日本	31	10	年收入(美元)	<20 000	65	20
	韩国	143	44		20 001~4 0000	93	29
	北美	63	19		40 001~6 0000	63	19
	欧洲	66	20		60 001~8 0000	46	14
	其他	23	7		>80 000	59	18
性别	男	182	56	受教育程度	高中及以下	30	9
	女	144	44		本科	192	59
年龄	15~24	61	19		硕士	70	21
	25~44	132	40		博士	34	10
	45~64	104	32				
	>65	29	9				

3. 因子选取及 KMO 检验

进行旅游目的地形象评价,须选取适当的指标体系来综合地反映一个旅游目的地的形象。本文选取 13 个因子来反映旅游目的地的形象,即:X_1——交通距离,X_2——旅游交通便捷性,X_3——旅游交通费用,X_4——咨询获取,X_5——沟通与交流,X_6——旅行社服务,X_7——安全性,X_8——居民友善程度,X_9——文明程度,X_{10}——神秘性,X_{11}——古朴性,X_{12}——独特性,X_{13}——壮观性。

KMO 是观测相关系数值与偏相关系数值之比,其值越接近 1,说明采用因子分析效果越好,经过检验及得 KMO 值为 0.770,说明采用因子分析效果较好。

(三)外国旅游者对乌鲁木齐城市旅游各因子的满意度水平

通过满意度公式计算可以得出旅游者对乌鲁木齐形象 13 个因子的总体满意度均值(图 5—5)。外国旅游者对各项的满意度均值的平均值为 0.86,从各因子满意度均值分布可以将感知情况分为三种。第一,对乌鲁木齐城市的友善度以及景观的历史性满意度评价大于 1,说明外国旅游者对这两方面的实际感知水平超过期望水平。第二,感知高于平均值 0.86,低于 1 的因子从高到低排序依次为独特性(0.99)、安全性(0.98)、文明程度(0.95)、神秘性(0.95)、旅行社服务(0.90),均高于平均值 0.86,说明外国人对乌鲁木齐城市这些因子的感知满意度比较高,但对这几项的实际感知满意度均低于期望水平。第三,感知满意度比较低的因子从高到低排序依次是壮观性(0.85)、外国旅游者与目的地的沟通交流(0.82)、对旅游咨询获取(0.80)、交通便捷性(0.68)和交通距离(0.55),对这几项的实际感知低于期望水平比较多。

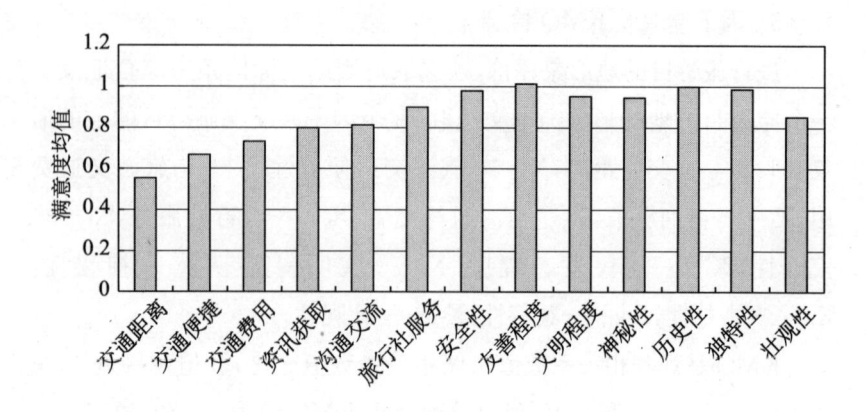

图 5—5　入境旅游者对乌鲁木齐感知的满意度水平

(四) 基于人口社会学特征的外国旅游者对乌鲁木齐城市旅游满意度差异

1. 主因子选定

运用因子分析方法可以得出方差总解释及最大方差因子旋转载荷矩阵，13 个因子被归类为四个主因子（表 5—4）。其中，第一主因子贡献率为 26.7%，第二主因子贡献率为 16.5%，第三主因子贡献率为 15.6%，第四主因子贡献率为 14.1%。四个主因子累积贡献率达 73.1%，表明用四个因子结构基本可以反映原始数据中的信息。

进行最大方差因子旋转，使得旋转后的载荷矩阵在每一列上的元素的绝对值尽可能的拉开距离。从中可以看出，在第一主因子中，交通距离、交通便捷性、交通费用指标具有较大的载荷，反映了旅游交通，可以看作是交通设施因子。在第二主因子中，咨询获取、交流、旅行社服务等指标具有较大载荷，这些指标反应的是旅游服务，可将其看作是服务因子。在第三主因子中，安全性、居民友善好客程度、地方文明程度具有较大的载荷，反映了旅游目的地的社会环境。在第四个主因子中，历史性、独特性、壮观性具有较大的载荷,反映了目的地的旅游景观特性。因此,本文选择将13个因子归为这四个主因子,进行旅游者对乌鲁木齐城市满意度感知水平分析。

表 5—4 旋转后的因子解释总变量及载荷矩阵

指标	主因子			
	1	2	3	4
X_1——交通距离	.662	.185	.178	.016
X_2——交通便捷	.676	.476	.103	−.126
X_3——交通费用	.731	.319	.093	−.002
X_4——资讯获取	.174	.849	.075	−.114
X_5——沟通交流	.174	.824	−.007	−.143
X_6——旅行社服务	.385	.570	−.120	.245
X_7——安全性	.032	.107	.614	.139
X_8——友善程度	.186	−.004	.825	.050
X_9——文明程度	−.038	−.109	.766	.185
X_{10}——神秘性	−.527	.036	.281	.309
X_{11}——历史性	.222	−.200	.042	.797
X_{12}——独特性	−.270	.003	.269	.770
X_{13}——壮观性	−.324	.034	.409	.597
方差贡献率(%)	26.7	16.5	15.6	14.1
累计方差贡献率(%)	26.7	43.4	59.0	73.1

2. 不同人口社会学特征的外国旅游者对乌鲁木齐的感知水平差异

外国旅游者人口学特征的差异可能造成其对旅游目的地感知差异。通过对旅游地产品感知差异分析,可以进一步了解不同人口学特征的旅游者对旅游目的地的评价,从而使旅游目的地营销与改善措施有更明确的目标。

运用 SPSS 分析软件中单因素方差分析法,从人口学特征的性别、国别、年龄、受教育程度、收入五个方面,分析乌鲁木齐外国旅游者对四个主因子,即旅游交通、旅游服务、社会环境、景观特性的满意度感知差异,分析结果见表5—5(α 为 0.05)。

表5—5 不同人口社会学特征的外国旅游者对
乌鲁木齐城市满意度感知单因子方差分析结果

人口学特征	显著性检验	旅游交通满意度	旅游服务满意度	旅游社会环境满意度	旅游景观特性满意度
性别	p值	0.020	0.602	0.033	0.922
	是否存在显著	是	是	是	否
客源地	p值	0.00	0.306	0.012	0.065
	是否存在显著	是	否	是	否
年龄	p值	0.402	0.409	0.400	0.663
	是否存在显著	否	否	否	否
文化水平	p值	0.002	0.073	0.000	0.023
	是否存在显著	是	否	是	是
年收入水平	p值	0.000	0.757	0.724	0.011
	是否存在显著	是	否	否	是

对存在差异的因子进行进一步的方差分析,可以看出有以下特征。

(1) 不同性别的旅游者对旅游交通、旅游服务和旅游社会环境满意度 p 值为 0.020 和 0.022,小于 0.05,说明不同性别的外国旅游者对旅游交通、旅游服务的感知满意度存在显著差异。图5—6是不同性别外国旅游者对旅游交通和旅游服务的满意度均值。男性、女性对旅游交通的满意度均值分别为 0.67 和 0.61,对旅游服务的满意度均值分别和 0.89 和 0.76。显然,男性在这两个方面的满意度都要比女性高,反映出女性对旅游交通和服务要求标准相对比较高。

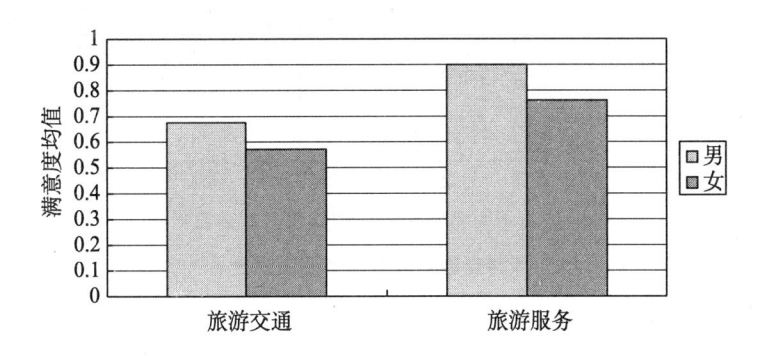

图 5—6　不同性别的外国旅游者对乌鲁木齐旅游交通和旅游服务的满意度

(2) 将所调查的外国旅游者按照国家分为日本、韩国、加拿大、美国、法国、德国、英国、荷兰、丹麦等国家和其他不同客源市场。因日本和韩国旅游者是乌鲁木齐的主要客源市场,所以将其单独分成两个市场进行分析。单因素方差分析显示出,不同客源地外国旅游者在旅游交通和旅游社会环境方面存在显著差异。从图 5—7 可以看出,日本、韩国在这两方面的满意度明显低于其他客源市场;韩国、日本旅游者对旅游交通满意度均为 0.51,低于北美旅游者(0.77)、欧洲旅游者(0.75)和其他市场旅游者(0.77);北美、欧洲旅游者对社会环境的感知满意度分别为 1.13、1.04,明显高于日本(0.86)、韩国(0.92)及其他市场(0.92)的满意度。说明日韩旅游者对乌鲁木齐交通服务和社会环境要求高于其他市场欧美旅游者。

(3) 不同文化水平的外国旅游者对旅游交通、社会环境和景观特性满意度差异显著。图 5—8 为不同文化水平的外国旅游者对旅游交通、社会环境和景观特性的满意度水平。对旅游交通的实际感知水平

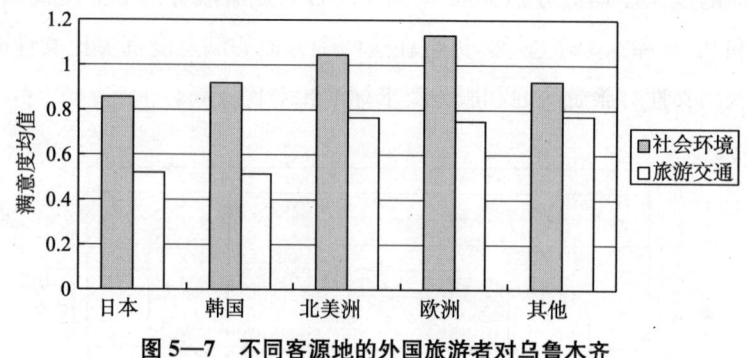

图 5—7 不同客源地的外国旅游者对乌鲁木齐旅游交通和旅游服务的满意度

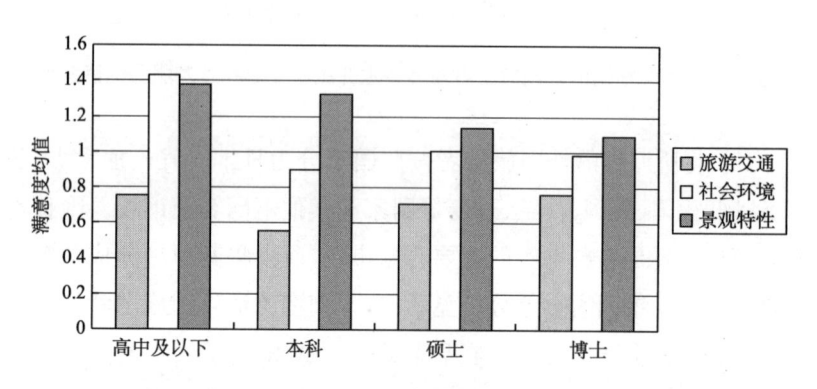

图 5—8 不同学历的外国旅游者对乌鲁木齐旅游交通、社会环境和景观特性的满意度

均低于期望值,其中本科学历的旅游者满意度最低,为 0.55,硕士稍高于其,为 0.71,高中及以下和博士学历的旅游者满意度相对比较高,均为 0.75。不同学历的外国旅游者对乌鲁木齐社会环境的满意度明显高于对旅游交通的满意度,其中,高中及以下学历的旅游者满意度最高,为 1.42,硕士学历次之,为 1.05,说明这两类旅游者实际感知水平高于期望水平,博士学历为 0.99,本科为 0.90。从不同文化水平的外

国旅游者对景观特性感知水平可知,不同文化水平的外国旅游者对景观感知满意度都大于1,说明对景观的现实感知值超过期望值。其中,高中及以下、本科、硕士、博士对社会环境感知满意度依次为1.38、1.32、1.13、1.08,存在随着文化水平提高,对乌鲁木齐景观特性感知满意度降低的特点。

(4) 不同年收入水平的外国旅游者对旅游交通和旅游景观特性满意度差异显著。图5—9为不同收入水平的外国旅游者对旅游交通和景观特性的满意度均值。可以看出收入水平与旅游交通满意度大致呈同方向变动,即随着收入水平的提高,对旅游交通满意度增加。收入在20 000美元以下、20 001~40 000美元、40 001~60 000美元、60 001~80 000美元、80 000美元以上的旅游者对旅游交通的满意度依次是0.45、0.46、0.77、0.82。不同收入水平外国旅游者对景观特性满意度均值都高于1,其中收入80 000美元的外国旅游者对景观满意度最低(1.03),其他收入水平旅游者对此项的满意度差异不大。

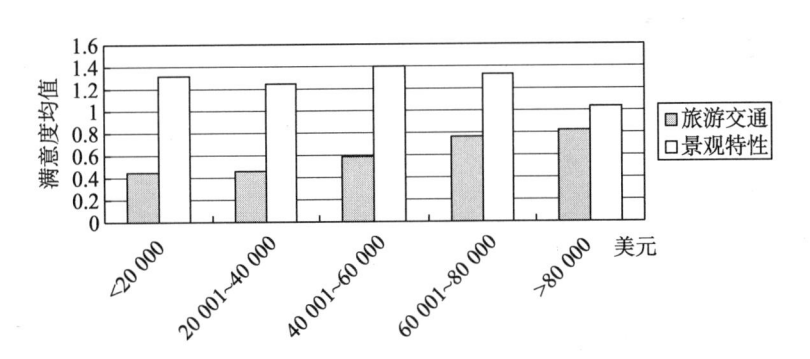

图5—9 不同收入水平的外国旅游者对乌鲁木齐旅游交通和景观特性的满意度

综合以上分析可以看出，一些不同人口社会学特征的外国旅游者对乌鲁木齐城市旅游的一些因子的感知水平是不同的。总体看来，对城市景观特性满意度比较高，而对社会环境其次，对旅游交通的感知水平偏低。因此，加强城市交通服务建设，改善社会环境是乌鲁木齐城市旅游发展的关键。

第六章　干旱区域旅游可持续发展研究

干旱区是指降雨少、蒸发强烈、地表径流贫乏、植被稀疏、物理风化很强、风力作用强劲的地区(张丽萍,1998)。简言之,干旱区可以定义为降水量少的地方。大体可以划分为:年降水量在100毫米以下的极干旱区,100～300毫米的干旱区,300～500毫米的半干旱区。全世界干旱地区面积大约为4 600万平方千米,占世界陆地总面积的31%(吉川贤,1994)。中国西北干旱区位于北纬35°～50°和东经73°～125°,其东部以黄河为界,南与青藏高原相接,西部和北部直抵国界。范围包括了新疆全部、甘肃的河西走廊、青海的柴达木盆地和内蒙古的西部地区,总国土面积为245.64平方千米,约占全国国土总面积的1/4。这一范围内,除额尔齐斯河流入北冰洋外,其余主要是内陆河,区内一些山区本不属于干旱区(如天山、阿尔泰山),但为完整起见,仍将其包括在内,统称为中国西北干旱区(刘俊民,1998;周华荣,2007)。

我国西北干旱地区是少数民族分布比较集中的地区,经济发展水平落后于东部地区,保留了大量的原生态旅游景观。近二十多年以来,随着我国旅游业的快速发展和陆地丝绸之路旅游线路的成功营销,干旱地区独特的旅游景观,吸引了大量的国内外旅游者,使干旱地区掀起了通过开发旅游发展经济的热潮。旅游发展使不少地区的居民生活条件得到改善,增加了地方财政收入。但是,干旱地区脆弱的环境一方面限制了地方产业的发展,另一方面在地方产业发展的过程中,受到严重的破坏,使得区域旅游可持续发展也受到影响。因此从区域角度出发研究旅游可持续发展,能够比较全面把握干旱地区的旅游可持续发展及其影响因素。

同区域旅游可持续发展研究内容一样,干旱地区区域旅游可持续发展研究也包括旅游社会效益、旅游业经济持续发展和区域环境质量三部分。但是干旱地区地域景观系统比较独特,人类活动集中在狭小的绿洲上,绿洲环境是干旱地区区域环境的典型代表,因此区域环境质量的研究内容有所不同。具体来讲,干旱地区区域旅游可持续发展由旅游社会效益、旅游业持续发展能力和绿洲系统环境质量组成,这三部分的可持续性决定着干旱地区区域旅游可持续发展的水平。

第一节 研究方法

如果仅从经济学货币价值方法评价旅游可持续发展,需要解决的关键问题是在进行旅游产品成本价值核算时如何判断旅游吸引物的价值,尤其是自然旅游吸引物的生态服务价值。目前,生态经济学对生态系统服务与自然资本的价值主要是进行评估,难以给出准确的数值,原因是人们对生态系统的复杂结构、功能和过程,以及生态过程与经济过程之间的复杂关系等还缺乏准确的定量认识,生态系统的各种服务价值的定量化,及各组成部分之间可加性等仍存在问题(Adger, Brown and Cervigni et al.,1995;Serafy, 1998),所以,不同人计算的同一个景区的生态服务价值差异非常大。从第二章综述的货币价值衡量方法可以看出,利用比较多的非市场价值法只能获取人们对旅游吸引物熟悉部分(如娱乐、观赏和休闲等)的价值,并不能获得人们不熟悉的生态系统的服务价值。此外,该方法目前主要是通过旅游业产品价值来评价旅游业的可持续性,还不能核算旅游者在地区所消费的公共产品的价值。因此,用此方法在评价区域旅游可持续发展时,有待于在自然风景旅游区的生态服务价值核算和旅游地区公共产品价值核算等方面做进一步的完善工作。

通过旅游容量管理和旅游规划等管理方法,以及目的地旅游组织竞争力的企业战略管理方法也是实现旅游业可持续发展比较理想的方法,但用来实现区域旅游可持续发展有一定的困难,还不能解决地区环境质量的持续性问题。

综合指标分析方法可以兼顾区域旅游可持续发展的社会、经济和环境三个方面,是目前能比较全面反映可持续发展状态及其因素发展、变化的方法。指标是指"帮助人们了解所在的位置、采用的方法、与目标的距离的事项"(Hart,1997),指标的目的是测量和显示某些信息。每个单项指标只能反映复杂系统现象的某一方面的特征,要了解复杂系统各个方面及其发展变化的全过程,仅靠单个指标是不行的,必须建立和运用评价指标体系。所谓评价指标体系,就是由若干反映复杂系统现象特征、相互独立又相互联系的指标所组成的体系。由于旅游可持续发展是一个涉及社会、经济和环境的复杂的动态系统,影响该系统发展的指标因素比较多,建立一套旅游可持续发展评价指标体系,可以比较全面地分析影响旅游可持续发展的各个方面及其发展变化过程。因此,采用综合指标分析方法,通过建立和分析区域旅游可持续发展评价指标体系,来分析区域旅游可持续发展的整体水平及各个方面的水平、问题,以有针对性地提出改进方案。

在中国,有一些研究者曾利用综合指标分析方法对旅游持续发展进行评价研究。第一个对区域旅游持续发展进行研究的是马勇、董观志(1997),他们认为区域旅游持续发展的潜力模型是由旅游资源的潜在保障力、社会经济的潜在支持力和环境的潜在容量三个系统构成,三个系统又由一系列指标(因子)组成,并构筑了理论模型。崔凤军

(1999)等人提出区域旅游持续发展的目标和原则,并建立了以生态环境指标、旅游经济指标、社会文化指标和社会支持系统指标四大类二级指标为主的评价体系。王良健(2001)构建立了旅游持续发展的评价指标体系,该体系由旅游资源及环境保护能力、旅游经济社会效益、旅游软硬环境建设能力和旅游客源市场开拓能力四大要素、34个因子组成,用层次分析方法得出各指标的权重,并以张家界风景旅游区为例,验证了该研究的理论与方法。其后,金准、庄志民(2004)以安徽龙岗古镇为例研究了区域旅游可持续力,他以王良健评价指标体系的四个要素为"静态基本值",加入动态修正值,构成了"区域旅游可持续力修正体系"。

金波、刘坤(1999)建立了旅游地可持续发展指标体系,由子系统层、主题层和指标层组成,其中子系统层由旅游经济、社会、资源环境和旅游地可持续发展潜力子系统组成;旅游经济由总量指数、投入指数、负效益指数和效益指数组成;社会子系统由居民素质指数、生活质量指数和社会稳定指数组成;资源环境子系统由环境质量指数、资源空间承载量、心理承载量和经济承载量组成。旅游地可持续发展潜力由旅游资源再开发潜在指数、经济潜力指数、社会潜力指数、环境的潜在承载力组成。并提出用层次分析法确定指标权重,但没给出权重,也没有实证研究。王兴中(1997)对区域旅游可持续发展进行了理论思考,认为旅游资源开发强度与可利用的潜力是区域旅游发展的基本动力,区域旅游业发展与旅游资源开发导向存在相应循序的关系,提出应以资源与市场为导向建立区域旅游可持续发展的基本框架的思想。曾珍香(2000)等认为旅游可持续发展系统是由经济、社会和环境三个子系统组成的复杂系统,并设计了评价指标体系,包括旅游可持续发展状态评价和能力评价。陈卫东(1995)、杨胜天(1997)、陈及霖(1998)、乐东菊(2001)、何红霞(2003)等人也提出了区域旅游可持续发展的思想或宏观建议。

总之,以上研究成果比较注重理论探索和宏观建议,是对旅游可持续发展,特别是"旅游飞地"或"纯旅游地"可持续发展的前瞻性的研究工作,为中国旅游业可持续发展研究奠定了良好的基础,对指标体系建立探讨的较深入透彻,为后人的研究开启了先河。目前需要进一步深入探讨研究的是:① 如何评价出由若干景区(点)组成的区域旅游可持续发展;② 旅游可持续发展评价指标体系中,不仅要有反映旅游业经营状况和景区环境的指标,而且要有能够反映社会效益(包括社区居民和旅游者所获利益)的评价指标;③ 对具体可操作方法的探讨。

在第三章区域旅游可持续发展理论研究基础上,本章部分试图在干旱地区区域旅游可持续发展方面作一些尝试性的研究,在确定干旱地区区域旅游可持续发展研究内容的基础上,建立一套能够兼顾旅游社会、经济和生态环境三效益,并能够比较清晰地反映出区域旅游可持续发展状态的评价指标体系,来分析区域旅游可持续发展水平和影响因素,以便地方政府在实施旅游可持续发展战略时,有的放矢地采取修正措施,不断提高可持续发展的水平。并在理论研究的基础上,在后一章以吐鲁番地区为例,对干旱地区区域旅游可持续发展理论进行实证研究。

第二节 干旱区域旅游可持续发展的评价指标体系

一、评价指标体系确定的基本原则

干旱区域旅游可持续发展评价指标体系的建立,以区域旅游可持续发展的定义为理论基础,指标力求反映旅游社会利益、旅游业利益和干旱地区绿洲系统环境质量的状态及这三类指标影响下的区域旅游可持续发展状态,遵循以下原则。

第一,目的性。设计任何一个指标,应该明确解决什么问题,达到何种目的。只有明确了目的,才有可能确定所要研究的总体应该设计哪些指标进行观察和考核。

第二,科学性。设计评价指标要求以正确、科学的理论作指导,以客观事物内部及事物之间的本质联系为依据。无论是评价指标名称与含义的确定,还是评价指标计算方法的选择,都应准确地反映研究对象内部及其彼此之间的相互联系。

第三,度量性。评价指标是用数据来反映旅游可持续发展现象特征的,是可以测定、计量和数量化的指标。评价指标的量化特点即区别于纯数学计算,又为运用数学方法研究旅游可持续发展提供了方便。

第四,可比性和可操作性原则。在设计干旱地区旅游可持续发展评价指标体系时,应注意各地区、各部门指标一致性和不同时期评价指标的相对稳定性,以便同类指标能在不同空间和不同时间相互比较。随着客观情况的变化和统计资料使用要求的变化,统计指标的含义和计算方法将会有所修改,修改时就必须考虑到前后时期的可比性。特别是在指标口径、分类标准、计算价格和计算方法等方面变更时,应当统一规定换算的方法。区域旅游可持续发展指标体系最终要被决策者乃至全体公民使用,为政策制定和科学管理服务,因此指标建立要考虑可操作性的原则。设计评价指标要求现象总体的数量特征在量化层次、计算单位和形式等方面具有可操作性。

第五,系统整体性原则。建立区域旅游可持续发展评价指标体系是一项复杂的系统工程,必须全面真实地反映被评价区域的可持续发展状态的各个侧面的基本特征。每一个侧面由一组指标构成,各指标之间相互独立,又相互联系,共同组成一个有机整体。指标的体系具有层次性,层层深入,形成一个评价系统,反映不同区域从综合到分类的旅游可持续发展状态。

第六,注重环境保护原则。干旱地区是生态环境比较脆弱的地区,人类活动主要受环境条件的限制,同时人类活动对环境因子的影响会增加生态环境的脆弱性,尤其是对水资源的利用,对环境造成的影响是巨大的。因此,环境保护原则是干旱地区可持续发展研究的重要内容。

二、总目标层和子目标层指标

以区域旅游可持续发展的理论和干旱区域旅游可持续发展研究内容为基础,建立干旱区域旅游可持续发展的评价指标体系。评价指标体系分为总体目标层、子目标层、指标层和因子层四层,个别因子下又分出二级因子。子目标层指标由旅游社会效益、旅游业持续发展能力和绿洲系统环境质量组成。指标层分别由旅游社区居民满意度、旅游者满意度、旅游业经济发展水平、旅游业产品竞争力、旅游业内部结构、区域环境质量和绿洲系统绿洲—荒漠交错带质量等构成。

要通过子目标层指标研究区域旅游可持续发展状态,必须对子目标层分别进行可量化指标的选择。

三、旅游社会效益的评价指标

(一)旅游社区居民满意程度评价指标

干旱区属于中国经济发展的边缘地区,也属于旅游者的流入地区,是我国旅游吸引物稀缺性比较高的地区,应该是未来观光旅游业发展潜力最大的地区。这一地区自然景观以高大的山脉、盆地为主,绿洲沿河流分布,经济活动以农业生产为主,旅游吸引物主要表现为原有的自然和人文吸引物,原生态特征明显,开发的同时保护管理相当重要。

干旱地区农村社区属于传统社区,其社会关系的基础是情感及内在投入,现代社区社会关系的基础是利益和权力的竞争,有时会伴有冲突。由于旅游开发会使原本情感维系的传统农村社区出现竞争和冲突,使社区内部地域出现都市商业化现象,从而使社会结构发生变化,向现代化社区转化。不仅如此,如果采取避开村民或不注重村民利益分成的开发会引发村民与政府、村民与开发商之间的冲突。

旅游对落后农村地区的扶贫效益意义重大,但是旅游发展必须要得到社区的支持,如早期喀纳斯风景区采取付一笔钱将社区居民(主要是牧民)整体搬迁出去,以开发旅游景区的方法,证明是失败的。当居民将搬迁费用完后,生计困难,发现自己原来的居住地因为旅游开发而使景区开发商不断获得经济利润,自己却无法得到利益分成时,居民开始集体采取一些过激行为,如阻挡景区接待客人,阻碍旅游业发展。在西北落后地区,旅游开发公司在旅游地进行旅游开发时,洽谈的对象只是政府,很少与在旅游地生活的居民交流,其联盟对象是地方政府或上级政府。尤其是农村旅游地开发,企业处于绝对的强势方,基本上不用考虑村民的意愿。当企业联盟的对象是上一级政府时,旅游地所在的地方政府甚至也处于话语权较弱一方,这使得农村社区居民处于比较被动、弱势的地位。旅游地开发完全属于"从上到下"的发展模式。

在这种情况下,研究旅游社区参与意义不大,而研究居民效益及其影响因素,可以为提高村民福利、实现旅游社区可持续发展提供依据。选择旅游发展给社区居民生活质量带来变化的一些关键性因素,并用居民对这些变化的满意程度作为衡量指标,能比较全面地反映社区从旅游发展中获得效益的状态。本书选择工作机会、收入增加、旅游车辆增加、旅游者数量增加、景点资源享用权利、旅游开发占用土地面积等因子反映社区旅游效益的状态指标,如表6—1所示。

表 6—1　旅游社会效益评价指标

指　标	因　子　层
社区居民满意程度	工作机会 收入增加 旅游车辆增加的拥挤和噪音现象 旅游者涌入造成的人口密度增加现象 景点资源享用权利 旅游开发占用公共或私人土地
旅游者满意程度	交通服务 住宿服务水平 旅游购物服务 旅游景点 导游服务 餐饮服务 居民态度 对地区整体旅游形象的态度

居民对工作机会和收入增加的态度,直接反映了他们生活水平改善的程度,是影响居民生活水平的有利因素,也是居民比较关注的内容。旅游车辆增加和旅游者数量增加所带来的交通拥挤和人口密度增加,以及旅游开发占用土地面积、旅游发展对本土文化的影响等,都是旅游发展对社区的不利影响因素。旅游社区居民对社区交通拥挤和人口密度增加的态度是在权衡了所获得的利益后的反映,其忍受程度会随着经济水平的变化而有不同的变化。景点资源及其周围土地属于社区居民共同所有,外来开发商开发景点资源后,往往限制了社区居民对景点资源的自由享用权利,而且旅游开发会因交通用地、服务设施等建设占用社区共有土地或私人住宅用地。居民对这些不利影响的态度会因地区、生活水平的不同而有所不同。如在经济不发达区,居民比较关注旅游带来的工作机会和收入增加等利益,对以上不利因素影响的容忍程度相对比

较高。如在吐鲁番地区的实际调查显示出,一些居民对交通车辆拥挤现象和旅游者人数增加表示高兴,因为这意味着有更多的经济利益,对景点资源享用权利、旅游开发占用土地等不利影响并不十分关心。

(二) 旅游者满意程度评价指标

旅游者满意程度指标一般是没有地区差异的,衡量指标主要包括旅游业提供的交通、住宿、旅游吸引物、饮食、购物、娱乐、旅行社服务等旅游业核心产品,以及区域环境资源等公共产品质量指标。如表6—1所示,用旅游者对在地区消费的交通服务、住宿服务水平、旅游购物服务、旅游景点、导游服务、餐饮服务等的态度,来反映其对地区旅游业核心产品的满意程度。选用旅游者所接受的居民对旅游者的态度和对区域公共产品消费的满意程度。

四、旅游业持续发展能力评价指标

经济效益是旅游业活动追逐的核心利益。旅游所产生的区域经济效益的评价方法比较成熟,如乘数方法、投入产出分析方法、旅游卫星账户、协整理论及预测方差分解等。为了方便分析,直接用旅游业接待人次的收入水平为旅游业产出,来反映旅游经济效益水平,也是旅游业产品竞争力和内部结构竞争力的外在表现。

旅游业持续发展能力决定着旅游业经济持续发展水平,反映了旅游经济效益水平。决定旅游业持续发展能力的指标有旅游业经济发展水平、旅游业产品竞争力和旅游业内部结构竞争力等(表6—2)。其中,旅游业经济发展水平指标直接反映了区域旅游业经营的效益及其发展变化状况,它由旅游业收入发展水平和旅游业收入相当于 GDP 比重的发展水平两个指标构成。前一指标用来测度旅游业经营效益,反映旅游业的增长水平,后一指标既可以反映旅游业在地区国民经济的地位,也可以反映其所产生的区域经济效益。两个指标分别用评价期的旅游业收入、旅游业收入相当于 GDP 的比重较前一期的环比发展速度,与其评价年份及其以前一段时期的平均发展速度的比值来表示,反映出评价年份各自的发展状况,从而反映出旅游业的经济效益状况。

表 6—2　旅游业持续发展能力评价指标

指标	因子	二级因子
旅游业经济发展水平	旅游业收入发展水平	
	旅游业收入相当于 GDP 比重发展水平	
旅游业产品竞争力	旅游吸引物质量	独特性(指历史、文化、科学等方面)
		观赏或游憩价值
		景点保护程度
		景点数量及类型组合
		对游客容量的管理
	交通通达程度	对外交通通达程度
		景点之间交通通达程度
		停车场满足接待量状况
	住宿服务质量	星级宾馆的数量
		标准床位数量
	饮食服务质量	餐饮卫生达标程度
		特色饮食品种及质量
	旅游购物服务质量	
	旅游从业人员素质	
	旅游组织和政府的促销力度	
旅游业内部结构竞争力	门票收入占旅游收入的比重	
	旅游商品销售收入占旅游总收入的比重	
	住宿收入占旅游总收入的比重	
	旅游餐饮收入占旅游总收入的比重	
	其他收入占旅游总收入的比重	

　　旅游业产品的竞争力主要通过核心产品的质量来测度。学者研究认为边缘区域的发展首先决定于物有所值的旅游业产品和吸引物的可

进入性,其次是社区参与、地方公共设施、公众为发展旅游产业而愿支付的成本(包括教育的准备、社区培训机会的提供)、公共设施的完善和可提供的财政支持(艾伦·法伊奥等,2005)。旅游业产品的竞争力衡量指标有旅游吸引物的质量、交通通达程度、住宿服务质量、饮食服务质量、旅游购物服务质量、旅游从业人员素质、旅游组织和政府的促销力度。其中,反映旅游吸引物质量的指标有独特性(指历史、文化、科学等方面)、观赏或游憩价值、景点保护程度(一般用每年用于景点的保护费用来衡量)、景点数量及类型组合、游客容量管理的实施程度等,评价的主要参照依据是《旅游区(点)质量等级的划分与评定标准》(GB/T17775—2003)。交通通达程度指标由对外交通通达程度、景点之间交通通达程度、停车场满足接待量状况组成,其中,对外交通通达程度和景点之间交通通达程度分别决定着客源地与旅游区域之间的可达性和景点之间的可达性。住宿服务质量通过星级宾馆的数量、标准床位数量来反映,饮食服务质量由餐饮卫生达标程度、特色饮食品种及质量因素构成。

衡量旅游业内部结构的指标有旅游吸引物业门票收入、旅游商品销售性收入、住宿收入、餐饮收入和其他收入等占旅游总收入的比重(表6—2)。

五、干旱区域环境质量研究

(一)干旱地区的区域景观系统构成

山地、绿洲、绿洲—荒漠交错带和荒漠是干旱区的主要景观,它们是以流域的地表和地下水源为纽带组成的地域生态景观系统。

山地一般是大气降水比较多的区域,适合森林生长,是干旱区地表径流和地下水的主要源地,它依赖的水分形式是大气降水,靠降水能满足其生态过程的顺利进行。荒漠是不具备人类生存条件的区域。

绿洲是在干旱气候影响下形成的,以荒漠为背景基质的、具有较高的第一生产力的非地带性景观,是干旱区人类活动的主要地域。在一定的条件下,绿洲与荒漠可以互相转化(黄培佑,1993)。按其形成、演变可粗略地定性划分为天然绿洲和人工绿洲两类(夏爱林,1993)。荒漠中的内流河、湖泊或湿地形成了天然绿洲;人工绿洲则是通过人工灌溉建立起来的生态系统,以人工水系(渠道、水库)、人为成土过程、人工植被为主(申元村、汪久文、伍光和等,2001;樊自立,1993)。在以天然绿洲为主的时期,绿洲分布主要受河流影响,但随着人类对水资源利用技术的提高,开始强烈干预水资源的分布特征。尤其是20世纪60年代以来,通过使用先进飞机电井大量抽取地下水,改变了地下水文特征;通过蓄水、引水工程建设改变了地表径流的空间分布特征,使人工绿洲面积扩大,并代替天然绿洲,成为干旱区生态循环良好的人工地域生态系统。

人工绿洲边缘到流动沙丘之间存在着一定面积的荒漠植被分布区,就是通常所说的绿洲—荒漠交错带,它把流动沙漠与绿洲相互隔开,是生态系统在自然气候条件下进行自然演替而形成的稳定的生态系统,也是由水为主导因子的环境梯度产生的植被梯度现象(潘晓玲,2000)。交错带环境脆弱,荒漠植被的覆盖度低,一般是覆盖度为10%~30%的敏感地区,常由适中温的超旱生灌木或低地盐化草场组成,其宽度在不同绿洲中情况有所不同,是承载牲畜的天然牧场,也是野生动物的栖息地。

相对于绿洲和荒漠生态系统,绿洲—荒漠交错带在水源等环境条件差异影响下,存在着较强的"生态梯度",极易受水源变化的干扰而发生变化,是绿洲与荒漠之间相互转化活动最剧烈、表现最突出的地区(朱震达,1991;常学礼,1999;黄培佑,1993;中国沙漠化(土地退化)防治研究课题组,1998)。在正常情况下,绿洲区由于发展灌溉农业,灌溉水入渗补给地下水,形成以绿洲为中心的地下水高水位区,地下水从绿洲补给外围荒漠(Chen H-S,1987),使得绿洲—荒漠交错带的植被用水得到保障。但在绿洲区大量超采地下水的情况下,这一常规的地下水流向格局会发生变化,当抽取水量大大超过地下水的可更新量时,在绿洲区会形成地下水下降漏斗,如此,则会出现绿洲外围荒漠区地下水反向补给绿洲区的情况(贾保全、慈龙骏、蔡体久等,2002)。

由此可见,在干旱地区,山地靠大气降水维持其生态系统运行,荒漠是人类活动影响小的地域生态景观,人工绿洲和绿洲—荒漠交错带是靠区域地表、地下水资源生存发展的主要地域生态景观。如果建立一个靠地表、地下水资源维持的绿洲系统,人工绿洲和绿洲—荒漠交错带则是该系统的两个子系统(图6—1)。

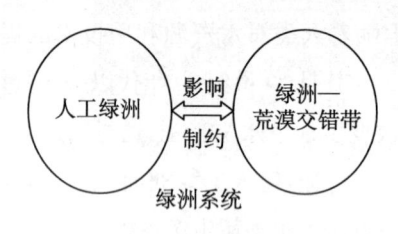

图6—1 干旱地区绿洲系统

(二)干旱地区区域环境质量研究内容

在干旱地区,绿洲系统是受人类活动影响比较集中的区域,也是对影响绿洲系统环境质量的主导因子——水资源的改造比较集中的地区。因此,可用绿洲系统的环境质量,代表干旱地区的区域环境质量。由于城市是人工绿洲中人口密度最大的区域,也是人类活动改造比较深刻、对环境影响比较集中的区域,所以,可选择反映城市环境质量状况的指标来反映人工绿洲的环境质量状况。

绿洲系统中的交错带地表因有植被附着而增加了下垫面的粗糙度,可以抑制沙漠化的发展,保护绿洲免遭风沙的侵袭。交错带地下水资源量减少或反向补给绿洲区,会导致交错带的生态因子(水量、水位、盐分含量、土壤理化性质)发生改变,植物群落逆向演替,出现植被衰退、生态系统濒临崩溃、固定沙丘活化(即沙质荒漠化)等现象,使得植被带从过渡带转化为断裂带,由维护绿洲稳定的屏障转变成威胁绿洲存在的外患和绿洲沙化的根源(贾保全、慈龙骏、蔡体久等,2002;潘晓玲,2001;黄培佑,1993)。因此,人工绿洲外围交错带生态环境的可持续性是实现绿洲内部可持续性发展的根本保证(贾保全、慈龙骏,2000)。

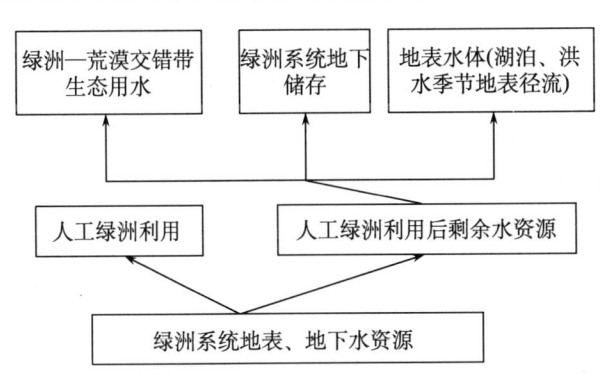

图 6—2 干旱地区绿洲系统水资源流向分配

进入绿洲系统的地表、地下水资源总量是相对稳定的,如图 6—2 所示,被人工绿洲利用后,剩余的水资源量有三种去向。一种被交错带生态系统直接利用,称生态用水(贾保全、许英勤,1998)或生态环境用水(汤奇成,1995),其定义是"在干旱区内,凡是对绿洲景观的生存和发展及环境质量的维持与改善起支撑作用的系统所消耗的水资源"(贾保全、慈龙骏,2000)。第二种是储存在绿洲系统的地下水,包括人工绿洲和交错带的地下水。第三种是地表湖泊、洪水季节的地表径流等水体。其中,保证绿洲—荒漠交错带有足够可利用的生态用水的前提是要有一定的地下水储量。这是因为交错带地势低于人工绿洲,除去大气降水、季节性洪水补给外,其生态系统主要靠地下水和人工绿洲农田灌溉水下渗补给。如果人工绿洲地下水用量大,会造成人工绿洲地下水位下降,交错带地下水位随之而下降,甚至出现像甘肃民勤绿洲一样,农田地下水位低于交错带,地下水从交错带反向补给农田,致使交错带生态稳定性因子被破坏的后果(贾保全、慈龙骏、蔡体久等,2002)。

因此,绿洲系统剩余水量中一定的地下水量和季节性洪水构成了交错带生态系统的基础性水资源利用部分,这部分水资源使交错带生态系统用水得以保证。前面生态用水的定义只指维持交错带生态系统环境稳定的直接用水部分,是狭义的生态用水概念,它没有包括使该部分用水得到保障的基础用水部分,没有基础用水部分,交错带生态系统利用生态用水就无法实现。因此,可以定义广义的生态用水是:"被生态系统直接消耗,用以维持系统稳定的水资源量和保证这部分水资源供给的基础性水资源量。"以后部分所使用的绿洲—荒漠交错带生态用水概念是广义的生态用水含义,即指绿洲系统中被人工绿洲利用后剩余的水资源量。

目前,干旱区荒漠化发生最为普遍的区域几乎都在绿洲—荒漠交错带,究其原因主要是人们只重视人工绿洲水资源利用的经济效益,忽视了绿洲系统中交错带生态环境水资源利用的环境效益,使整个区域生态环境不可持续发展。其后果是人工绿洲和景区环境威胁加大,甚至被破坏,用于环境维护的成本增加,人工绿洲居民生活质量和旅游服务质量下降,最终导致区域不可持续发展和旅游不可持续发展。因此,绿洲—荒漠交错带生态用水量的多少,可以反映交错带生态环境质量状况,也可以反映出干旱地区区域旅游可持续发展中绿洲系统环境质量稳定性状态。

(三)绿洲系统环境质量评价指标

1. 人工绿洲的环境质量评价指标

城市是人工绿洲人口密度最大的地区,也是区域旅游服务设施集中的区域,其环境质量水平既是区域居民生活质量构成因素,也是反映区域旅游业提供旅游服务的能力和质量水平,还可以反映出旅游者所消费的人工绿洲公共产品的质量状况。因此,选用城市环境质量代表人工绿洲的环境质量指标。一般来说,各个国家、地区都制定了衡量城市环境质量的标准,这些标准可作为评判城市环境质量的依据,在统一实施的行政界限内是没有地区差异的。根据《中国优秀旅游城市》评定标准,结合《中国人居环境奖》(中国人居环境奖参考指标体系)定量指标,选取人工绿洲环境质量因子,如表6—3所示。

表6—3 绿洲系统环境质量水平评价指标

指 标	因 子	二级因子
人工绿洲环境质量	供水普及率	
	空气质量	大气 TSP 浓度
		大气 SO_2 浓度
		大气 NO_2 浓度
	工业废水处理率	
	工业固体废物处理率	
	生活污水集中处理率	
	生活垃圾处理率	
	城市绿化覆盖率	
	城市建成区噪声	
绿洲—荒漠交错带生态环境质量	交错带生态用水满足度	

2. 绿洲—荒漠交错带生态环境质量评价指标

生态学家和经济学家提出强可持续性和弱可持续性原则来解释可持续发展(Hediger,1999;Garrod,Fyall,1998)。强可持续性观点认为必须保持一定的环境资产不变,用生态资本不随时间变化来表示(Hediger,1999),弱可持续性容许自然资本与人造资本之间替代,但受合适的最大、最小生态条件限制(Turner,1993)。如果用强可持续发展的思想来保护交错带环境质量不下降,那么人类就不应该对水资源进行任何改造利用。因为人工绿洲的任何水资源利用或改造都会影响交错带的环境质量,所以强可持续发展思想在干旱区是不可行的。

人们对可持续发展环境质量标准要求不同,则对绿洲系统的交错带生态用水量多少要求会不同。根据弱可持续发展思想,可以判断保证交错带生态系统稳定性的生态用水量有一个最低限值,低于这一水资源量,交错带则会因植被逆向演替而出现生态系统崩溃的现象。当其生态用水量高于这一最低限值,并且在其他生态因子不发生变化时,交错带的生态系统会处于稳定的状态,即交错带生态环境是可持续发展的。因此,可以以某一交错带生态环境良好年份的环境作为参照标准,以该年交错带生态用水,即绿洲系统剩余水量为衡量交错带生态环境稳定性的水资源标准量;评价年份交错带生态用水量与该标准年份生态用水量的比值,即可表示评价年份交错带生态用水的满足程度,该满足度也可表示为评价年份绿洲系统剩余水量与标准年份的比值,它是度量交错带生态环境质量水平的指标。

第三节 评价指标权重确定、数据处理与评价方法

一、指标权重的确定

评价指标体系确定后,根据特尔斐法确定指标的权重。特尔斐法又称专家咨询法,是专家会议预测法的一种发展,它以匿名的形式通过函询征求专家们(一般以 10～50 为宜)的意见,并对每一轮的意见都进行汇总整理,作为参考资料发给每个专家,供他们分析判断,提出新的论证。通过慎重选择经济学专家、旅游专家及与旅游专业相关领域的专家和管理人员,直接征询回答各评价因子的权重值,来确定指标的权重值。发放问卷 46 份,返回 27 份,其中 25 份有效。

为了便于对比与计算,将子目标层、指标层、因子层、二级因子层的权重取值范围均限定在 1～0。对专家打分结果,按指标分别进行算术平均,得出指标的权重,如表 6—4 所示。

表 6—4 干旱区域旅游可持续发展评价指标体系及权重

总目标层 A	子目标层 B	权重	指标层 C	权重	因子层 D	权重	二级因子	权重
A 区域旅游可持续发展	B1 旅游社会效益	0.258	C1 社区居民满意程度	0.402	D1 工作机会	0.281		
					D2 收入增加	0.279		
					D3 旅游车辆增加的拥挤和噪音现象	0.154		
					D4 旅游者涌入造成的人口密度增加现象	0.117		
					D5 景点资源享用权利	0.087		
					D6 旅游开发占用公共或私人土地	0.082		
			C2 旅游者满意程度	0.598	D7 交通服务	0.211		
					D8 住宿服务水平	0.109		
					D9 旅游购物服务	0.102		
					D10 旅游吸引物质量	0.236		
					D11 导游服务	0.115		
					D12 餐饮服务	0.104		
					D13 居民态度	0.045		
					D14 对地区整体旅游形象的态度	0.078		

续表

总目标层 A	子目标层 B	权重	指标层 C	权重	因子层 D	权重	二级因子	权重
A 区域旅游可持续发展	B2 旅游业持续发展能力	0.427	C3 旅游业经济发展水平	0.312	D15 旅游业收入发展水平	0.613		
					D16 旅游业收入占GDP比重的发展水平	0.387		
			C4 旅游业产品竞争力	0.448	D17 旅游吸引物质量	0.327	D17-1 独特性（指历史、文化、科学等方面）	0.257
							D17-2 观赏或游憩价值	0.208
							D17-3 景点保护程度	0.156
							D17-4 景点数量及类型组合	0.232
							D17-5 游客容量管理的实施程度	0.147
					D18 交通通达程度	0.220	D18-1 对外交通通达程度	0.442
							D18-2 景点之间交通通达程度	0.300
							D18-3 停车场满足接待量状况	0.258
					D19 住宿服务质量	0.090	D19-1 星级宾馆的数量	0.462
							D19-2 标准床位数量	0.538

续表

总目标层A	子目标层B	权重	指标层C	权重	因子层D	权重	二级因子	权重
A 区域旅游可持续发展	B2 旅游业持续发展能力	0.427	C4 旅游业产品竞争力	0.448	D20 饮食服务质量	0.073	D20-1 餐饮卫生达标程度	0.448
							D20-2 特色饮食品种及质量	0.552
					D21 旅游购物服务质量	0.051		
					D22 旅游从业人员素质	0.097		
					D23 旅游组织和政府的促销力度	0.142		
			C5 旅游业内部结构竞争力	0.240	D24 门票收入占旅游收入的比重	0.224		
					D25 旅游商品销售收入占旅游总收入的比重	0.302		
					D26 住宿收入占旅游总收入的比重	0.300		
					D27 旅游餐饮收入占旅游总收入的比重	0.073		
					D28 其他收入占旅游总收入的比重	0.101		

续表

总目标层A	子目标层B	权重	指标层C	权重	因子层D	权重	二级因子	权重
A 区域旅游可持续发展	B3 绿洲系统环境质量	0.315	C6 人工绿洲环境质量	0.517	D29 供水普及率	0.145		
					D30 空气质量	0.139	D30-1 大气TSP浓度	0.321
							D30-2 大气SO_2浓度	0.343
							D30-3 大气NO_2浓度	0.336
					D31 工业废水处理率	0.138		
					D32 工业固体废物处理率	0.123		
					D33 生活污水集中处理率	0.116		
					D34 生活垃圾处理率	0.110		
					D35 城市绿化覆盖率	0.111		
					D36 城市建成区噪声	0.118		
			C7 绿洲—荒漠交错带生态环境质量	0.483	D37 交错带生态用水满足度	1.00		

二、指标的量化与标准化处理

旅游社会效益的评价指标包括社区居民满意程度和旅游者满意程度指标，两类满意程度指标又分别由一系列因子组成。旅游社区居民满意程度问卷调查选项主要针对旅游季节时的居民态度反映，旅游者满意度选项主要取自旅游之前的预期，与旅游区域游历结束，离开时的实际感知态度之比值来反映。按照李克特分值法，将每项指标都分为非常满意、比较满意、一般、不太满意、极不满意五个档次，取值分别为5、4、3、2、1。以有效问卷数与各指标满分的乘积为标准值，对各指标数据进行标准化处理。

在旅游业持续发展能力评价中，地区旅游业经济发展水平由旅游业收入发展水平和旅游业收入相当于 GDP 比重发展水平加权合成。旅游业收入发展速度和旅游业收入相当于 GDP 比重发展速度分别用评价期的旅游业收入、旅游业收入相当于 GDP 比重较前一期的环比发展速度来反映，其计算公式为：

$$S = \frac{a_n}{a_{n-1}} \quad (6\text{—}1)$$

式中，S 表示评价期项目环比发展速度，a_n 表示评价期水平，a_{n-1} 表示前一期水平。

旅游业收入发展水平和旅游业收入相当于 GDP 比重发展水平，分别用评价期的旅游业收入、旅游业收入相当于 GDP 比重较前一期的环比发展速度与旅游业收入平均发展速度、旅游业收入相当于 GDP 比重的平均发展速度表示。其中，平均发展速度的计算方法采用水平法，其计算公式为：

$$\bar{X} = \sqrt[n]{\frac{a_n}{a_0}} \quad (6\text{—}2)$$

式中，$\bar{X}$ 代表平均发展速度，a_n 表示评价期水平，a_0 表示基期水平。

则评价年份旅游收入发展水平或旅游收入占 GDP 比重的发展水平计算公式为：

$$Y = \frac{S}{\bar{X}} \qquad (6—3)$$

式中，Y 表示旅游收入或旅游收入相当于 GDP 比重的发展水平，S 表示评价期项目较前一期的环比发展速度，$\bar{X}$ 代表平均发展速度。Y 大于 1 表示评价期较前一期的环比发展速度高于平均发展速度，反之，则低于平均发展速度。

对于旅游业产品竞争力的判断标准是旅游行业国家标准和行业标准，如中华人民共和国国家标准 GB/T17775—2003《旅游区(点)质量等级的划分与评定》、GB/T 14308—2003《旅游饭店星级的划分与评定》、GB/T15971—1995《导游服务质量》、LB/T 002—1995《旅游汽车服务质量》、LB/T 004—1997《旅行社国内旅游服务质量要求》、LB/T005—2002《旅行社出境旅游服务质量》、GB/T 16767—1997《游乐园(场)安全和服务质量》、GB/T 15731—1995《内河旅游船星级的划分及评定》等。旅游业产品评分主要采用特尔斐法直接征询回答各指标的得分情况，分值范围 0～100 分，然后取专家评分的平均值为各项指标的最后得分。核算出分值后，取各项指标的满分 100 为标准值进行标准化处理。

旅游业内部结构竞争力各指标数值即是旅游收入百分比构成，以 100 为标准值对各数值进行标准化处理。

反映人工绿洲环境质量水平指标的标准值参考《中国优秀旅游城市》评定标准、《中国人居环境奖》定量指标，结合地区环境质量标准 (GB3095—1996) 的二级标准制定，如表 6—5 所示。

表 6—5 区域旅游可持续发展中反映人工绿洲环境质量各项指标的标准值

人工绿洲环境质量指标		标准值
供水普及率		⩾98.55%
空气质量	大气 TSP 浓度	⩽0.20 毫克/立方米
	大气 SO_2 浓度	⩽0.06 毫克/立方米
	大气 NO_2 浓度	⩽0.08 毫克/立方米
工业废水处理率		100%
工业固体废物处理率		100%
生活污水处理率		⩾45%
生活垃圾处理率		⩾90%
城市绿化覆盖率		⩾35%
城市建成区噪声平均值		<58dB

绿洲系统的交错带生态环境质量状况是通过交错带生态环境质量稳定性的水资源利用满足程度指标来表示的。如前所述,评价年份的人工绿洲剩余水资源量是维持交错带生态环境稳定性的水资源量,以某一生态环境质量良好的年份的人工绿洲剩余水资源量为标准值,则二者的比值为交错带生态环境质量指标量化值。

以上指标的标准化处理一律采用下列公式计算：

$$I_{ij} = \frac{a_{ij}}{A_{ij}} \qquad (6—4)$$

式中,I_{ij} 为 a_{ij} 的标准化值,a_{ij} 为因子层或二级因子指标的评分值,A_{ij} 为指标的标准值。但对于 D30 空气质量中 D30-1、D30-2、D30-3 三项和城市建成区噪声 D36,其评价值只有 1 和 0 两种结果,分别表示不符合标准或符合标准,当实际数据高于极限值时,表示该项标准不符合可持续发展标准,评价值为 0,当实际分值低于标准时,表示符合标准,评分为 1。

三、评价值计算方法

旅游可持续发展评价指标体系中的每一个单项指标,都从不同侧面反映了干旱区域旅游可持续发展的状态,要想反映区域旅游发展整体状态,还需要进行综合评价,本研究采用多目标线性加权函数法,即常用的综合评分法。其函数表达法:

$$A = \sum_{i=1}^{m} \Big[\sum_{j=1}^{n} \Big(\sum_{t=1}^{k} D_t \times W_{dt} \Big) W_{cj} \Big] W_{bi} \quad (6-5)$$

式中,A 为总得分,即综合评价值,D_t 为因子层 D 各项因子的评分值(为标准化值),W_{dt} 为因子层 D 各项因子在该层下的权重,W_{cj} 为指标层 C 各指标在该层次下的权重,W_{bi} 为子目标层的三个指标的权重。

根据综合评价分值,参照王良健的旅游可持续发展评判标准(王良健,2001),可以制定干旱地区区域旅游可持续发展的评判标准,按可持续评价分值分为不可持续发展阶段、基本可持续发展阶段、可持续发展阶段、可持续发展良好阶段,见表 6—6 所示。

表 6—6　干旱区域旅游可持续发展评判标准

综合评价值 A(%)	<50	50~70	70~90	>90
发展状态	不可持续发展阶段	基本可持续发展阶段	可持续发展阶段	可持续发展良好阶段

第七章　吐鲁番旅游可持续发展研究

吐鲁番旅游区位于新疆东部吐鲁番盆地(图7—1)，属于地区级行政单位，下辖一市两县，即吐鲁番市、鄯善县和托克逊县，总面积6.97万平方千米，占全疆总面积的4.2%，总人口55.9万人，其中吐鲁番市有24.8万人。地区北南分别有博格达山和库鲁克塔格山呈东西向分布，中间是吐鲁番盆地，盆地最低点为艾丁湖，为盆地汇水区域，旧湖水面低于海平面155米，是世界上仅次于死海的第二低地。气候极端干旱，以"干热"著称，降水资源稀少。人民生产、生活和生态环境都依赖陆地水资源得以维持，水资源在人类生产生活活动与生态环境之间的

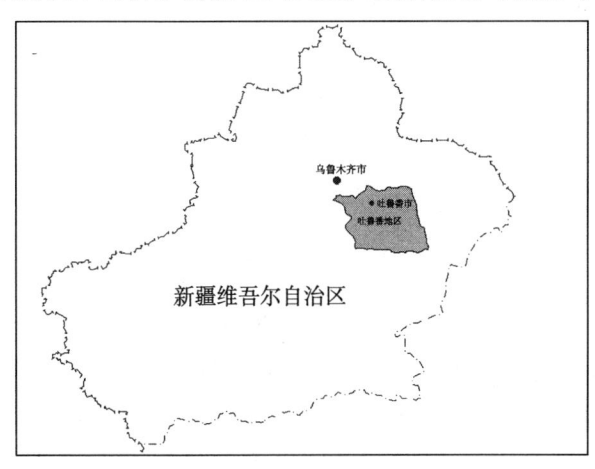

图7—1　吐鲁番旅游区域在新疆的位置

合理分配与利用,成为影响地区生态环境的可持续发展和旅游可持续发展的主导因子。

第一节 吐鲁番旅游业的发展特点

吐鲁番地区经济以采矿业和农业为主,近十多年来,旅游业逐渐发展成为第三产业中比较活跃的产业,被地区政府视为支柱产业而大力发展。吐鲁番地区旅游资源优势度比较高,属于新疆旅游资源优势区(韩春鲜,2008)。与新疆其他旅游区相比,其旅游发展历史比较长,已成为中国丝绸之路黄金旅游线路的旅游中心区之一。

吐鲁番是距离新疆旅游者集散中心——乌鲁木齐最近的旅游区之一,有高速路和铁路对外联系,交通条件比较优越,加上旅游资源具有优势,所以目前已经发展成为新疆旅游服务设施比较完善、旅游接待能力比较强的重要旅游区之一。

一、吐鲁番旅游业的发展概况

吐鲁番不仅是丝绸之路的旅游中心区之一,而且自然风光也比较独特,被誉为"火洲",是一个集自然风光、历史文化和维吾尔民俗文化于一体的综合旅游区,目前,有一个国家 5A 级旅游风景区——葡萄沟风景区,六个国家 3A 级风景区,六个国家级重点文物保护单位,如交河故城、高昌故城、柏孜克里克千佛洞、阿斯塔纳—哈拉和卓古墓群、吐峪沟千佛洞、台藏塔遗址、额敏塔等,还有世界第二低地、中国陆地最低点——艾丁湖,以及火焰山、库姆塔格沙漠等自然风光,干热的荒漠与绿洲交融的"火洲"景观,以及地方特色的坎儿井游乐园。目前吐鲁番地区开发比较成熟的景点有八个,主要景点分布如图 7—2 所示。

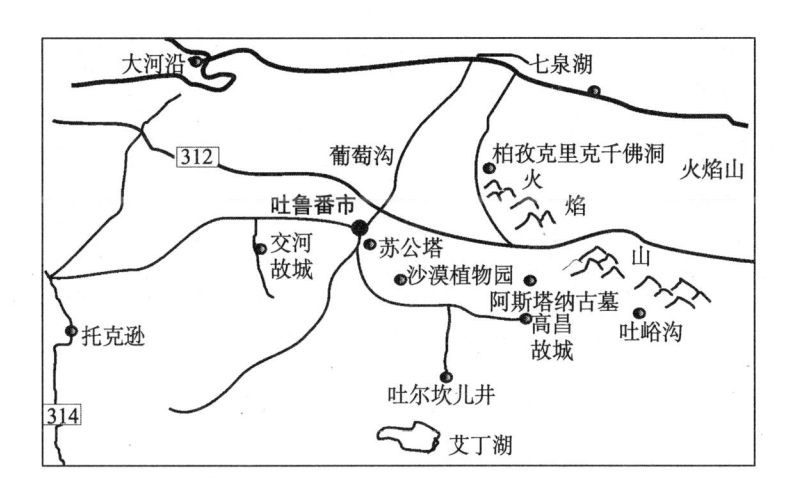

第七章 吐鲁番旅游可持续发展研究　　233

图7—2　吐鲁番地区主要旅游景点分布

自1978年吐鲁番接待第一批旅游者开始,地区旅游业发展已经有近30年的历史,旅游业所接待旅游者人次不断增加,旅游业收入也稳步增长。从图7—3旅游业收入变化可以看出,1994年以前旅游外汇收入总体呈现增长的态势,1994年以后旅游总收入(包括旅游外汇收入和国内旅游业收入)也呈增长态势,且在1999年以后增长一直比较快。根据表7—1数据可以计算出,1999～2004年平均增长速度为31%,高于1994～1998年28%的平均增长速度。

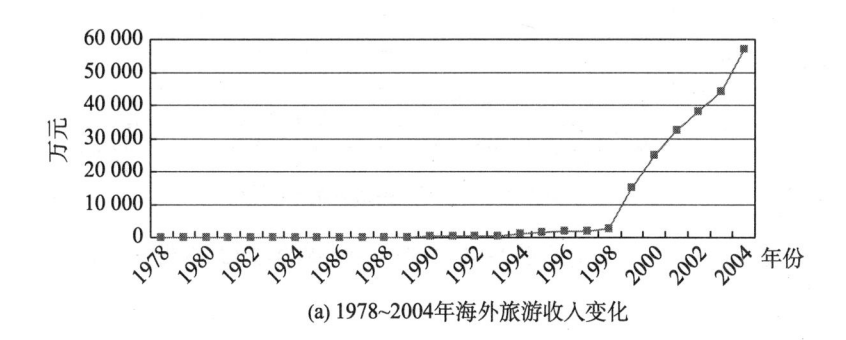

(a) 1978~2004年海外旅游收入变化

(b) 1994~2004年旅游总收入变化

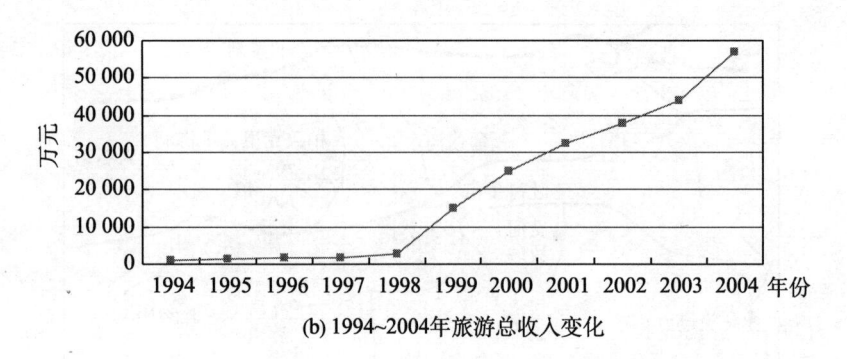

图7—3 1978～2004年吐鲁番旅游业收入变化

(a) 1978～2004年海外旅游人次变化

(b) 1994～2004年国内旅游人次变化

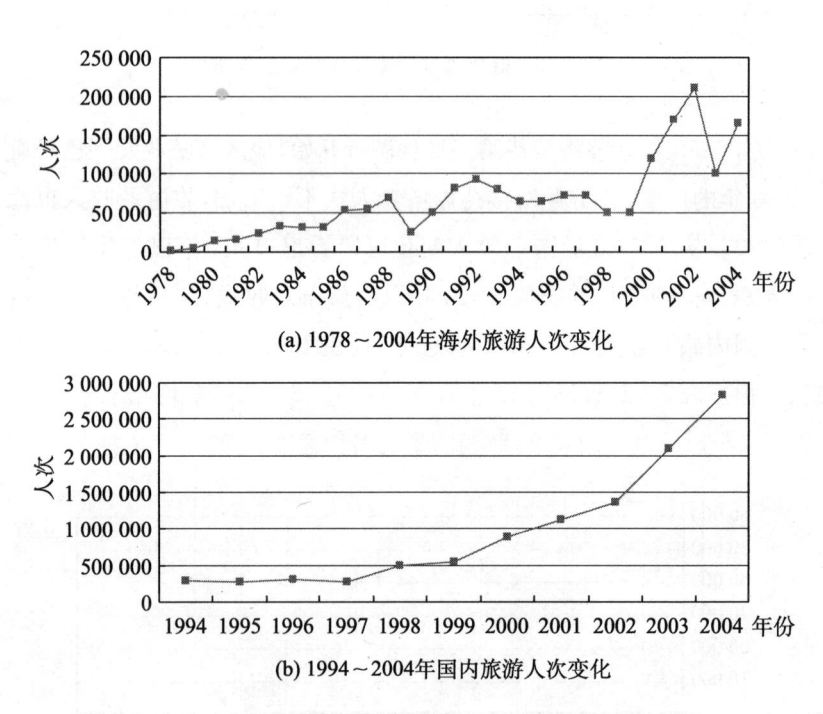

图7—4 吐鲁番1978～2004年接待旅游者人次变化

表7—1 1978~2003年吐鲁番旅游业收入和接待旅游者人次统计

年份	1978	1979	1980	1981	1982	1983	1984	1985	1986
收入(万元)	2.3	10.19	32.29	41.2	60.8	83.4	78.2	77.7	135.6
海外人次	1 275	5 094	14 037	16 386	24 225	33 237	31 137	30 936	54 036
年份	1987	1988	1989	1990	1991	1992	1993	1994	1995
收入(万元)	181.3	49	69	278	301	325	274	1 054	1 367
海外人次	54 336	68 913	25 152	50 226	82 398	92 946	80 151	65 127	64 108
国内人次								281 331	272 895
年份	1996	1997	1998	1999	2000	2001	2002	2003	2004
收入(万元)	1 813	1 812	2 569	15 000	25 000	32 500	38 000	44 000	56 900
海外人次	71 730	72 912	50 000	50 000	120 000	170 000	210 000	100 000	164 500
国内人次	303 999	281 118	500 000	550 000	880 000	1 130 000	1 360 000	2 100 000	2 828 800

注：①1994年以前只是旅游外汇收入，以后包含了国内旅游收入部分。②海外人次表示所接待的包括港、澳、台和外国旅游者的人次。③国内旅游者1994年以后才有正式统计数据。

从图 7—4 可以看出，1978～2004 年吐鲁番地区接待的海外旅游者人次虽个别年份有所减少，但总体仍呈增加趋势，所接待的国内旅游者人次也呈增长趋势，尤其在 1998 年以后增长幅度比较大。1999～2004 年接待海外旅游人次年平均增长率为 55.9%，接待国内旅游人次年平均增长率为 45.8%，分别比 1994～1998 年的年平均增长率高出 19.9% 和 51.6%。说明 1999～2004 年吐鲁番地区旅游收入和接待人次均处于迅速增长时期。在 2003 年受"非典"影响，全国旅游业收入和旅游人次均受到影响的情况下，虽然吐鲁番海外旅游者有所下降，但对其旅游发展影响并不大，吐鲁番国内旅游者增长率和旅游业收入增长率仍然高于前一年。

图 7—5 显示出，新疆全区和吐鲁番地区旅游业收入相当于 GDP 的比重总体都呈现增长的态势。但 1998 年以后新疆旅游收入相当于 GDP 比重增长缓慢，总体增长率为 -0.18%。而同期吐鲁番地区旅游总收入相当于地区 GDP 比重一直呈增长态势，增长率为 967%，远远高于新疆全疆增长率（表 7—2）。1995～2004 年吐鲁番地区旅游业收入相当于 GDP 比重的平均增长速度为 40%，高于新疆的 21%，并且在 2003 年吐鲁番地区旅游业收入相当于 GDP 比重是 5.12%，开始超过

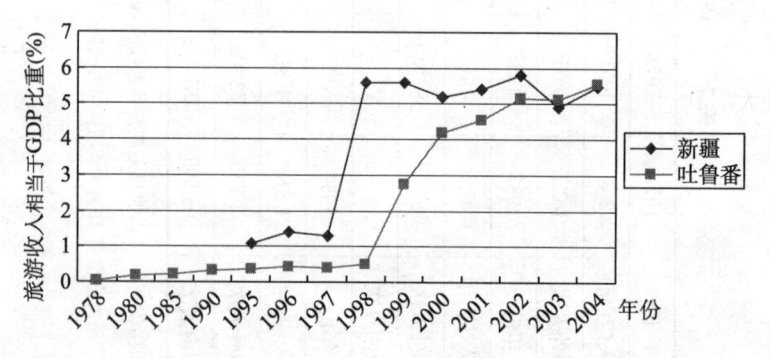

图 7—5　1978～2004 年新疆和吐鲁番旅游业收入占 GDP 比重变化

了新疆旅游业收入相当于 GDP 的比重。可见,吐鲁番地区旅游吸引物的吸引力比较大,已经成为新疆旅游经济发展比较好的旅游地区。

表 7—2　新疆和吐鲁番旅游业收入分别相当于 GDP 的比重

年份	1978	1980	1985	1990	1995	1996	1997	1998	1999	2000	2001	2002	2003	2004
新疆(%)					1.11	1.42	1.34	5.63	5.62	5.23	5.44	5.80	4.91	5.53
吐鲁番(%)	0.02	0.17	0.21	0.34	0.35	0.42	0.40	0.52	2.73	4.18	4.56	5.17	5.12	5.55

资料来源:相应年份的《新疆统计年鉴》、《吐鲁番地区统计年鉴》。

二、旅游业内部结构

旅游者在吐鲁番的旅游活动以观光游为主。疆外国内旅游者进入吐鲁番主要有两种方式:一种是乘飞机到达乌鲁木齐后,再乘陆路交通到达吐鲁番;另一种是沿丝绸之路自东而西,从敦煌观光后,乘火车在大河沿下车的旅游者,游览吐鲁番后再到乌鲁木齐。一般国内旅游者大部分是一日游旅游者,很少在吐鲁番住宿。国际旅游者进入吐鲁番旅游有三种方式:从东部旅游中心到达乌鲁木齐后,乘车到吐鲁番,一般为二日游旅游者,在吐鲁番住宿一日;沿丝绸之路自东而西,从敦煌观光后,乘火车在大河沿下车的旅游者,游览吐鲁番后再到乌鲁木齐;沿丝绸之路从红旗拉普口岸进入中国,然后自西而东,从喀什经库车,乘大巴到达吐鲁番的欧洲旅游者。吐鲁番没有开通对外空中客运服务,它距离新疆旅游者集散中心——乌鲁木齐比较近,且有高速公路连通,交通条件相对比较便利,所以国内和国际旅游者均以第一种游览线路为主,第二种游览线路也比较多。国际旅游者第三种游览方式比较少。因此,平均下来,旅游者在吐鲁番平均停留时间比较短,平均1.3天。

2004 年吐鲁番地区住宿旅游者人次只占旅游者总数的 17.3%(吐

鲁番地区旅游局），但从表7—3看，住宿收入却占到旅游总收入的40%。门票收入偏低，是因为门票收入部分只计算了企业经营性质的景点，没有计算文物景点的门票收入。即使如此，也可以看出，景点门票和住宿业收入是地区旅游业收入两个主要组成部分。

表7—3　2004年吐鲁番旅游业内部收入结构

指标	门票	住宿	餐饮	商品	其他	合计
收入（万元）	8 360	15 200	6 080	6 080	2 280	38 000
比重（%）	22	40	16	16	6	100

资料来源：吐鲁番地区统计局，2003。

20多年来，随着国际旅游者的增多，吐鲁番地区住宿业发展迅速（表7—4）。1978年只有一家三星级涉外宾馆，即吐鲁番宾馆，床位450张，1986年建成另一家涉外宾馆——丝路绿洲宾馆，增加到821张，2000年后快速增长，到2004年8月已经有34家宾馆5 222张床位。

表7—4　吐鲁番住宿接待能力变化

年份	1978	1986	2001	2002	2003	2004
床位（张）	450	821	2 962	3 668	4 253	5 222

注：2004年为截至8月的床位数。

旅游吸引物的观光体验是吐鲁番的主要旅游，旅游吸引物即景点，是地区旅游业产品的核心。其收入来源主要是门票收入，缺乏旅游吸引物的深度开发，能够留住旅游者的参与性旅游项目比较匮乏。这种旅游吸引物的发展形式使得旅游者停留时间短，直接影响了地区旅行社业的发展。大多数旅游者当天返回乌鲁木齐，当地旅行社服务业务主要被乌鲁木齐旅行社业垄断,吐鲁番地区旅行社的地接服务业务量减少很多,发展受到限制,如 2001 年全地区旅行社业有导游 51 人,2004 年减少到 42 人(吐鲁番地区统计局,2002;2005),行业规模日益缩小。

虽然吐鲁番与敦煌、乌鲁木齐的交通联系比较方便,但散客接待业发展并不理想。地区各景点分布比较分散,大部分在乡村,距离吐鲁番市中心比较远,市区内部没有设置通往主要景点的交通工具,如果散客搭乘吐鲁番市到景点所在的乡的班车,存在语言沟通困难的问题,严重限制了散客在吐鲁番的旅游活动,使得吐鲁番只能以接待团队游形式为主。而且接待团队游的旅游车辆以乌鲁木齐为主,限制了吐鲁番旅游交通业的发展和收入的提高。

旅游发达国家或地区旅游购物业普遍比较发达,世界平均购物收入占到旅游业总收入的 40%,中国香港、新加坡旅游购物收入占其旅游业收入部分的 60% 以上,形成比较稳定的产业竞争力结构。吐鲁番地区旅游商品收入只有 16%,比例非常低。旅游者购物消费品主要是葡萄,缺乏足够的吸引旅游者购买的特色商品。

综上所述,从旅游业内部结构发展来看,吐鲁番的旅游业仍处于提供以单一的景点观光和住宿业为主,旅游吸引物业比较薄弱,旅行社业、娱乐及购物不发达的初级阶段。

第二节 吐鲁番旅游发展的生命周期

一、巴特勒生命周期理论

20 世纪 80 年代,巴特勒(Butler,1980)提出了著名的"旅游地生命周期理论",他认为旅游地的发展一般要经历探索、开始、开发、巩固、停滞、衰退或复苏六个阶段。

探索阶段：旅游者十分少，只有少数冒险者前来，与当地人接触非常密切，使用他们的设施，但对社会和经济影响极小。

开始阶段：旅游者增加，出现一些为旅游者提供的地方设施，与居民的接触增多，有许多社会模式开始改变，以适应经济变化条件。一个旅游地开始出现，旅游季节初见端倪，且有了初步的旅游广告。

开发阶段：因为目的地旅游市场发展很好，而吸引了外部投资，可进入性被加强，广告大幅度增加，地方设施被精心建设而更加时尚，当地人参与和控制的能力减弱，人造景观日益丰富，为支持快速发展的旅游业，劳动力输入、高档设施和服务发展成为必然。

巩固阶段：地方经济主要依赖旅游，由主要组织链和特许经营企业控制旅游者数量持续增长，但是增长比例下降，营销和广告力度进一步加大，以吸引远距离的旅游者，老设施过时，大部分不能满足需求。

停止阶段：达到或超过容量水平，产生经济、社会和环境问题，旅游者人数达到峰值，人造景点超过了自然和文化景点，旅游地不再时尚，超容量现象存在。

衰退阶段（第六阶段的第一种组成部分）：旅游者被新的旅游地吸引，非旅游设施建设代替旅游设施，吸引力降低，旅游设施使用率降低，随着旅游市场的萎缩，设施价格也下跌，旅游地成为旅游贫困区或转向经营非旅游活动。

复苏阶段（第六个阶段的第二种组成部分）：出现一系列人造景点或未开发的景点得到开发而出现了旅游复苏现象。

二、吐鲁番旅游发展处于开发阶段

近年来，吐鲁番旅游业良好的发展态势吸引了大批地区外资金投入,在吐鲁番进行旅游开发,逐渐控制了除历史文物古迹以外的主要景区(点)的经营权。如德隆公司和辰野株式会共同投资 2 000 万元开发建设的坎儿井游乐园(现由"大西部旅游股份公司"管理);2002 年"大西部旅游股份公司"开发了"葡萄沟风景区",并于 2004 年投资建设了景区的道路和服务设施,整合了葡萄沟旅游区。之前,坎儿井乐园和葡萄沟景区属吐鲁番地方经营的企业。此外,区外资金投资新建的景点也增加,如 2003 年"银都"投资 1.2 亿元建"世界生土文化之窗",2004 年"达瓦孜旅游发展有限公司"投资 2.98 亿元建"达瓦孜民俗风情园"和"吐鲁番民俗风情街",加上 1991 年建成的"西州天圣园"、2003 年投资 1 200 万元建设的"巨型炼丹炉",以及大漠土艺馆等,使吐鲁番人造旅游吸引物的数量增加。

旅游发展还使得地区基础服务设施和旅游高档服务设施增加。城市道路、广场等公共设施建设投资不断加大,除建成葡萄长廊步行街道外,1997 年还投资 2 000 多万元建成占地 9.1 平方千米的绿化广场——吐鲁番旅游文化广场,这些景观成为服务于当地居民和旅游者的公共产品。旅游住宿业发展迅速,2001 年星级宾馆 22 个,床位数 2 962 张,2003 年则分别增加到 34 个、4 252 张,出现了专门服务于旅游者的豪华酒店和民族歌舞演艺厅。

对外旅游宣传力度也在加大,除了吐鲁番旅游网站的宣传服务外,以政府主导的"吐鲁番葡萄节"、旅游大篷车等有组织的宣传形式的力度逐渐加大,产生的影响也逐年增强。2003 年"吐鲁番葡萄节"在北京举办,使该节成为吐鲁番地区对外旅游宣传的主要媒介之一。地区旅游宣传费 2002 年为 200 万元,2003 年增加到 1 000 万元。

经过政府及企业的大力营销,以及旅游经企业的大规模投资进行旅游开发的基础上,吐鲁番地区的旅游经过了 1978~1997 年的开始发展阶段后,于 1998 年以后进入快速发展时期。如图 7—6 所示,1998

年以后,吐鲁番地区旅游总人次和旅游总收入均呈指数增长态势,进入大众旅游快速发展时期。

由以上旅游发展状况,结合巴特勒"旅游地生命周期理论",可以判断吐鲁番的旅游业发展正处于开发阶段。

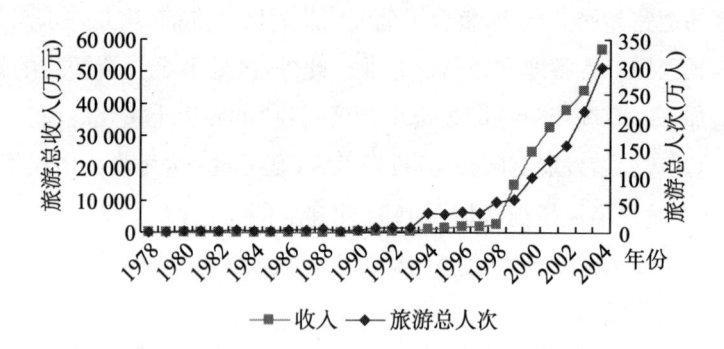

图7—6 1978~2004年吐鲁番旅游人次和收入变化

三、吐鲁番旅游可持续发展研究的必要性

虽然巴特勒的旅游地演进模式显示中后期增长率是递减甚至可能是负增长率,但学者研究认为,通过人为努力,可以改变旅游地的生命周期变化。如美国大西洋城由于增加了新的旅游项目,在经过了旅游发展盛期后,没有步入衰退期,而是再次进入复苏阶段(Stansfield,1978)。Weaver(1990)也举例说明,在 Grand Cayman 岛的发展过程中,由于政府实施鼓励地方居民参与的政策,并增加各种旅游地开发的限制条件,使旅游地旅游产品质量水平不断提高,成熟期延长。可见,通过合理的措施,改变旅游地产品内容或提高产品质量,可以使旅游地生命周期发生变化,延长旅游地的生命周期。因此,应该关注旅游地发展每个阶段的状态特征及影响因素的变化,以便在每个阶段都采用合适的管理手段和战略,维护旅游地的吸引力不下降。

到目前为止,在中文旅游文献中,有关吐鲁番旅游研究文献主要涉及的内容有:旅游城市化对吐鲁番城市发展的作用(王东萍,2003),旅游市场结构及变化特征分析(陆亦农,1999),旅游形象的设计研究(张海霞,2003),旅游城市环境质量问题与环保对策研究(张永录,2004),旅游文化开发研究(李维青,1999),旅游经济战略研究(李维青,1999),吐鲁番旅游可持续发展(韩春鲜,2006)等。这些研究成果有助于推动旅游可持续发展,但尚缺乏能够让人们对地区旅游可持续发展系统全面了解的研究成果。

为了维持吐鲁番旅游发展良好的势头,并使地区旅游产品在未来的成熟期生命延长,避免早日步入衰落期。有必要对吐鲁番区域旅游可持续发展进行深入研究,综合地分析吐鲁番旅游可持续发展的状态、影响因素及其影响程度,以便及时采取改进措施,提高吐鲁番旅游区域可持续发展水平。

第三节 吐鲁番旅游区的环境特征

一、地域景观系统

吐鲁番因高山阻挡,盆地内降水极少,近 50 年平均降水 21.2 毫米[①]。地区地域景观系统由山地、人工绿洲、绿洲—荒漠交错带和荒漠组成(图 7—7)。盆地北部和西侧高山区—博格达山的喀拉乌成山降水相对较多,一般年降水量在 400 毫米以上,是地区地表、地下水资源的主要来源。山地地域生态景观主要依赖天然降水生存发展,地表和地下水资源主要被人工绿洲和绿洲—荒漠交错带地域生态系统所利

---

① 根据 50 年的资料计算而得。

用。人工绿洲沿山前洪积扇及洪、冲积平原,呈不连续的片、块分布于火焰山南北;沙漠分布在库姆塔格(沙山)以及哈特喀拉乡西缘和艾丁湖乡;沙漠和绿洲之间为交错带,因这里有地下水潜水外溢和农业区灌溉水的补充,使土壤水分得到不同程度的改善,成为吐鲁番盆地天然平原草场生长分布区。

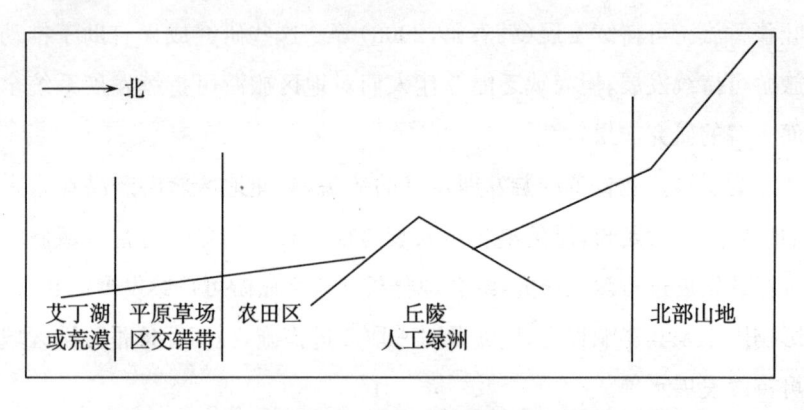

图7—7 吐鲁番地区平原及山地地域景观分布剖面示意图

二、吐鲁番绿洲系统水资源及利用特征

水资源是决定吐鲁番地区环境可持续发展的主导因子,人们自然比较关注水资源的利用。王永兴(1997)研究了20世纪80年代及其以前吐鲁番盆地水资源持续利用问题。李玉江(2003)等对水资源特点和水利资源利用管理中存在的问题进行了研究。胡卫忠(1998)从水文地质方面研究了吐鲁番盆地的水资源开发与水环境保护问题。吐鲁番地区水资源分为地表水和地下水资源,由于地表水有丰枯变化,农业生产用水时期正是地表水的枯水时期,所以以地下水资源开采利用为主。

(一)地表水资源特点

吐鲁番地表水资源量少,地表径流季节分配不均衡。全地区地表水资源 9.33 亿立方米,人均占有量 1 646 立方米,远远低于全疆人均地表水资源量 5 104 立方米。

地区大多数河流为季节性小河流,比较大的河流有阿拉沟、煤窑沟、大河沿、二塘沟,除阿拉沟发源于喀拉乌成山外,其余皆发源于博格达山。博格达山降水主要集中在夏季,使地表径流呈现夏季丰水、冬春枯水的特点(图 7—8)。夏季径流量占全年的 50%~90%,春季枯水期正是农作物需水大的时期,地表水不能满足灌溉用,春旱问题严重。如果洪水推迟到 7 月(如 2004 年),则用水更加紧张。

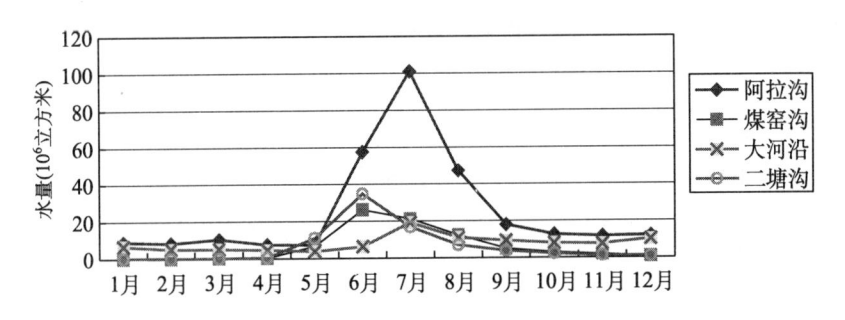

图 7—8 2004 年吐鲁番地区主要河流水量变化

(二) 以地下水为主的水资源利用方式

吐鲁番特殊的盆地地形和巨厚松碎的地表沉积物使河水出山后,大量下渗,成为盆地地下水的主要补给来源,盆地中的地下径流量并不很丰富,总量 23 900 万立方米,却为当地利用地下水灌溉,缓解春旱问题提供了方便。

坎儿井是当地自汉代以来当地人民开采引用地下水的主要方式,直到 20 世纪 50 年代末,盆地内 93% 的耕地仍靠坎儿井灌溉。但 60 年代开始大力推广机电井,机电井抽取地下水量逐年增加,1985 年机电井供水占地下水总用水量 27.9%(张发,1988),2003 年增加到

65.2%（吐鲁番地区统计局，2004）。地下水利用方式在80年代及其以前以坎儿井为主，2003年则以机电井为主。由于人口和经济重心在盆地中部和东部，使机电井开采地下水主要集中在吐鲁番市和鄯善县，其中吐鲁番市占开采量的49%。

三、吐鲁番旅游区域的特点

吐鲁番旅游区域旅游景点散布在地区内，旅游住宿、旅游购物与餐饮服务主要集中在吐鲁番市，是典型的节点式旅游区域。

2003年旅游业收入占地区国内生产总值的5.17%，农业占18.92%，工业占78.4%（吐鲁番地区统计局，2004），旅游虽然增长较快，但其收入却只占地区国内生产总值的一小部分。农业、工业（主要是采矿业）等产业对地区水资源的利用程度及其对环境所造成的不良影响远远大于旅游发展的影响，甚至会影响地区旅游可持续发展。

由此可见，吐鲁番属于典型的节点式旅游区域，其旅游区域环境特征及水资源利用具有典型的干旱区特征，所以该地区又属于典型的干旱区节点式旅游区域。对吐鲁番地区旅游可持续发展，可以干旱地区区域旅游可持续发展理论为依据进行研究，进行可持续发展水平测度，及时了解影响旅游可持续发展的各因素及其发展变化，以监督调整不利因素，进一步提高其旅游可持续发展水平。

第四节　吐鲁番旅游可持续发展的评价研究

一、旅游社会效益评价

旅游社会效益的评价数据主要采用问卷统计调查获得。统计调查是一项比较复杂的工作,需要制订合理的统计调查方案。统计调查方案是统计设计在调查阶段的具体化,是统计设计的一项重要内容,为了准确完整地取得调查资料,本论文采取了图7—9调查方案进行调查工作。数据的统计计算主要利用SPSS15统计软件进行。

(一) 居民旅游效益感知水平

1. 研究方法

居民对旅游社会效益的感知研究数据通过问卷调查获得。问卷内容由

图7—9 旅游社会效益调查方案

两个部分组成:第一部分是居民的基本情况,包括性别、年龄、收入;第二部分为居民对指标体系因子感知评价。在测量居民感知时,采用了李克特量表5分赋值法,即:5=非常满意;4=满意;3=一般;2=不满意;1=极不满意。

居民总体感知态度可用均值分析,而基于人口学特征的态度差异则可以用方差分析方法检测度。方差分析就是通过测试控制变量的不同水平是否给观察变量造成了显著的差异和变动,来分析控制变量对观察变量的影响程度。若控制变量的不同水平对试验结果产生了显著影响,则在它和随机变量的作用下,观察变量数据将发生显著变动。反之,若控制变量的不同水平对试验结果没有产生显著影响,则说明观察变量数据的变动应主要归结为随机变量的变动。方差分析可以分为两类:当控制变量只有一个时,是单因素方差分析;控制变量多于一个时,是多因素方差分析。单因素方差分析采用统计推断的方法。先假定不同水平下各样本数据总体服从方差相同的正态分布,然后观

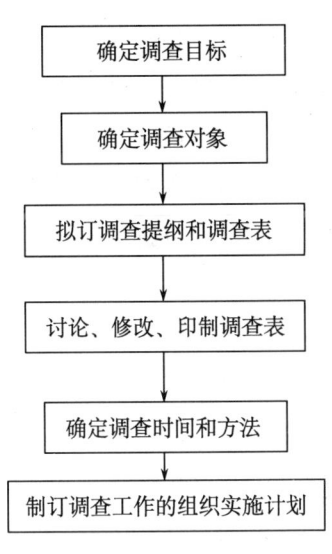

察不同水平下各样本数据总体的均值有无显著差异。具体方法分两步走(管于华,2008)。

第一,进行前提检验:方差分析对不同水平下各样本数据总体服从正态分布的要求不是很严格,但对方差相等的要求是严格的,因此需要进行前提检验。一般采用方差齐次性检验(homogenerity of variance)方法。其零假设是 H_0:各水平下样本数据总体的方差无显著差异。若检验结果的相应的概率值大于显著性水平(一般为 0.05)下的概率值,则可以认为各水平下方差相等,反之则不相等。

第二,计算 F 统计量,进行 F 检验:单因素方差分析把观察变量总的变差平方和 SST 分解为:由控制变量引起的变差 SSA 及随机变量引起的变差 SSE,构造 F 统计量:

$$F=SSA/(k-1)/SSE/(n-k)$$

式中,k 为水平数,n 为样本总数。利用该公式计算出 F 值后,再查 F 分布表相应的概率值,若检验结果的相应的概率值大于显著性水平(一般为 0.05)下的概率值,则可以认为控制变量的不同水平下,各总体均值没有显著差异,即控制变量的不同水平没有给观察变量带来显著影响。反之,则说明控制变量对观察变量有显著影响。

2. 旅游社区居民调查样本来源

吐鲁番旅游社区居民满意度指标数据通过问卷调查获得。调查时间为 2003 年 8 月 3~15 日。由于对居民调查采取的是入户直接问询的方式,工作量比较大,是在许多人的合作努力下完成的。协助本人进行统计调查工作的主要是新疆大学资源与环境科学学院旅游管理专业 2000 级一班的八名本科生,协助调查翻译的人员主要是吐鲁番市葡萄沟乡政府的人员和吐鲁番市休假的大学生。

选取调查对象均是景点周围的常住居民,其中葡萄沟风景区、高昌故城、坎儿井游乐园是位于村民居住区的景点,属于典型的旅游社区。

这三个景点也都是吐鲁番地区比较有代表性的景点,是接待旅游者人次较多、开发力度比较大、收益也比较好的景点,代表了吐鲁番社区旅游发展特点;三景区周围的居民对旅游发展的态度即代表了吐鲁番旅游社区居民的感知态度,能够代表吐鲁番地区旅游社区居民的利益水平。因此,居民问卷调查对象主要是集中在这三个景点周围的居民,周围的常住居民均以维吾尔民族为主。入户调查的居民家庭一般为家庭人口超过五人的维吾尔民族农民家庭。

发放调查问卷共389份,其中有效卷达340份,有效问卷统计结果显示(表7—5)。男性占总人数的51.2%,女性占总人数的48.8%,性别结构是比较合适的。从年龄结构看也比较合适,以21~50岁居多,占总人数的54.4%,小于等于20岁的占14.1%,大于等于51岁的占21.5%。从收入看,多数年收入在5 000元以上,占总人数的55.3%。

表7—5 样本总体结构描述

内容	类别	人数	比重(%)	内容	类别	人数	比重(%)
性别	男	177	51.2		20以下	48	14.1
	女	166	48.8		21~30	72	21.2
收入水平(元)	<1000	25	7.4	年龄	31~40	81	23.8
	1 000~3 000	64	18.8		41~50	66	9.4
	3 000~5 000	63	18.5		51以上	73	21.5
	>5 000	188	55.3				

葡萄沟风景区位于居民密布的吐鲁番市最大乡——葡萄沟乡,调查的居民比较多,有165人,有效卷156份;高昌故城周围调查88人,有效卷83份;坎儿井游乐园周围调查了105人,有效卷101份。可见,从以上样本人口特征分布来看,调查样本具有一定的代表性。

3. 居民旅游社会效益感知的指标体系

居民对旅游发展态度不同,则对旅游发展的行为(支持或不支持)

会不同。旅游发展给地方带来了社会、经济、文化和环境等方面的影响,本书在第二章旅游社会效益研究综述基础上,选择居民对经济利益、旅游者以及旅游者带来的外来文化、景点共享、土地利用、物价、对自己民族文化的态度、对环境的态度等指标研究旅游社会文化效益,并构建指标体系(表7—6)。问卷采用李克特量表进行测度,每项问题均分非常满意(或高兴)、满意、一般、不太满意、非常不满意五个选项,依次代表5、4、3、2、1分。

表7—6 居民旅游社会效益分析指标体系

指标	因子层描述
对经济利益的感知	家里有人因景点开发而有工作
	因家庭附近旅游景点而提高的年收入
对旅游者的感知	旅游旺季游客较多时你的感受
	对旅游者在家附近拥挤过往的感知
	对旅游者与你沟通时的感知
对外来文化的感知	对游客服饰行为文化的感知
对景点共享的感知	你是否能自由进入周围的旅游景点?对此你的态度
对土地利用改变的感知	因景点开发而改变了土地利用情况,对此你的态度
对物价的感知	这几年购买生活必需品时对物价变化的感知
对自己文化的自豪感	你在游客面前穿戴自己民族的服饰的感知
	让游客了解本民族的歌舞、饮食文化的感知
对环境的感知	对景点及周围环境的感知

4. 居民社会效益感知水平

(1) 总体满意度分析

居民所获利益可用满意度测度,满意度高则居民所获社会效益高,反之亦然。图7—10为吐鲁番社区居民对社会效益各因子的总体感知水平。可以看出,居民对自己文化自豪感、对旅游者感知和对景点共享的感知都达到满意水平以上;对环境的感知满意度处于一般与满意之间;对其余因子的感知都在不满意与一般之间。其中,居民对自己文化的自豪感感知水平均值最高,为4.82,说明吐鲁番社区居民对本民族文化的认同水平比较高。这是旅游开发促使居民对本民族文化认同强化的结果。居民对旅游者的态度好感仅次于对自己文化自豪感得分,均值为4.65,反映出社区旅游仍处于开发初期,居民比较兴奋,具有的强烈的好客心理。

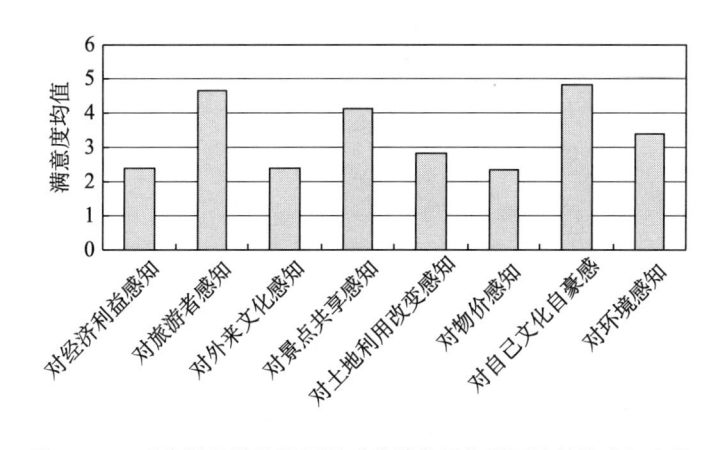

图7—10 吐鲁番旅游社区居民对旅游发展各因子的总体感知水平

排在第三位的是对景点的共享感知,满意度为4.15。其后依次为环境感知(3.4)、对土地利用改变的感知(2.82)、对旅游者带来的外来文化的感知(2.4)。可见居民虽然好客,但对旅游者带来的外来文化并不满意,反映了居民在旅游发展带来的对外来文化的接触中的矛盾心理。

居民对旅游开发所带来的经济利益满意度比较低,满意度均值只有2.38。可见旅游发展对当地居民带来的经济利益并不高。居民对物价变化态度最不满意,满意度均值只有2.34。但在实际调研中发现,老百姓所感知的日用品价格上涨,是全社会性物价上涨所致,不是当地旅游发展的引发现象。

三个旅游社区居民感知水平(图7—11),大体上与上述吐鲁番总的社区居民感知特征一致,但是有以下两点明显不同:

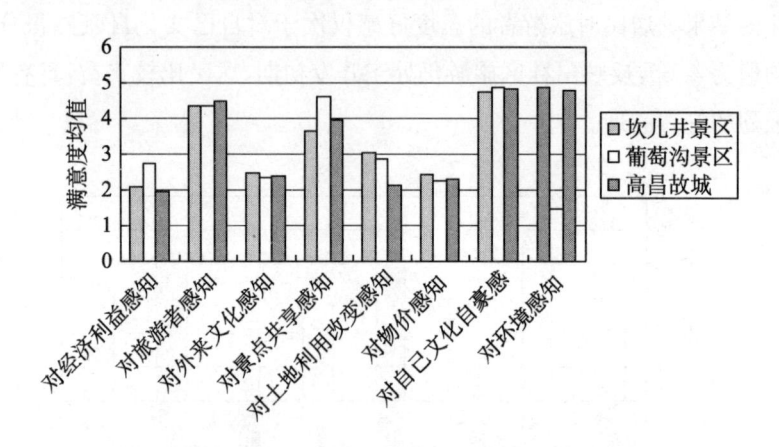

图7—11 吐鲁番不同旅游社区居民对各因子的感知水平

一是葡萄沟景区居民感知的经济利益为2.75,明显高于坎儿井(2.08)和高昌故城景区(1.97),后者处于极不满意与不满意之间。这是因为旅游者在吐鲁番的行程受旅行社安排,大多数午饭安排在葡萄沟景区,葡萄沟景区居民除了餐饮收入外,还有卖葡萄或葡萄干的收入。高昌古城属于文物景点,周围的居民因景区开发被征用耕地后,一部分人在景区周围开饭馆,受名额限制,极个别人被准许在景区经营"驴的",即用毛驴车载客人在故城内游览,收入极不稳定。而且由于旅行社在高昌故城可以从门票以外得到的利益分成非常少,大部分旅行社只安排交河故城、葡萄沟、坎儿井等线路游览,致使高昌故城游览人次明显低于葡萄沟景区。因此,高昌故城景区周围居民从旅游发展中获得的实际利益比较少,感知的满意度自然很低。

二是对环境的感知水平,葡萄沟居民为1.5,处于极不满意与不满意之间,明显低于坎儿井(4.88)和高昌故城(4.80),后两者的满意度处于"满意"水平,并很接近"非常满意"水平。说明旅游发展对葡萄沟景区的环境破坏比较严重,居民对此感知不满意。葡萄沟景区是村民居住和生产区,绝大部分葡萄园都属于村民所有,沟是狭长的,唯一一条通行的公路穿过村民居住区。2003年调研时,旅游车辆是可以在沟内随意通行的,大量旅游者及旅游车辆的到来,对其所生活的环境造成了一定的侵害,使其对环境的感知极不满意。

(2) 基于人口学特征的满意度差异水平

居民人口学特征的差异可能造成其对旅游社会效益感知的差异。通过感知差异分析,可以了解不同人口学特征的居民对当地旅游发展的态度。表7—7是方差齐次性检验结果。方差齐次性检验计算的值在显著性水平(0.05)的前提下,Sig. 值大于0.05的才能满足方差分析。从表中数据可以判断:① 不同性别的居民,对经济利益感知、旅游者的感知、景点共享感知、物价感知、自己文化的自豪感感知,均通过检验;② 不同年龄居民,对经济利益感知、对景点共享感知、对土地利用改变、对环境感知,都通过检验;③ 不同收入水平的居民,对旅游者的感知、外来文化感知、景点共享感知、自己文化的自豪感感知通过检验。

表7—7 方差齐次性检验

指标	层次	Levene Statistic	df1	df2	Sig.	是否通过检验
对经济利益感知	性别	.327	1	338	.568	是
	年龄	.423(a)	11	325	.946	是
	收入水平	12.150	3	336	.000	否

续表

指标	层次	Levene Statistic	df1	df2	Sig.	是否通过检验
对旅游者感知	性别	.052	1	338	.820	是
	年龄	4.165	4	335	.003	否
	收入水平	2.562	3	336	.055	是
对外来文化感知	性别	4.293	1	338	.039	否
	年龄	7.969	4	335	.000	否
	收入水平	.904	3	336	.439	是
对景点共享感知	性别	1.258	1	338	.263	是
	年龄	1.068	4	335	.372	是
	收入水平	2.209	3	336	.087	是
对土地利用改变感知	性别	9.337	1	338	.002	否
	年龄	1.816	4	335	.125	是
	收入水平	5.087	3	336	.002	否
对物价感知	性别	.993	1	338	.320	是
	年龄	4.875	4	335	.001	否
	收入水平	7.707	3	336	.000	否
对自己文化自豪感	性别	2.215	1	338	.138	是
	年龄	5.566	4	335	.000	否
	收入水平	.212	3	336	.888	是
对环境感知	性别	4.173	1	338	.042	否
	年龄	1.796	4	335	.129	是
	收入水平	41.777	3	336	.000	否

由于当地维吾尔族家庭观念比较强,民居为庭院式,三代同居一庭院很常见,所统计的收入指的是全家共同的年收入。对不同性别、不同年龄、不同收入水平进行单因素方差检验,得出以下三个结论:①不同

性别的居民对经济利益感知、对旅游者的感知、对景点共享感知、物价感知、对自己文化的自豪感感知水平均不存在差异,但对旅游环境感知满意度水平存在显著差异(图7—12)。居民总体对环境感知均是满意的,但男性对环境感知满意度(3.56)明显高于女性(3.11)。②不同年龄的居民对社会效益满意度感知不存在显著差异。③不同收入水平的居民对外来文化感知、对自己文化的自豪感感知水平不存在差异,但对景点共享和对旅游者感知的满意度都存在显著差异。居民对景点共享和旅游者的感知总体上是满意的,且对旅游者的感知满意度明显高于对景点共享的感知水平。从图7—13可以看出,居民对景点共享态度差异表现在:收入较高的居民的满意度高于较低收入者,但收入在1 000元以下的居民满意度高于收入在1 000~3 000元的居民,其原因有待于进一步分析。对旅游者态度差异表现在(图7—14):居民收入越高对旅游者感知满意度越高,收入在1 000元以下、1 000~3 000元、3 000~5 000元、5 000元以上的居民,对旅游者感知满意度分别为3.94、4.21、4.30、4.39。说明受社会交换理论的影响,吐鲁番旅游社区居民对旅游发展的态度表现为从旅游发展中获益多的居民感知满意度比较高的特点。

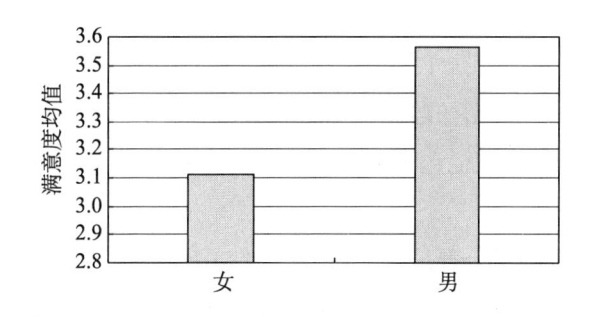

图7—12 吐鲁番旅游社区不同性别居民对环境感知水平

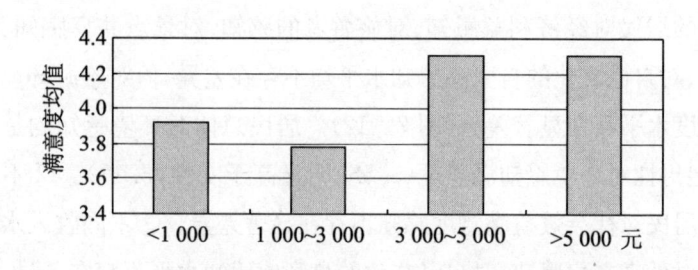

图 7—13　吐鲁番旅游社区不同收入水平居民对景点共享感知差异

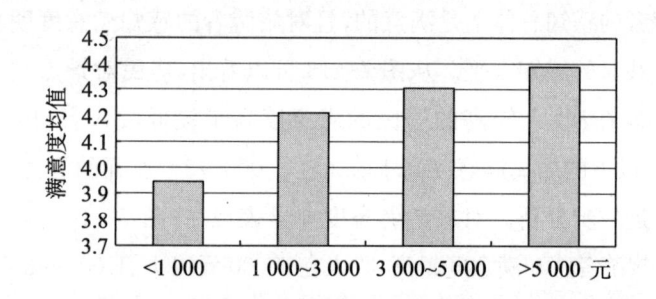

图 7—14　吐鲁番旅游社区不同收入水平居民对旅游者感知差异

(二) 基于居民感知的吐鲁番旅游社会效益可持续水平测度

根据表 6—1 干旱地区旅游可持续发展指标体系中社会效益的指标体系,选取调研问卷中相关指标并赋值,见表 7—8,数据统计结果如表 7—9 所示。因数据样本除了葡萄沟、坎儿井和高昌故城景区外,还增加了交河故城周围的居民。交河故城附近没有居住户,但较远处的道路两旁有居民,随机选了 31 人作调查,有效卷 30 份,所以样本共计 370 份。

每个指标的满分都是 5 分,有效问卷 370 份,每项指标标准值都是 1 850。根据公式 6—4 可计算各因子标准化后的值,然后用公式 6—5,则可以计算居民满意度评分为 0.600 9,即 60.09%。可见,吐鲁番地区居民旅游社会效益比较低,处于基本可持续发展水平。

第七章 吐鲁番旅游可持续发展研究

表7—8 吐鲁番旅游社区居民满意程度指标含义及赋值

因子(问卷问题)	问卷选项描述	5分	4分	3分	2分	1分
D1 工作机会	您家有几人因景点开发而有了工作	4人及以上	3人	2人	1人	没有
D2 收入增加(元)	您家附近的旅游景点使您的年收入平均提高	>2 000	1 000~2 000	500~1 000	<500	没有提高
D3 旅游车辆增加的拥挤和噪音现象	旅游旺季每天通过许多车辆,您认为车辆对您的生活	一点也不影响	有一点影响,但能忍受	无所谓	有影响,有点不能忍受	影响极大,几乎不能忍受
D4 旅游者涌入造成的人口密度增加现象	旅游旺季旅游者比较多时您感到	非常高兴	高兴	无所谓	有些讨厌,对自己正常生活有影响	极讨厌,对自己正常生活影响大
D5 景点资源享用权利	是否能自由进入景点,您对此的态度	能	不太能,但可以理解	不能,无所谓	不能,觉得有点不高兴	不能,感到极不高兴
D6 旅游开发占用公共或私人土地	对景点开发而改变土地利用情况的态度	高兴	还可以	无所谓	有点不高兴	不高兴

表7—9 吐鲁番旅游社区居民满意程度指标各选项评分统计

因子	5分	4分	3分	2分	1分	评分统计	标准化分	加权分
D1 工作机会	150	52	150	250	152	754	0.407 6	0.114 5
D2 收入增加	490	148	108	56	171	973	0.525 9	0.146 7
D3 旅游车辆增加的拥挤和噪音现象	1 015	464	21	8	38	1 546	0.835 7	0.128 7
D4 旅游者涌入造成的人口密度增加现象	915	508	111	30	8	1 572	0.849 7	0.099 4
D5 景点资源享用权利	1 180	16	54	71	76	1 397	0.755 1	0.065 7
D6 旅游开发占用公共或私人土地	365	28	525	18	100	1 036	0.560 0	0.045 9
						合计		0.600 9

(三) 吐鲁番旅游者满意度评价

1. 旅游者调查样本来源及数据信度分析

旅游者对吐鲁番旅游产品的满意度测度采用直接等级标度评定法进行。将居民对旅游者的态度作为旅游产品的组成部分,选取的指标包括旅游业产品、居民态度、地区旅游整体产品三部分,其中旅游业产品包括交通、住宿、购物、景点、餐饮、导游或讲解服务等指标。调查时间 2003 年 8～9 月。由于团队旅游一直是吐鲁番地区旅游的主要形式,其中国内团队游比例占 72%,所以,调查对象以团队旅游者的为主,包括国内旅游者和海外旅游者。被调查的旅游者中 90% 是通过导游向团队旅游者发放问卷,由旅游者填写返回的,10% 是通过在吐鲁番宾馆拦截散客调查获得。

共调查国内旅游者 201 人,有效卷 125 份。客源省、市、自治区包括北京、宁夏、江苏、广东、广西、山东、上海、陕西、河南、山西、贵州、四川以及新疆境内旅游者。调查外国旅游者 120 人,有效问卷 87 份。旅游者客源国分别来自于美国、日本、韩国、法国、英国、澳大利亚、丹麦、德国、加拿大、荷兰等国家,可以将旅游者客源市场按地区分为北美澳洲、欧洲和以日本、韩国为主的东亚三个区域。

在对获得数据进行分析之前,首先要对样本(问卷)的稳定性进行检验。对于态度、意见式问卷量表的信度分析,常采用的是 Cronbach α 信度系数。α 系数评价的是量表中各题项得分间的一致性,属于内在一致性系数。Cronbach α<0.3 不可信;0.3≤Cronbach α<0.4 勉强可信;0.4≤Cronbach α<0.5 可信;0.5≤Cronbach α<0.9 很可信;Cronbach α≥0.9 十分可信。本书问卷通过 SPSS15 统计软件分析,得到 α 系数值为 0.766。可以判断,问卷样本可信度较高,可以进行分析。

2. 旅游者选择吐鲁番旅游的原因及途径

(1) 出行前旅游者对吐鲁番的旅游形象认知

旅游者旅游体验之前对目的地的旅游认知非常重要,是决定旅游者旅游行为的重要原因,也能反映旅游目的地产品形象宣传所存在的问题。研究发现,到访吐鲁番之前,中外旅游者对吐鲁番的认知是明显不同的。从表 7—10 可以看出,被调研的外国旅游者中 74.7% 对吐鲁番的旅游认知是丝绸之路文化,其次是受旅行社的安排,对当地对外宣传的火洲、世界第二低地的自然特色和葡萄形象则认知程度不高。相反,被调研的国内旅游者对这两项的认知度非常高,合计占 89%。其中,对干旱高温的"火洲"、"世界第二低地"等自然环境的认知度最高,选择此项的占被调研人数的 46%,其次是葡萄城,占 43%,再次是受旅行社的安排,占 24%,选择"丝绸之路文化"一项的国内旅游者仅占 7.2%。外国旅游者和国内旅游者到访以选择某个景点为原因的都占比例最小,分别为 3.4%、2.4%。

表 7—10 外国旅游者选择吐鲁番旅游的原因

吐鲁番吸引旅游者的内容	外国旅游者 选择人次	比重(%)	国内旅游者 选择人次	比重(%)
干旱高温的"火洲"或"世界第二低地"等自然环境	5	5.7	46	36.8
葡萄城	6	6.9	43	34.4
丝绸之路文化	65	74.7	9	7.2
某个景点	3	3.4	3	2.4
旅行社的安排	8	9.2	24	19.2
合计	87	100.0	125	100.0

从以上调研数据分析可以得出以下结论。①旅游者对吐鲁番旅游认知形象是决定他们选择吐鲁番旅行的主要原因。出游前,国内

外旅游者对吐鲁番的旅游形象认知有明显的差异。外国旅游者所认知的吐鲁番是丝绸之路文化旅游组成部分,这是吸引他们进行旅游体验的首要原因,说明外国旅游者所认知的吐鲁番旅游形象是"丝绸之路文化旅游区"。国内旅游者所认知的吐鲁番旅游形象是干旱高温的"火洲"、"世界第二低地"等自然环境以及"葡萄城",这三种认知成为促使他们到访的主要原因。②不论外国旅游者或国内旅游者到访吐鲁番,选择受某个景点影响的比例都非常低,说明旅游者对吐鲁番地区主要景点的具体认知度是相当低的,也说明旅游者对吐鲁番的认知是整体角度的认知,而非某个景点的认知。

(2)旅游者选择吐鲁番进行旅游体验的信息途径

分析旅游者选择目的地实施旅游体验的途径,不仅可以了解旅游者的决策行为及旅游体验认知信息通道,而且有利于进一步完善旅游目的地的对外宣传。从表7—11可以看出,外国旅游者了解吐鲁番的主要途径比较多元化,但通过旅行社和网络途径的占绝大多数,为63.2%。其中,"旅行社"所占比重最多(34.5%),其次是"网络"(占28.7%),再后,依次是"通过朋友、同事介绍"(17.2%)、"报刊、电视"(14.9%)、其他途

表7—11 旅游者选择到访吐鲁番的信息途径

了解吐鲁番的途径	外国旅游者 人次	外国旅游者 比重(%)	国内旅游者 人次	国内旅游者 比重(%)
通过朋友、同事介绍	15	17.2	46	36.8
报刊、电视	13	14.9	43	34.4
网络	25	28.7	9	7.2
旅行社	30	34.5	3	2.4
其他	4	4.6	24	19.2
合计	87	100.0	125	100.0

径(4.6%)。但国内旅游者与外国旅游者选择途径完全不同,以"通过朋友、同事介绍"和"报刊、电视"为主,共占71.2%,其中,"通过朋友、同事介绍"最多,占36.8%,其次是"报刊、电视",占34.4%,再次是其他(19.2%),利用网络占7.2%,利用旅行社的比重最少,占2.4%。

通过以上分析可以看出,国内外旅游者选择吐鲁番进行旅游体验的信息途径明显不同。外国旅游者选择信息途径比较多元化,但以旅行社和网络为主,而国内旅游者选择吐鲁番出行的信息主要集中在口碑传说和报刊电视通道上,对旅行社和网络信息通道的利用非常低,尤其对旅行社的信息通道选择最低。说明在国内,一方面旅行社对吐鲁番的宣传力度太小,另一方面可能是国内旅行社在旅游者心目中的形象及可信度需要进一步完善与提高。

(3) 旅游者对吐鲁番旅游产品感知水平分析

进行旅游者满意度问卷调研时,按照李克特量表,对每一个问题满意程度选择项目按照从非常满意到很不满意五个档次进行设计。在计算满意度时用李克特量表5分赋值法,即:5=非常满意(或非常好);4=满意(好);3=一般;2=不太满意(不太好);1=很不满意(或很不好)。对每一项进行算术平均,求得满意度均值。

由于吐鲁番大部分景点属于居民集聚区,如葡萄沟风景区、坎儿井风景区、高昌故城等旅游景点,是典型的社区型旅游景点。团队旅游者被旅行包车载着主要在宾馆和景点之间穿梭,他们与吐鲁番城市居民接触的机会很少,与景区社区居民接触的频次却比较高,尤其是葡萄沟景区。该景区葡萄园属于村民各家所有,村民住宅位于葡萄沟内,旅游者可以与村民近距离接触。所以,影响旅游者体验的因素除了交通、住宿、购物、旅游吸引物、餐饮、导游或讲解服务等旅游业产品外,居民的态度也是重要的因素。

图 7—15 显示了旅游者到访以后,对吐鲁番旅游产品感知的满意度水平,具有以下四个特点。

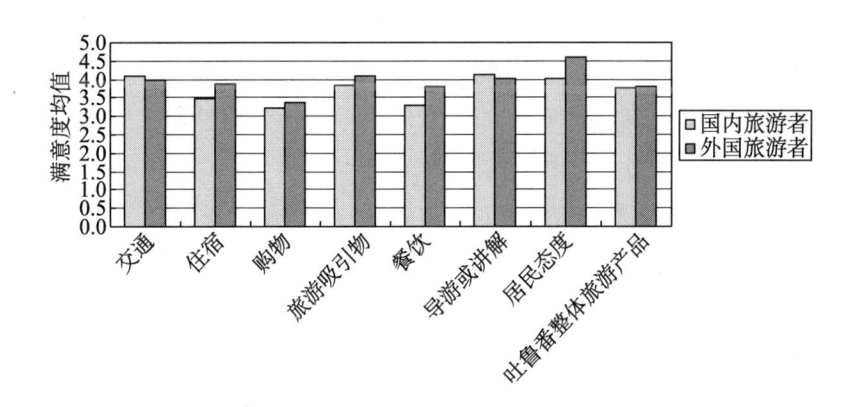

图 7—15　国内外旅游者对吐鲁番旅游产品的满意度

第一,国内外旅游者对吐鲁番旅游产品(包括旅游业产品、居民态度和整体旅游产品)满意度均大于 3,表示感知水平在"一般水平"以上。

第二,外国旅游者对居民态度的满意度感知水平最高,为 4.59,达到"满意"到"非常满意"水平之间。对旅游业产品中旅游吸引物的满意度最高,为 4.08,其后依次为:导游或讲解服务(4.01)、交通服务(4)、住宿服务(3.89)、餐饮服务(3.81)、购物服务(3.38)。可见,外国旅游者对吐鲁番旅游吸引物、导游或讲解、交通服务三项旅游业产品满意度在"满意"水平,对住宿、餐饮、购物服务感知在"一般"到"满意"水平之间。

第三,国内旅游者对居民态度的满意度感知水平也达到满意水平,但感知水平低于外国旅游者,为 4.03。对旅游业产品中导游或讲解的满意度水平最高,为 4.14,其后依次为:交通服务(4.08)、旅游吸引物(3.84)、住宿服务(3.47)、餐饮服务(3.31)、购物服务(3.21)。可见,国内旅游者对旅游业产品中的导游或讲解、交通服务的满意度水平达到满意水平,对旅游吸引物、住宿、餐饮、购物服务满意度感知介于"一般"到"满意"水平之间。

第四,外国旅游者与国内旅游者对吐鲁番整体旅游产品的满意度感知均处于"一般"到"满意"水平之间,分别为 3.81 和 3.78。从所研究旅游业产品感知水平可以大致看出,影响旅游者对整体旅游产品感知的因素主要是住宿、餐饮、购物。

综上所述,国内外旅游者对吐鲁番导游或讲解服务、交通服务都表示满意,对住宿、餐饮、购物三项服务都感知一般,排序处于旅游业产品感知水平中最后三位,且对购物感知满意度水平最低。对旅游吸引物的满意度感知国内外旅游者有所不同,外国旅游者感知满意,而国内旅游者感知一般。形成这种差异的原因与二者体验内容有所不同,外国旅游者主要体验的是历史文化遗存类旅游吸引物,国内旅游者主要体验的是葡萄沟、坎儿井等民俗风情旅游吸引物。前已论及,外国旅游者在出游前感知的吐鲁番形象是丝绸之路文化旅游区,他们主要选择的是历史文化景点游览,游览后表述对旅游吸引物的满意度高,可以反映出这样一个事实:吐鲁番的历史文化吸引物是外国旅游者享受旅游体验的核心内容。

国内旅游者出游前选择的吐鲁番旅游形象以"火洲"、"世界第二低地"等自然环境以及"葡萄城"为主,他们主要到访的吐鲁番景点有葡萄沟风景区、火焰山、交河故城等,旅游体验后对旅游吸引物的满意度只有 3.84,介于"一般"与"满意"水平之间,说明实际感知水平可能与他们的期望水平有一定的差距,对国内旅游者感兴趣的旅游吸引物产品需要进一步完善。

受不同社会文化影响,不同市场旅游者对旅游体验的感知存在一定差异。对外国旅游者按照北美、澳洲、欧洲和日韩客源市场进行进一步市场细分可以看出(图 7—16),各市场对吐鲁番旅游业诸产品满意度感知与外国人整体感知水平所表现的规律大体一致。但也有一些差异,表现在欧洲市场对交通的感知满意度稍高于其他两个市场,但其对住宿和餐饮服务的满意度感知稍低于其他两个市场;对导游或讲解服务的满意度感知北美澳洲市场最高,其次是欧洲市场,日韩市场感知水平最低。对居民态度的感知差异性表现在北美澳洲市场高于其他两个市场。

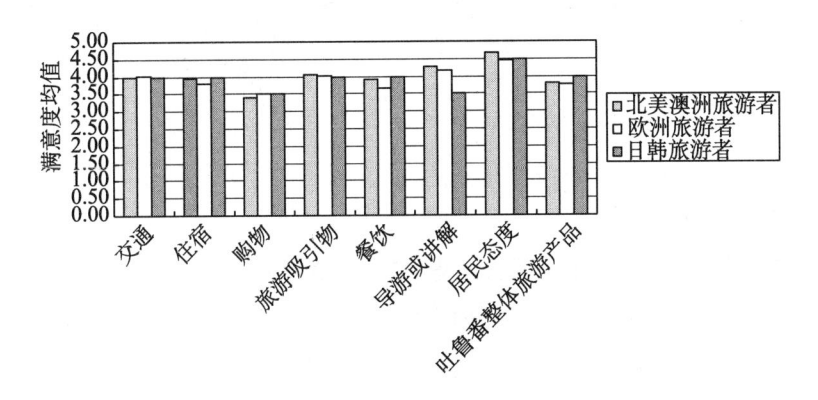

图 7—16 外国不同旅游市场对吐鲁番旅游产品满意度

同样,对国内旅游者按照东部、西部和中部地区和疆内旅游者进行市场细分,可以看出其旅游感知水平与国内旅游者整体市场大体一致,但也存在差异性(图 7—17)。在旅游业产品中,东部市场对旅游吸引物满意度水平明显高于其他三个市场,排在其后的依次是中部、西部、疆内旅游者。说明旅游地距离客源市场越远、差异性越大,满意度越高;中部市场对交通、住宿、餐饮、导游或讲解服务的满意度稍高于其他市场,而对于购物服务满意度却低于其他市场;疆内旅游者除住宿和购物服务外,对旅游业其他服务均表现出满意度低于其他市场的特征。国内旅游者对吐鲁番居民态度的满意度东部最高,其次是西部、疆内、中部旅游市场。对吐鲁番整体旅游产品的满意度排序是西部稍高,其后依次是东部、中部、疆内市场。形成这种差异的原因有待于进一步深入调研分析。

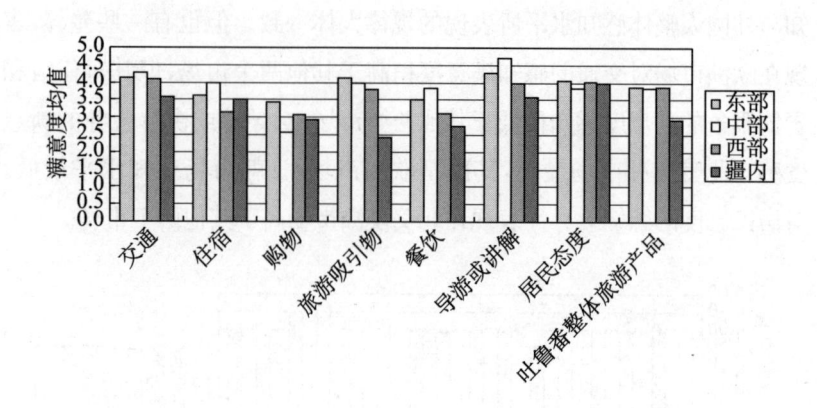

图 7—17　国内不同旅游市场对吐鲁番旅游产品满意度

(四) 基于可持续性的旅游者满意度总体评价

根据第六章可持续发展指标体系,设置指标 D7～D12 选项,其问题描述及赋分见表 7—12。分别以非常满意、比较满意、一般、不太满意、很不满意为 5、4、3、2、1 分。其中 D13 分别是非常友好、比较友好、一般、不太友好、很不友好,D14 为非常好、比较好、一般、不太好、很不好。数据统计结果如表 7—12 所示。

各指标满分为 5,有效问卷 212 份,则各项指标的标准值为 1 060。用公式 6—4,进行标准化处理后,再根据公式 6—5,则可计算旅游者满意度评价分为 0.606 6,即 60.66%。根据表 6—6 标准,可以判断,旅游者效益处于基本可持续发展阶段。

(五) 旅游社会效益评价结果

旅游社会效益评分由旅游社区居民满意度和旅游者满意度评分加权合成。根据前面评价结果可知,旅游社区居民满意度评分为 0.600 9,旅游者满意度评分为 0.606 6。根据公式 6—5,则可以计算出吐鲁番地区旅游社会效益评价分为 0.604 3,即 60.43%。根据表 6—6 标准,可以判断,吐鲁番旅游社会效益处于基本可持续发展阶段。

表 7—12 旅游者满意程度指标含义及赋值

因子(问卷问题)	问卷选项描述	5	4	3	2	1	总分	标准化分	加权分
D7 交通服务	对当地的交通条件	非常满意	比较满意	一般	不太满意	很不满意	671	0.6330	0.1336
D8 住宿服务水平	对当地住宿条件及服务	非常满意	比较满意	一般	不太满意	很不满意	583	0.5500	0.0600
D9 旅游购物服务	对当地购物环境及服务	非常满意	比较满意	一般	不太满意	很不满意	540	0.5094	0.0520
D10 旅游吸引物质量	对当地旅游景点	非常满意	比较满意	一般	不太满意	很不满意	668	0.6302	0.1487
D11 导游服务	对吐鲁番导游或讲解服务	非常满意	比较满意	一般	不太满意	很不满意	702	0.6623	0.0762
D12 餐饮服务	对当地餐饮及服务	非常满意	比较满意	一般	不太满意	很不满意	601	0.5670	0.0590
D13 居民态度	您认为当地居民对您的态度	非常友好	比较友好	一般	不太友好	很不友好	709	0.6689	0.0301
D14 对当地区整体旅游产品的态度	您对在吐鲁番旅游的整体评价	非常好	比较好	一般	不太好	很不好	641	0.6047	0.0472
								合计	0.6066

二、旅游业持续发展能力评价

(一)旅游业经济发展水平评价

吐鲁番旅游业经济发展水平由旅游业收入发展水平和旅游业收入相当于 GDP 比重发展水平加权合成。利用表 7—1、表 7—2 的数据,及公式 6—1,可以分别计算出 2003 年吐鲁番地区旅游业收入和旅游业收入相当于 GDP 比重较 2002 年的环比发展速度分别是 1.169 2 和 1.133 8。

利用公式 6—2,可以计算 1999~2003 年旅游业收入平均发展速度为 1.363,旅游业收入相当于 GDP 比重的平均发展速度为 1.236。之所以选用 1999 年至 2003 年的平均发展速度为标准值,是因为 1989 年吐鲁番与全国其他地区一样,旅游发展受到"六四"政治事件的重创,跌入低谷,不能反映正常的旅游发展水平,所以,避开这一非正常值,选用 1999 年以后的数据来反映发展水平。分别以这两个数据为衡量其发展速度的标准值,则可利用公式 6—3,计算出 2003 年吐鲁番地区的旅游业收入发展水平为 0.857 8,旅游业收入占 GDP 比重发展水平为 0.917 3。那么,利用公式 6—5 可以计算出 2003 年吐鲁番地区的旅游业经济发展水平为 0.880 8,即 88.08%。

(二)旅游业产品竞争力评价

旅游业产品竞争力采用特尔斐法,直接向专家征询回答各指标的得分情况。发放问卷 25 份,回收 19 份,有效 19 份。专家打分的分值范围为 0~100 分,满分为 100 分。将专家给 D17—D20 的二级因子的评分进行算术平均后,用公式 6—4 进行标准化处理,然后再用公式 6—5 进行加权处理。对 D21~D23 因子的评分进行算术平均后,再进行标准化处理,结果见表 7—13。最后用公式 6—5 计算旅游业产品竞争力评分为 0.838 8,即 83.88%。

表 7—13　吐鲁番旅游业产品竞争力指标评分

指标及评价分值	因子	二级因子	标准化分	加权分	评分	加权分
C4 旅游业产品竞争力	D17 旅游吸引物质量	D17—1 独特性（指历史、文化、科学等方面）	0.95	0.244 2	0.867 2	0.283 6
		D17—2 观赏或游憩价值	0.94	0.195 5		
		D17—3 景点保护程度	0.80	0.124 8		
		D17—4 景点数量及类型组合	0.95	0.220 4		
		D17—5 对旅游者容量的管理	0.56	0.082 3		
	D18 交通通达程度	D18—1 对外交通通达程度	0.78	0.344 8	0.824 6	0.181 4
		D18—2 景点之间交通通达程度	0.98	0.294 0		
		D18—3 停车场满足接待量状况	0.72	0.185 8		
	D19 住宿服务质量	D19—1 星级宾馆的数量	0.95	0.438 9	0.933 9	0.084 1
		D19—2 标准床位数量	0.92	0.495 0		
	D20 饮食服务质量	D20—1 餐饮卫生达标程度	0.87	0.389 8	0.776 2	0.056 7
		D20—2 特色饮食品种及质量	0.70	0.386 4		
	D21 旅游购物服务质量				0.490 0	0.025 0
	D22 旅游从业人员素质				0.900 0	0.087 3
	D23 旅游组织和政府的促销力度				0.850 0	0.120 7

(三) 旅游业内部结构竞争力评价

吐鲁番旅游业内部结构状况由 2003 年地区旅游消费内部构成数据来表示(表 7—14),用公式 6—5 可以计算地区旅游业内部结构竞争力为 0.235 3。

表 7—14 吐鲁番旅游业内部结构竞争力

指标及评价分值	因 子	数据	加权分
旅游业内部结构竞争力	D24 门票收入占旅游业收入的比重	0.22	0.049 3
	D25 旅游商品销售收入占旅游业收入的比重	0.16	0.048 3
	D26 住宿收入占旅游业收入的比重	0.40	0.120 0
	D27 旅游餐饮收入占旅游业收入的比重	0.16	0.011 7
	D28 其他收入占旅游业收入的比重	0.06	0.006 0

(四) 旅游业持续发展能力评价结果

从以上的计算可知,吐鲁番的旅游业收入发展水平为 0.880 8,旅游业产品竞争力评分为 0.838 8,旅游业内部结构竞争力为 0.235 3,根据公式 6—5 可计算吐鲁番旅游业持续发展能力评价分值为 0.707 1,即 70.71%,处于可持续发展水平。

三、绿洲系统环境质量评价

(一) 绿洲系统水资源利用量变化及所引起的生态环境变化

1. 人工绿洲水资源利用状况

人工绿洲经济以采矿业和农业为主,主要活动包括农业生产、工业生产、居民生活和旅游等。盆地水资源的年径总流量为 117 300 万立方米,主要被农业灌溉、居民生活、工业生产、旅游服务业和交错带生态环境所利用。

(1) 农业灌溉用水量

绿洲农业系统是包括耕地、葡萄、人工林、人工草场的复合系统,农业灌溉用水包括耕地、平原防护林、人工草场、果园(主要是葡萄)四部分用水。平原防护林包括农田防护林和防风固沙林,是绿洲农业生态系统不可缺少的组成部分,起保证农业稳定生产的作用,其用水应计入绿洲农业用水部分。吐鲁番地区每公顷耕地(粮食)、葡萄、人工林、人工草场的灌溉水量分别是 15 000 立方米、16 200 立方米、8 100 立方米、15 000 立方米,净灌定额分别是灌溉水量的一半,即每公顷:7 500 立方米、8 100 立方米、4 050 立方米、7 500 立方米(吐鲁番市水利局提供的数据),净灌定额,即有效耗水量是指湿润一定深度土壤剖面的水量。可见,吐鲁番灌溉水有效利用率比较低,为50%。

干旱地区水分蒸发量比较大的时期正是作物生长期,此时植物有一定的郁闭度,所以田间或林木间水分消耗的主要形式不是土壤蒸发,而是植物耗水。植物耗水量是植物吸收及以蒸散方式消耗的水分(高清,1976)。蒸散包括蒸发和蒸腾,蒸发只占植物生物耗水量的很小比例,一般多用蒸腾耗水量指代生物耗水量(陈永金、陈亚宁、薛艳,2004)。蒸腾是指水分以蒸发的形式通过气孔自植物中消失,是植物向外界扩散水分的主要方式。每公顷农田或人工林木灌溉水量除去作物蒸散作用消耗的净灌溉定额外,其余的50%用于补给地下水或深层土壤。用每公顷净灌溉定额乘各项的面积,可以算出 1985 年和 2003 年吐鲁番地区绿洲农业系统的用水量分别为 30 217.06 万立方米和55 238.6万立方米(表7—15)。

人工绿洲用水 1985 年 32 340.25 万立方米,2003 年 58 877.33 万立方米。交错带生态用水 1985 年为 84 959.75 万立方米,2003 年 58 422.67万立方米(注:耕地、林地、葡萄、草场均为有效灌溉面积,林木指平原人工防护林、草场为人工草场;交错带生态用水指广义的生态用水(张发、谢天喜,1988;吐鲁番地区统计局,2004)。

表7—15 1985年和2003年吐鲁番绿洲系统水资源分项利用情况

用水项目		1985年	1985年实际用水(万立方米)	2003年	2003年实际用水(万立方米)
	合计		30 217.06		55 238.6
农业灌溉	耕地(公顷)	30 070	22 552.5	36 000	27 000
	林木(公顷)	269.33	218.16	10 170	4 118.85
	葡萄(公顷)	8 380	6 787.8	25 370	20 549.7
	草场(公顷)	878.13	658.6	4 760	3 570
居民生活		432 496	2 085.07	56 6854	2 732.80
工业(万元)		21 163	36.23	221 438	810
旅游业(人次)		30 900	1.89	1 570 000	95.93
人工绿洲用水			32 340.25		58 877.33
交错带生态用水			84 959.75		58 422.67

注：耕地、林地、葡萄、草场均为有效灌溉面积，林木指平原人工防护林，草场为人工草场；交错带生态用水指广义的生态用水。

(2)居民生活用水量

2003年吐鲁番市城市居民70 637人(吐鲁番地区统计局,2003)。根据2003年吐鲁番市自来水公司的实际用水统计,城市居民年用水总量为3 405 455立方米,人均年用水量为48.21立方米。用这一数字作为全地区人均年用水量,可计算出1985年和2003年全地区居民生活用水总量分别为2 085.07万立方米和2 732.80万立方米。

(3)工业用水量

2003年,吐鲁番市工业总产值为20 183.5万元(不变价)(吐鲁番地区统计局,2003),市自来水公司用水统计表显示出:2003年市工业用水量为345 616.9立方米。用"每万元产值用水＝年工业用水/地区工业总产值(不变价)",可以计算每万元工业产值用水量为17.12立方米。因目前吐鲁番市产业及其结构与80年代全地区产业情况类似,所以,可以用17.12立方米/万元的工业用水,计算出1985年全地区的工业用水量为36.23万立方米。

90年代,鄯善石油基地建成,地区工业用水明显增加,2003年吐鲁番地区工业用水量810万立方米(吐鲁番地区统计局,2003)。

(4)旅游业用水量

随着吐鲁番旅游业的迅速发展,旅游服务业用水增加也比较快,成为地区第三产业中主要的用水产业。

旅游者在吐鲁番停留的时间为1.3～1.5天,每年4～10月是旅游旺季,占全年旅游者接待量的96.1%,其中7、8、9三月旅游者比较多,占全年的66.1%。旅游淡季为1、2、3、11、12月,只占全年旅游者接待量的3.9%。吐鲁番地区旅游业的核心产业是观光景点业和住宿业。葡萄沟景点的葡萄灌溉用水最大,已被计入农业用水一项中,其他景点绿地很少,所以,旅游服务业用水主要指一日游旅游者用水和宾馆用水两部分,集中在旅游旺季,即4～10月。

一日游旅游者用水主要是午餐用水,集中在吐鲁番市。表7—16显示了吐鲁番市饮食服务企业2003年的逐月用水量变化情况(因宾馆的餐饮部用水部分归入宾馆用水中,属于住宿业用水项,所以饮食服务用水不包括宾馆餐饮用水部分)。旅游淡季1、2、3、11、12月的饮食服务用水量主要被当地人所消耗,月平均47 268.7立方米。利用公式(旺季旅游者在吐鲁番市的餐饮用水量=旺季餐饮服务用水总量-饮食为当地人服务月均用水量×旺季月总数),可以估算4～10月旅游者在吐鲁番餐饮用水量为130 627.96立方米。

表7—16 2003年吐鲁番市饮食服务实际用水情况

月 份	1月	2月	3月	4月	5月	6月
饮食服务(立方米)	4 4943.3	46 295.3	47 119	50 844.8	56 916.4	64 340.4
月 份	7月	8月	9月	10月	11月	12月
饮食服务(立方米)	80 846.9	93 058.0	93 777.5	65 618.9	49 214.0	48 772.0

资料来源:吐鲁番市自来水公司。

宾馆用水包括每床位客人的洗浴、饮用和为旅游者提供餐饮、洗衣、洗车、宾馆绿地环境等服务项目用水。

1985年,全地区只有吐鲁番宾馆和丝路绿洲宾馆,共有床位821张。2003年全地区星级宾馆和普通招待所的接待床位共有5 222张,其中,标准床位3 050张,普通床位2 172张。床位主要集中在吐鲁番市,有4 721张,占90.4%。

吐鲁番市节水办核定的宾馆床位用水量为:每标准床0.25立方米/日、每普通床0.12立方米/日。据吐鲁番地区旅游局统计,2003年全地区客房平均出租率48%,可以计算全地区宾馆年床位总用水量为274 387.72立方米。

除床位用水外,宾馆的绿地、餐饮、卫生清洁、洗衣房、洗车等用水也比较多,尤其是近几年建成的比较现代化的宾馆。因许多星级宾馆使用的是自备井,如丝路绿洲宾馆,自来水公司的用水数据不能显示其实际用水情况,故选取完全依赖自来水公司供水的"火洲大酒店"、"168大酒店"和"粮贸宾馆"2003年的月用水量(表7—17),来估算地区宾馆总用水量。按全年48%的客房出租率计算,2003年三宾馆的床位用水量分别是3 938.50立方米、2 820.72立方米、4 881.07立方米,实际用水量分别为12 387立方米、11 050立方米、10 061立方米。实际用水量分别是床位用水量的3.1、3.9、2.06倍,假设以其平均值3.02为地区宾馆实际总用水量与床位用水量的倍数,则可计算吐鲁番地区全年宾馆用水量为828 650.91立方米。

表7—17 2003年吐鲁番火洲大酒店、168大酒店和粮贸宾馆三宾馆月用水量

月份	1	2	3	4	5	6	7	8	9	10	11	12	标	普
火洲(立方米)	751	473	229	182	1 214	945	1 117	2 007	1 454	1 575	1 220	1 220	77	23
168(立方米)	810	812	949	834	990	723	802	1 263	1 093	1 092	1 682	0	50	30
粮贸(立方米)	907	587	293	571	819	630	843	1 886	1 063	889	973	600	86	53

注:"标"指标准床位数、"普"指普通床位数,单位:张。

一日游旅游者在吐鲁番的餐饮用水与宾馆总用水量的加总,即是地区旅游服务总用水。由此,2003年吐鲁番地区旅游者用水量约为95.93万立方米,用水集中在4～10月,尤其是7、8、9三个月。2003年旅游者人均用水0.61立方米,用该值可以计算1985年的旅游业用水量为1.89万立方米。

2. 绿洲—荒漠交错带生态用水量

吐鲁番水资源经过人工绿洲利用后,剩余的水资源量就是广义的绿洲系统交错带生态用水量。1985年为84 959.75万立方米,2003年为58 422.67万立方米。

从表7—15可以看出,从1985年到2003年,在吐鲁番地区的绿洲

系统中，农业灌溉、居民生活、工业生产、旅游服务等项目的人工绿洲用水量都有所增加，只有交错带生态水资源量一项是减少的。

3. 水资源利用变化造成的生态环境变化

从1985年到2003年，吐鲁番地区绿洲系统人工绿洲用水从32 340.25万立方米增加到58 877.33万立方米，增加了82.06%，绿洲—荒漠交错带生态用水却减少了31.23%，引起了一系列的绿洲系统生态环境变化：

第一，造成绿洲—荒漠交错带生态环境问题严重，如绿洲平原天然草场退化和牧区缺水量增加、艾丁湖周围湿地生态环境恶化等。平原天然草场退化表现在面积减少和草场质量降低两方面。吐鲁番地区平原天然草场分布在交错带，在年降水量不增加的情况下，交错带生态用水减少31.23%，必然会造成草场质量下降。1985年绿洲天然草场面积152 637.60公顷。2003年与1985年同质量的草场面积大致会减少31.23%。交错带天然草场是吐鲁番地区主要的牧区，其用水减少使牧区缺水量增加。1999~2003年，需要解决的牧民饮用水人数从38.13万人增加到42.04万人，需要解决牲畜饮水的头数从73.71万头增加到81.60万头（表7—18）。

表7—18 1999~2003年吐鲁番地区牧区人、畜缺水情况

	1999年	2000年	2001年	2002年	2003年
需解决饮水人(万人)	38.13	38.24	39.01	41.70	42.04
需解决牲畜饮水(万头)	73.71	77.25	77.25	81.60	81.60

资料来源：吐鲁番地区统计年鉴。

艾丁湖是盆地最低地，海拔−154米。在自然状态下，盆地内绝大多数河流出山后不久便潜入地下。源自博格达山的河流遇到隔水的火焰山的阻挡，上升地表形成泉流。这些泉流汇集后，沿火焰山的几个切口

南流,在火焰山南不远潜入地下,至艾丁湖盆北缘再度出露,汇集形成艾丁湖水源。源自西部喀拉乌成山的河流只有阿拉沟常年有水,在托克逊县城以东,与发源于博格达山西部的白杨河汇集后东流,最终汇入艾丁湖。

艾丁湖对调节局地气候,维护湖周围湿地生态环境均有重要作用。湖水面积在19世纪初约230平方千米(王永兴,1997)。近百年来湖水来量不断减少,湖水面积也相应减小。1985年有22平方千米,东西长7.5千米,南北宽约8千米。1988年有11平方千米左右(王永兴,1997),现在已经彻底干涸,湖中心成为盐沼地,只能在少量洼地看到浮有白色结晶盐的水。湖心周围遍布着裸露的盐土,寸草不生。这些广泛分布的盐土,在太阳光强烈辐射下,很容易被风化成细碎物质,随风飞落到平原农田或草场,对人工绿洲造成危害。

20世纪50年代末,湖周围湿地面积为101.5平方千米。根据当地居民的叙述,湖盆北部周围有高大的红柳灌丛,植被茂盛。可是,现在我们能看到有零星低矮植物附着在地表。这是因为地下水位不断下降,植被根部吸收的水分越来越少,限制了它的生长。因此,交错带生态用水量的减少直接影响了湿地的生态环境,使之脆弱性增强,成为荒漠化的沙源地,威胁着人工绿洲的持续发展。

第二,绿洲—荒漠交错带的环境质量下降,人工绿洲生产成本中环境成本增加,影响了人工绿洲经济可持续发展,表现在以下两个方面。

一方面,农田防护林建设面积增加,造成农业生产的生态环境成本增加。农田防护林是干旱区绿洲农业生态系统的特殊组成部分,其用水成本也应计入农业生产成本中。从表7—11可以看出,从1985年到2003年,耕地面积增加19.70%、防护林增加3 676.04%,平原防护林面积增加速度远远高于耕地。1985年平均每公顷耕地只需要人工防护林0.009公顷,2003年则增加到0.28公顷。以盆地农业的灌溉成本水价0.13元/立方米,防护林每公顷灌溉定额4 045立方米计算,每公顷耕地防护林用水现价,1985年为4.73元,2003年达147.24元,但这些增加幅度比较大的生态环境成本部分并没有引起当地政府的注意,也没有被当成农业成本核算入农业产值计算中。

另一方面,使机电井打井技术难度增加,废弃率高,也使农业需要承担的环境成本增加。吐鲁番地区农业灌溉以地下水为主,1985年以来,大量使用机电井抽取地下水进行灌溉,使机电井的数量不断增加(表7—19),地下水抽取量增加,造成地下水位不断下降的不良后果。20世纪50年代,人工绿洲中部的成井深50~100米,现在深度300米处也难以抽出水。打井技术难度增加,而且机电井也处于不断废弃和新增的恶性循环中(表7—19)。这些增加的打井成本是由农民自己承担的,农业生产的成本不断增加,影响了农业经济的持续发展。同时,地下水位的不断下降也使坎儿井这一地区代表性的、极具旅游观赏价值的水利工程旅游景观数量急剧减少。20世纪50年代有坎儿井1 200多条,是农业灌溉的主要来源,20世纪80年代,农业灌溉还是主要依赖坎儿井,但2003年只剩400多条,占农业灌溉水用量不足20%(《乌鲁木齐晚报》,2004年9月13日)。

表7—19 1985~2004年吐鲁番机电井数量及变化

年份	1985	1998	2000	2001	2002	2003	2004
配套机电井数(眼)	1 957	4 421	4 587	4 666	4 493	4 548	5 080
变化					新增45眼,减少218眼	新增91眼,减少36眼	新增145眼,减少26眼

资料来源:1998~2005年吐鲁番统计年鉴。

第三,风沙加大造成的历史文化景观风蚀加大,使历史文化景点保护维修费用增加。吐鲁番是新疆历史文化景点比较集中的地区,在这些景点中,属于国家级文物保护单位6处。2002年文物景点接待旅游者690万人,各类收入达1 520万元,但用于各类文物保护工程支出费用达846万元。1998～2002年文物保护费支出累计达2000多万元。吐鲁番文物局规划在2006～2010年启动交河片区的防风蚀生物工程,包括30公顷的防风林带和830公顷的"荒漠植被保护区"。而且,在《吐鲁番地区文物保护与旅游发展总体规划》中,提出将在2011～2020年启动高昌片区的防风蚀生物工程,进一步完善交河片区的防风蚀生物工程,包括高昌片区的127公顷防风林带和交河、高昌两片区9 300公顷的"荒漠植被保护区"(中国建筑设计院历史研究所,2004)。这些巨大的旅游业环境保护成本增加的主要原因之一就是交错带生态环境质量下降,沙质荒漠化威胁加大。

(二)绿洲系统环境质量评价

吐鲁番绿洲系统的环境资源构成了当地居民和旅游者享用的公共资源部分,其质量状况影响着人工绿洲的可持续发展和地区旅游可持续发展。由于吐鲁番市是地区的旅游服务中心,是地区住宿业、购物业、餐饮业和旅行社业等集中区,也是地区人口密度大和经济活动集中的区域。因此,人工绿洲环境质量可以以吐鲁番城市环境质量为代表。

1. 吐鲁番市人工绿洲环境质量评价

吐鲁番市区环境质量主要受工业生产和人民生活废弃物排放影响,研究数据来自于吐鲁番统计年鉴(吐鲁番地区统计局,2004)。利用公式6—4,对数据进行标准化处理,其中,D30—1大气TSP浓度、D30—2大气SO_2浓度、D30—3大气NO_2浓度、D36城市建成区噪声根据各自的标准,评价只有合格和不合格两种结果,所以评分也只有两种结果,即:达标得1分,不达标得0分,没有中间值。数据经标准化处理后,再用公式6—5可计算出2003年吐鲁番人工绿洲环境质量评分为 0.610 6,数据见表 7—20。

表 7—20 吐鲁番人工绿洲环境质量评价值

人工绿洲环境质量指标		吐鲁番数据	标准值	标准化分	加权分
D29 城市供水普及率(%)		100	≥98.55	1	0.145 0
D30 城市空气质量 (mg/m³)*	D30—1 大气 TSP 浓度	0.250 5	0.20	0.699	0.097 2
	D30—2 大气 SO_2 浓度	0.058 8	0.06		
	D30—3 大气 NO_2 浓度	0.075 2	0.08		
D31 工业废水处理率(%)		43.64	100	0.436 4	0.060 2
D32 工业固体废物处理率(%)		1.42	100	0.014 2	0.001 7
D33 生活污水处理率(%)		0	≥45	0	0
D34 生活垃圾处理率(%)		89.8	≥90	0.997 8	0.109 8
D35 城市绿化覆盖率(%)		24.8#	≥35	0.708 6	0.078 7
D36 城市建成区噪声平均值(dB)		13.3	<58	1	0.118 0

注:*吐鲁番城市大气质量监测数据是根据张永录(2004)和《环境空气质量标准》GB3095—1996 的二级标准进行处理后的数据。

资料来源:"吐鲁番地区城市环境综合整治成效显著",《新疆日报》,2004 年 12 月 10 日。

2. 交错带生态环境质量评价

以 1985 年的绿洲系统交错带生态环境用水量为鉴定交错带生态环境质量稳定性的标准。原因如下:艾丁湖是吐鲁番地区一个主要的湿地景观,湖水的存在不仅使吐鲁番地区的自然景观系统完整,而且对维护湖周围湿地生态环境均有重要作用。湖水面积一直在减小,1985 年有 22 平方千米,其后湖水面积锐减,90 年代末已经消失。由于该湖是盆地的汇水区域,一定面积的湖水的存在,反映出绿洲系统水资源经过人工绿洲利用后,留给交错带的生态用水量相对比较充足,在其他生态因子不发生变化的情况下,交错带的生态环境质量会比较稳定。因此,选 1985 年交错带生态环境用水量作为标准,来衡量其他年份交错带生态用水量的满足度。

根据表7—15可知,1985年的交错带生态用水量为84 959.75立方米,2003年为58 422.67万立方米,用公式6—4可以计算2003年吐鲁番地区交错带生态用水量满足度评分为0.687 7,即绿洲系统交错带生态环境质量评分为0.687 7。

3. 绿洲系统环境质量评价结果

2003年吐鲁番人工绿洲环境质量评分为0.610 6,交错带生态环境质量评分为0.6877,利用公式6—5,可以计算绿洲系统环境质量评价分为0.647 9,即64.79%。

四、吐鲁番地区旅游可持续发展评价结果

根据以上各子目标层的评分(表7—21),利用公式6—5,可以计算出吐鲁番地区旅游可持续发展评价分值A为0.621 9,即62.19%,处于基本可持续发展水平。

表7—21　2003年吐鲁番旅游可持续发展评价值

总目标层A	评价分	子目标层及评分B	权重	评价分	指标层C	权重	评价分	加权分
A吐鲁番地区旅游可持续发展	0.6219	B1 旅游社会效益	0.258	0.604 3	C1 居民满意度	0.402	0.600 9	0.241 6
					C2 旅游者满意度	0.598	0.606 6	0.362 7
		B2 旅游业持续发展能力	0.427	0.707 1	C3 旅游业经济发展水平	0.312	0.880 8	0.274 8
					C4 旅游业产品竞争力	0.448	0.838 8	0.375 8
					C5 旅游业内部结构竞争力	0.240	0.235 3	0.056 5
		B3 绿洲系统环境质量	0.315	0.647 9	C6 人工绿洲环境质量	0.517	0.610 6	0.315 7
					C7 绿洲—荒漠交错带生态环境质量	0.483	0.687 7	0.332 2

参照前一章表6—6"干旱地区区域旅游可持续发展评判标准",可以判断吐鲁番旅游发展处于基本可持续发展水平。前已经论述吐鲁番正处于巴特勒的"旅游地生命周期理论"的开发阶段,在开发阶段,区域旅游发展应该保持在可持续水平,才能够为其后巩固期的旅游可持续发展打下良好的基础,使区域旅游生命周期延长。而目前吐鲁番旅游开发阶段的发展还没有达到可持续发展水平,这会影响以后的旅游发展水平,甚至缩短其生命周期。因此,应采取一些措施,及时调整对地区旅游可持续发展不利的影响因素,使其步入良好的发展道路。

第五节 如何提高吐鲁番旅游可持续发展的水平

在吐鲁番地区旅游可持续发展评价体系的三个子目标中,旅游社会效益评价分60.43%(表7—21),旅游业持续发展能力评分为70.71%,绿洲系统环境质量评分64.79%。说明2003年吐鲁番地区的旅游社会效益水平和绿洲系统环境质量达到了干旱区域旅游基本可持续发展水平,只有地区旅游业持续发展能力达到干旱区域旅游可持续发展水平。要使吐鲁番地区旅游发展进入可持续发展阶段,还需要进一步提高三个子目标的发展水平,尤其要提高旅游社会效益水平和绿洲系统环境质量水平。

一、影响旅游社会效益水平进一步提高的因素与改进措施

吐鲁番地区旅游社会效益评分为60.43%,达到基本可持续发展水平。旅游社会效益的两项指标评分也只达到基本可持续发展水平,旅游者满意评分为60.66%,旅游社区居民满意程度更低,为60.09%(表7—21)。因此,进一步提高旅游社会效益需要从影响社

区居民和旅游者满意度的因子进行分析。居民作为地方旅游服务形象的代表之一,其不支持旅游发展的态度和行为会直接影响旅游产品的质量,进而影响旅游地发展轨迹。旅游者是旅游发展的市场因子,决定着旅游地发展水平。

(一) 社区居民满意程度因素分析及改进措施

吐鲁番地区旅游发展基本满足了旅游社区居民的利益,但是还有一些因素阻碍了满意程度的进一步提高。从表7—9可知,旅游社区居民对旅游旺季交通车辆带来的问题和旅游者侵入造成的人口密度增加满意程度很高,分别为83.57%和84.97%。这并不是景区经营商解决了这两方面的问题,而是因为居民关注的焦点在旅游带来的工作机会和收入提高,对这些负面的影响还没有高度关注。在调查过程中发现,个别紧邻景区的住户,住宅院门外即是停车场,每天通过车辆和旅游者很多,但问及住宅主人及家庭成员时,都表示不受影响,只有个别老年妇女表示不满。旅游社区中居民参与旅游是以参与旅游地发展决策和参与旅游收益分配为基础的,当居民意识到旅游发展能够给其带来利益的前提下,会对旅游持支持的态度。这是基于社会交换论进行社区居民感知态度研究的基本结论之一。在这方面,有些葡萄沟风景区中的村民是例外的。交谈时发现,大部分在旅游发展中并没有获益的村民,也表示支持旅游发展,认为车辆多点没有关系,说明客人多了,客人多了就好。这可能说明吐鲁番居民在获取经济利益和被外界认可两者时,更注重被外界的认可。

为了解决旅游交通对景区居民带来的不良影响,保护旅游景区的环境质量,吐鲁番地区政府和旅游开发商已经实施了一些新的举措,如葡萄沟风景区修了新的大门、道路和停车场,限制车辆进入景区,减少了对以前老景区大门和通往景区主干道周围居民的不利影响,却给新大门及通往景区的主干道周围居民造成了影响。为了减少交通带来的不利影响,还应在增加停车场及道路绿化和通往景区的道路布局等方面作出努力。

景点在开发之前属于社区所公有,在景点开发时比较关注居民的享用权利,如葡萄沟风景区的经营权虽属大西部旅游股份有限公司所有,但 2003 年以前村民拿着景区所在大队的大队长的亲笔签字条,就可以免费出入景区。因此,居民对是否能够拥有景点资源的享用权比较满意,达 75.51%。

居民获得的工作机会和收入并不十分理想,居民从旅游发展中获得的工作机会以在景区周围从事个体摊点经营和被景点企业聘为员工为主,限于可供的摊位数量有限,限制了居民的就业机会。在旅游景点企业中工作的社区居民因文化水平有限,只会维语,不会书写汉字,基本属于基层临时雇工,收入比较低。收入比较高的中、高层管理人员多属于企业外聘人员。所以,居民对旅游提供的工作机会和收入增加情况满意程度偏低,分别为 40.76% 和 52.59%。

旅游社区居民大都是农民,旅游开发征用耕地后,补偿较低,且没有妥善安排好被征用耕地的居民生计问题。其中,高昌故城位于耕地中,景区耕地的经营者被征用耕地后带来的问题比较多,使得居民对旅游开发占用土地的满意程度不高。根据调查数据统计,高昌故城景区周围的居民此项满意度只有 37.4%,低于全部调查居民该项的得分(56%)。而且,高昌故城景区因缺少停车场和绿地,正在计划下一轮的征用耕地工作。附近的台藏塔遗址也坐落在耕地中,其开发也需征用大量耕地。如果不处理好被征地农户的生计问题,会出现农户因旅游开发而"致贫"的不良现象,严重影响旅游可持续发展水平。

旅游业中除了土地类自然要素投入外,还有人文类旅游吸引物产业中文化要素的投入,包括历史文化遗存、民俗文化、现代文化等,以历史文化、观赏、体验、科学等使用价值的形式被旅游者消费。吸引物资源所有权属于国家或私营业主的均可以在供给旅游者消费过程中收取租金,但只有属于社区居民所有的社区文化,作为社区旅游产品的重要组成部分,供给旅游者体验,居民却无法直接收费,而是通过旅游经营商在收费。因此,居民作为旅游产品生产过程中的资源投入主体,从经营商中获得利润分成是符合经济运行规律的。

因此,在今后的旅游发展中,要进一步提高旅游社会效益,应该采取以下三方面的措施。

第一,地方政府在旅游发展中制定相应的居民参与旅游经营商经济利益分成的制度机制。帮助社区居民从旅游业发展中获取经济利益,也是解决三农问题的一个有效途径。

第二,通过政府的努力来提高居民获得工作机会、增加收入和改善生活水平的能力,如可以通过开设一些培训班,来提高旅游社区居民的文化素质和企业经营管理素质,为他们创造公平参与旅游企业经营管理的机会和能力,并提高从事旅游相关服务的个体经营者的经营能力。西方学者认为"旅游业的发展,特别适合于那些经济技术不太发达、教育不太普及的地区。旅游业不像其他产业一样,需要进行全面的技术培训"(Smith,1989),但 Tosun(2002)的研究发现"缺乏受过教育的人力资源"正是发展中国家旅游发展很重要的一个限制性因素。通过调研发现,西部干旱区旅游社区发展过程中,缺乏技术培训是限制少数民族居民满意度提高的根本原因之一。

第三,做好因旅游开发而被征用耕地的居民的补偿与善后工作,政府应搭建平台,提供信息,让农民参与旅游开发征地决策,并督促开发商解决失地农民的生计问题,使旅游社区农民真正从旅游发展中获得实际利益。

（二）影响旅游者满意程度因素分析及改进措施

旅游者对吐鲁番地区旅游产品各指标评分中，对旅游购物服务、住宿服务、餐饮服务评价值相对比较低，低于60%，其中购物服务最低，为50.94%（表7—12）。对交通服务、旅游吸引物质量、导游、居民态度及吐鲁番整体旅游产品感知均高于60%，其中，对居民感知评价得分最高，为66.89%。可以看出，旅游者对所消费的吐鲁番旅游产品总体是比较满意的，制约旅游者满意度进一步提高的因素首先是旅游商品购物服务水平，其次是住宿和餐饮服务。

吐鲁番地区旅游商品购物业比较薄弱，缺乏规模，商品种类贫乏。在今后的旅游发展中，政府有必要关注营造环境，鼓励旅游商品购物业及与之相关联的制造业的发展。同时不断提高住宿服务、餐饮服务水平，营造良好的旅游整体服务形象，使吐鲁番地区的旅游者满意程度进一步提高。

二、提高地区旅游业持续发展能力的方案

从表7—21可以看出，影响旅游业持续发展能力的各项指标评分中，旅游业经济发展水平评分最高，为88.08%，旅游业产品竞争力评分为83.88%。反映出2003年吐鲁番地区旅游业产品的竞争力比较强，达到了旅游可持续发展的要求。但旅游业产品中还有一些因子对其竞争力有影响，如饮食服务质量和旅游购物服务质量评分稍低，这两个因素对旅游业持续发展有一定的影响，其中旅游购物服务质量水平最低，只有49%，是影响吐鲁番地区旅游业产品质量的主要因素。

旅游业内部结构竞争力评分只有23.53%，说明旅游业内部竞争力非常弱，严重制约了吐鲁番地区旅游业持续发展能力的提高。

因此，要进一步提高吐鲁番地区旅游业持续发展的能力，首先，需

要改变地区产业结构,发展制造业,提高旅游商品的生产能力。利用临近的乌鲁木齐的经济资源,提高旅游商品和娱乐业的服务水平和质量,进一步提高饮食服务质量和水平,改变地区旅游业内部以景点观光业和住宿业为主的结构特点,提高旅游业内部结构竞争能力。

其次,通过政府的努力来提高当地旅游从业人员的素质,营造良好的社区经济文化环境。因为旅游企业为了提高企业经营效益,普遍会采用直接外聘从业人员,节省培训成本的方式经营,无法根本解决提高社区居民生活水平的问题。所以只有采取以政府搭建平台,通过建立能够兼顾社区居民利益的旅游开发制度和提供培训等多种方式,提高旅游社区全体居民的劳动力素质,增强参与旅游工作的能力,创造良好的社区开发环境。如此,才能实现世界旅游组织所强调的旅游社区居民参与的目标,达到旅游社区居民参与旅游发展,关心旅游发展,实现营造地区良好的旅游发展环境,提高旅游业竞争能力的目的。

三、影响绿洲系统环境质量水平的因素与改进措施

在吐鲁番地区绿洲系统环境质量评价中,以吐鲁番市为代表的人工绿洲环境质量的评分为 61.06%(表 7—21),交错带生态环境质量的评分为 68.77%,两项指标都只达到基本可持续发展水平,低于干旱地区区域旅游可持续发展要求的水平。要进一步提高绿洲系统生态环境质量,需要在保护人工绿洲环境和交错带生态环境质量两方面作出一些努力。

(一) 影响人工绿洲环境质量的因素分析及改进思路

在吐鲁番人工绿洲环境质量的各项指标评分中,供水普及率、城市建成区噪声和生活垃圾处理率都完全达到了旅游可持续发展标准,城市绿化覆盖率基本达到了标准,而工业三废污染处理率不符合标准,污

水处理率为 0,成为影响人工绿洲环境质量的主要因素。

人工绿洲环境属于旅游产品中公共产品部分,是影响当地居民生活质量和旅游者满意程度的因素。在人工绿洲发展中,应集中力量解决工业污染和生活污水污染处理问题,创造一个高质量的适宜居住和愉悦程度高、对旅游者能够产生吸引力的人工绿洲环境。

(二)影响绿洲系统交错带生态环境质量的因素分析及改进措施

交错带生态用水量的标准值选取的是 1985 年的水资源利用量,2003 年吐鲁番绿洲系统交错带生态用水满足程度为 68.77%,也说明 2003 年该项用水较 1985 年少了 31.23%。人工绿洲用水的不断增加是使交错带生态用水减少和生态环境质量下降的根本原因。

从表 7—15 数据可以看出,人工绿洲用水主要是农业用水,1985 年农业用水占人工绿洲用水的 93.43%,2003 年该比例有所增加,为 93.82%。从 1985 年到 2003 年,人工绿洲用水量占水资源总量(117 300 万立方米)由 27.57% 增长到 50.19%,增长了 82.51%。其中,农业用水占水资源总量由 25.76% 增长到 47.09%,增长了 82.80%。可见,农业用水是导致交错带生态用水下降的根源。

从表 7—22 吐鲁番地区各行业每立方米用水的产值(旅游业为旅游业收入)比较可以看出,农业每立方米用水的产值只有 2.45 元,而且没有将农田防护林的生态环境成本核算进去,农业生产用水产生的经济效益非常低。因此,调整产业结构或发展节水型农业,是保证吐鲁番地区绿洲系统环境质量的根本措施,只有如此,才能提高地区旅游可持续发展水平。

表 7—22 2003 年吐鲁番地区各行业每立方米用水的产值

	农 业	工 业	旅游业
产值(元)	2.45	273.38	396.12

当地政府对农业产业内部结构已经做了一些调整。从表7—15中农业内部各项数据可以看出,从1985年到2003年,吐鲁番地区农业内部结构已经发生了比较大的变化,葡萄种植面积扩大,从8 380公顷增加到25 370公顷,相应地,葡萄种植用水从22.46%增加到37.20%(表7—23所示,利用表7—15中数据算出)。农业经济由单一的耕地为主,转化为耕地、葡萄为主的二元结构。

表7—23　1985年和2003年吐鲁番农业各项用水占农业总用水量的比例

农业用水项	1985年占农业用水量比例(%)	2003年占农业用水量比例(%)
耕　地	74.63	48.88
农田防护林	0.72	7.46
葡　萄	22.46	37.20
草　场	2.18	6.46

但由于吐鲁番地区葡萄加工业比较薄弱,且产品外销量有限,使得葡萄种植利润来源主要是销售鲜葡萄和葡萄干。葡萄保鲜技术成本比较高,加上不具备交通区位优势,长途外运的效益并不好,如2004年,当地许多农民种植的葡萄连成本都无法收回(《乌鲁木齐晚报》,2004年8月31日)。而且,葡萄种植灌溉用水量比粮食作物多,只鼓励种植葡萄,不关注其产品加工与销售问题,必然造成与粮食种植业类似的水资源低效利用后果。

因此,只有通过改变地区产业结构,积极发展每单位用水产生经济效益比较高的产业,限制农业内部低效用水作物种植,才能保证绿洲系统生态环境质量得到根本的改善,提高地区旅游可持续发展水平。

【案例】新疆喀纳斯风景区生命周期分析及其趋势预测

旅游地生命周期理论是描述旅游地演进过程的理论。旅游地生命周期理论的概念最早由 Chistaller 在 1963 年研究欧洲的旅游发展时提出，1978 年 Stansfield 在研究美国大西洋城旅游发展时也提出了类似的概念。但目前最具影响力的是 1980 年由加拿大学者巴特勒在《旅游地生命周期概述》中所作的阐述。他认为旅游地的发展是随时间变化而不断演变的，并把旅游地的生命周期划分六个阶段：探索阶段、参与阶段、发展阶段、巩固阶段、停滞阶段、衰退或复兴阶段，并且根据游客量绘制了旅游地生命周期"S"形曲线。

喀纳斯风景区地处新疆阿勒泰地区布尔津县境内，是一个坐落在阿尔泰深山密林之中的高山湖泊。2003 年被命名为国家地质公园、国家森林公园、2004 年被列入世界遗产地影展名录，2005 年被国家旅游局评为 5A 级风景名胜区，是新疆重要的旅游景区。喀纳斯风景区的发展带动了布尔津县相关产业的联动大发展和农牧民的脱贫致富，对县域乃至全区经济拉动作用日趋明显，已成为布尔津县的主导产业。景区的发展状态影响着布尔津县的经济可持续发展，而游客量的增长态势可以反映景区旅游经济的发展态势。因此，以游客量为参数对喀纳斯风景区生命周期阶段进行划分，具体分析周期各个阶段特点，并对景区未来十年发展趋势进行预测，以反映景区的发展轨迹。

一、研究方法

选用游客量变化为参数来研究喀纳斯风景区的生命周期特点，追溯喀纳斯风景区的旅游业发展历程最早可达 20 世纪 80 年代初期，但考虑到研究数据的科学性与连贯性，因此选取1993～2006年14年的游客接待量为分析时段（表7—24）。通过绘制历年游客量变化量曲线，划分喀纳斯风景区生命周期所处阶段（图7—18）。

表7—24　1993～2006年喀纳斯风景区接待人数

年份	接待量（万人次）	年份	接待量（万人次）
1993	0.75	2000	12.6
1994	1.7	2001	14
1995	2.2	2002	20.4
1996	3.8	2003	33.1
1997	4.8	2004	48.6
1998	6.5	2005	62
1999	10.2	2006	76.3

资料来源：布尔津县旅游统计局、喀纳斯旅游管委会。

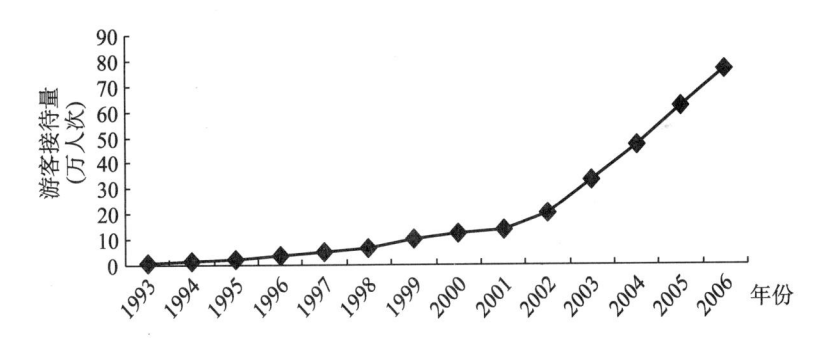

图7—18　1993～2006年喀纳斯风景区旅游者人数变化

二、喀纳斯风景区生命周期阶段划分及特点分析

（一）探索期

1985年4月报道喀纳斯发现大红鱼，此后喀纳斯"湖怪"之谜引起

全国轰动，引发了中外许多自然科学家的极大兴趣。1990年9月出版了由中科院南京地理与湖泊研究所、中国水产科学研究院和黑龙江水产研究所专家所撰写的考察报告——《新疆喀纳斯湖科学考察》。该书对喀纳斯湖及周围环境进行了详尽的科学报道，吸引了本地及一些中外科学家前来探查。1992年以前，从白哈巴通往喀纳斯风景区的道路一直是一条泥泞的土路，景区内没有旅游服务及接待设施，游客必须自带食物前去观看，住、行极不方便，多住宿在当地居民家。因此，1985～1992年是喀纳斯风景区的探索期，八年共接待游客1.85万人次，旅游的经济效应不十分明显。

（二）参与期

1993～1998年为喀纳斯风景区参与阶段。从这一时期开始景区旅游宣传，逐步兴建完善了景区旅游基础设施和景区内部交通道路，并添置基本的旅游娱乐设施，游客接待量开始小幅度增长，旅游经济效益较明显（表7—25）。1993～1998年喀纳斯风景区建设共投资29 633.2万元，使景区服务日益规范。加强了旅游接待建设，使1994年喀纳斯风景区游客数量首次超过万人，达1.3万人次，到1998达到6.5万人次，年均增长率49.53%，游客客源地逐步丰富，包括中国沿海经济特区、港台地区和日德等发达国家。相应的旅游收入也由1993年的24万元，增加到1998年的1 050万元。上缴税金1993年为2.42万元，1995年为3.5万元，到1998年则为280万元。旅游发展同时带动非公有制经济的发展，1998年布尔津县非公有制经济从业户达1 229户，从业人员从1993年的不到百人，增加到1998年的4 500余人，实现税收413万元，占财政收入的36%。

表7—25 1993~1998年喀纳斯风景区旅游建设、宣传与旅游收入

年份	旅游建设投入 旅游基础设施	经费（万元）	旅游宣传与协作	旅游收入(万元)
1993~1994	基础设施工程投资。	8 000		45
1995	修建通往喀纳斯湖的部分路面，两座小桥，一座豪华宾馆和一栋普通宾馆，添置三艘快艇。	27		48
1996	新建别墅2座，购置游艇2艘，新建砂石路面1公里，并对喀纳斯景区30公里险滩路段进行了维修。	50.2	走访区内外各旅行社进行政策交流，通过广播、电视、报刊等新闻媒体和印制纪念品、分发图册等办法，大力推销喀纳斯。	189.93
1997	旅游区宾馆、景点等基础设施建设；布尔津县城至喀纳斯湖新公路竣工。	556	先后派出40多人外出培训，与区内外20多个旅行社联合协作，组织接待大型旅游团体。	420
1998	建7幢旅游别墅宾馆，购置10艘漂流观光艇；开通900兆移动电话和各乡镇程控电话；开通布尔津县城至喀纳斯旅游班车。	200	在新疆公众信息网上建立网站，通过网站与60余家国内外旅行社取得联系，并建立旅游协作关系。	1 050

（三）发展期

由于景区发展呈现良好势头，从1999年开始，国家投资兴建景区基础设施。同时吸引众多外商进行投资，使得景区旅游设施进一步完善；积极拓展旅游空间，可进入性加强，并加大宣传力度，使宣传手法多样化

(表7—26),形成明确的客源市场,旅游业经济效益突显,带动当地实现经济效益与社会效益双赢,因此1999~2006年界定为喀纳斯风景区的发展阶段。在此期间喀纳斯风景区累计建设投资13.37亿元,接待能力与服务设施均有所提高,这使1999年游客量突破10万人,达到10.2万人次。以后三年以每年25.99%的比例增长,到2002年游客量突破20万,达20.4万人次,2003年全国范围内暴发"非典",但丝毫没有影响喀纳斯风景区的旅游热度,接待旺季只是比往年推迟两个月,游客量非但没有减少反而有所增加,达33.1万人次,比2002年增长了39.57%。2005年贾登峪后方接待基地全面投入使用,使接待能力进一步提高,游客接待量突破60万,达60.2万人次,比2004年增长33%,到2006年游客量达76.3万人次,比1999年增加了66.1万人次,增长了86.63%。

在游客量迅速增加的同时,客源市场结构逐步优化,涉及30多个国家和地区,由疆内为主转变为疆外为主,疆内、疆外、国外游客比例变为2∶53∶45。旅游收入从1999年的3 200万元,增加到2006年的56 000万,年均增长率50.51%。旅游业相当于GDP的比重也逐年增加,2003~2004年对GDP增长的贡献率分别为16%、36.2%,拉动GDP增长分别为2.7个百分点和10.6个百分点,到2006年旅游收入相当于全县GDP比重42.7%,拉动GDP增长13个百分点,旅游创造的财政收入占全县财政收入的29.7%,上缴税金从1999年的25%,增加到2006年的39.6%。由旅游业直接或间接解决就业人员从1999年的几千人,增加到2006年的上万人次,旅游业已成为当地就业的主要渠道。

为与喀纳斯风景区的旅游发展相适应,布尔津县大力实施市镇建设,先后新建多项娱乐设施,对旧楼按欧式风格逐步改造,街道进行平整,新增绿地面积,使人均公共绿地面积由2000年的7.9平方米提高到2006年的10平方米,绿地覆盖率由2000年的32.45%提高到2006年的41.55%,增加了9.1%。

第七章 吐鲁番旅游可持续发展研究

表7—26 1999~2006年喀纳斯风景区旅游建设、宣传与旅游收入

年份	旅游建设投入		经费（万元）	旅游宣传与协作	旅游收入（万元）
	旅游基础设施				
1999	铺设县城至喀纳斯的公路，开通喀纳斯移动电话，建成喀纳斯2×250千瓦水电站，完成景区道路和环卫设施、供排水、供热等基础设施建设；景区配备一辆垃圾清理车，20个垃圾集装箱，50个果皮箱，修建水冲式公厕，通风型公厕40个；修建红十字急救站。		20 000	通过喀纳斯风光专题片，喀纳斯风光画册，因特网，电视广告，参加全国性的旅游博览会进行宣传；开展阿勒泰99精品建设生态环境旅游宣传周活动；召开喀纳斯旅游新闻发布会；举办99喀纳斯世纪生态旅游节；举办99中国人首次挑战喀纳斯大河谷活动、开展金秋喀纳斯新世纪摄影节。	3 200
2000~2001	启动喀纳斯自然保护区内的退耕还林还草及牧道改造等。生态保护核心区区内的旅游服务设施逐渐后撤至保护区外，保护区内的图瓦人搬迁到山脚下；景区32路卫星电话与布尔津县电话联网成功并投入使用；修建50个环保厕所，购置了120个垃圾集装箱，500个果皮箱。			在"旅交会"上举办喀纳斯神州生态旅游活动；举行"中国国内旅游交易会喀纳斯生态旅游新闻发布会"；广州市举行"喀纳斯生态旅游产品推介会"，向50多家新闻单位、100多家旅行社宣传喀纳斯；举办2000年喀纳斯游收文化艺术节和第二届喀纳斯金秋摄影节；国庆期间，布尔津以"假日经济"为突破口，推出"金秋喀纳斯国庆7日游"活动，门票5折优惠，就餐、住宿30％优惠。	16 025

295

续表

年份	旅游建设投入 旅游基础设施	经费（万元）	旅游宣传与协作	旅游收入（万元）
2002	完成贾登峪基地供排水管网、部分环卫设施、主干道路基及一、二区公路全线贯通，修建"布尔津至喀纳斯县级公路等级公路；修建"友谊峰大酒店"；在喀纳斯村修建太阳能发电站；喀纳斯二级电站；修筑布尔津一冲乎尔乡三级宽度达10米沥青路面；签订了喀纳斯一白湖40公里森林旅游观光铁路建设项目；景区生态保护相关基础设施建设。	10 867	通过"新疆风情万里行"活动开展"喀纳斯之旅"系列活动；举办第三届喀纳斯金秋摄影节和首届喀纳斯摄影大赛；召开在喀纳斯生态旅游新闻发布会。	12 000
2003	启动贾登峪三、四区建设项目——"伯爵山庄"建设，建成92座欧式风格的单体生态宾馆群和2座五星级酒店标准的国际度假村；在布尔津县海流滩修建规模为3C跑道的中小型客机机场；完成贾登峪广播电视合主体工程。	28 000	投入宣传经费100万元，在央视及主要新闻媒体上进行多层次、多角度的宣传，采取走出去的方式经营淡季，派人到北京、上海、西安、天津等内地大城市搞宣传和促销活动；举办全国性模特大赛以及摄影活动等；举办"喀纳斯招商新闻发布会"；举办"新疆国际旅游节"。	26 500
2004	景区接待设施已基本实现切换，离湖区30公里的贾登峪旅游接待基地已初具规模，	35 000	上海举办"喀纳斯旅游风光摄影展"；"喀纳斯国际生态年"；成立由上百家媒体参加的	37 000

第七章　吐鲁番旅游可持续发展研究　297

续表

年份	旅游建设投入 旅游基础设施	经费(万元)	旅游宣传与协作	旅游收入(万元)
2004	完成了贾登峪 3.1 公里花岗岩主干道、1.8公里支干道、5.4 公里供排水主管道、3.8 公里供排水支管线、污水处理厂、管理中心、换乘中心停车场、卧龙湾至月亮湾栈道及观景平台、花岗岩步道等十几项工程,并解决基本的通讯问题。		"喀纳斯湖怪探险俱乐部";举办"香港—喀纳斯生态旅游推介会"举办首届"喀纳斯风韵笔会";举办"2004 年全国画报社联合大采风活动"、举办"喀纳斯杯"乒乓球等级赛;建立了喀纳斯中、英文动态咨询演示系统,通过网络宣传喀纳斯,与九寨沟结为友好合作景区。	37 000
2005	贾登峪生活基地全面投入使用,喀纳斯河各木栈道,贾登峪供排水、道路、停车场等一批国债项目建成使用,景区交通、电力、通信等配套设施进一步完善;布尔津至景区道路全线贯通;兴建 18 座四星级豪华厕所,更换 200 多个老式垃圾箱,新购进 18 辆区间车,淘汰更新 20 多艘游艇,将通往观鱼亭的木桥改装为钢架桥,启动"数字喀纳斯"电子系统工程。	1 376	成立喀纳斯奇石协会,先后参加了在乌鲁木齐、西安举办的奇石博览会;"云海佛光"、"变色湖"、"浮木长堤"、"湖怪"频频报道增加了国内外媒体的目光,喀纳斯"湖怪"参赛图片、影像在电视多套节目和新闻频道先后滚动播出 20 多次,各大网站也在显要位置竞相报道;央视科教中心专题纪录片"喀纳斯景区的部落—图瓦人之谜"剧组对喀纳斯拍摄,中央电视台《直播新疆》栏目组对喀纳斯景区的生态保护与旅游开发等进行了现场的采访、实地拍摄,并在央视多套栏目中热播。	48 000

续表

年份	旅游建设投入 旅游基础设施	经费（万元）	旅游宣传与协作	旅游收入（万元）
2006	加强了喀纳斯机场、喀纳斯湖区、禾木、白哈巴、贾登峪等景区的建设，景区电子门票、区间车、喀纳斯湖西接待中心等设施全部投入运营。	38 500	央视《走进科学》栏目中播出"喀纳斯UFO爆炸之谜"、"我拍到了喀纳斯湖怪"节目，同时新闻频道播出喀纳斯景点画面；举办喀纳斯景区2006年旅游新闻发布会、旅游座谈会；参加中国国内旅游交易会，并随新疆旅游推介团在四川、湖南等6处城市进行旅游推介；浙江记者团等大型媒体进入景区进行采访。	56 000

三、喀纳斯风景区曲线拟合分析

(一) 曲线拟合对比

通过绘制1993~2006年游客量散点图,发现图形呈现一定的线性规律,因此运用SPSS15统计软件曲线估计模块,以时间 X 为自变量(第一年取1,第二年取2,以后依次类推),历年游客变化量 Y 为因变量,进行曲线拟和,以 R_2 为检验标准,若符合曲线模型则按照相应模型计算和分析。

对1993~2006年的累积游客量,应用多种曲线模型进行拟合后,发现Cubic(三次函数)拟合性最好,其 R_2 统计量的值为0.998(表7—27)具体模型为:

$$y = -2.4533 + 3.4101x_1 - 0.7103x_2 + 0.0627x_3$$

根据三次方程曲线函数模型得到喀纳斯风景区1993~2016年累计游客量预测值,模型预测2004年、2005年、2006年游客量分别为44.61万、59.70万、78.25万人次,与实际观察值较接近。与未来十年游客量预测值,可以较好地拟合(图7—19)。

表7—27 曲线拟合结果统计

模型	R_2	自由度	F值	显著水平	b0	b1	b2	b3
LIN	0.794	22	84.99	0.000	−125.36	20.466		
LOG	0.484	22	20.66	0.000	−180.10	136.051		
INV	0.173	22	4.60	0.000	181.162	−322.26		
QUA	0.990	21	995.07	0.000	52.609	−20.604	1.643	
CUB	0.998	20	1079	0.000	−2.4533	3.4101	−0.710	0.063
COM	0.979	22	1 034.46	0.000	1.212	1.317		
POW	0.930	22	290.57	0.000	0.206	2.285		
S	0.571	22	29.33	0.000	4.752	−7.098		

续表

模型	R²	自由度	F值	显著水平	b0	b1	b2	b3
GRO	0.979	22	1 037.46	0.000	0.193	0.275		
EXP	0.979	22	1 037.46	0.000	1.212	0.275		

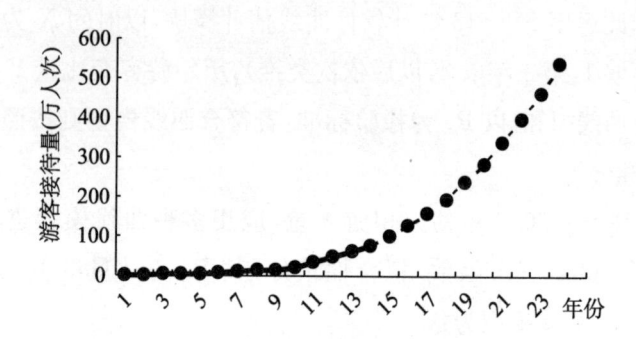

图 7—19　喀纳斯风景区历年累计游客量实际
观测值与三次方程预测值拟合图

(注：实线为观测值，虚线为预测值。横坐标 1 表示 1993 年，以后依次类推)

(二) 喀纳斯风景区游客接待量预测

利用三次方程函数模型对喀纳斯风景区未来十年的游客量进行预测(表 7—28)，得出景区未来游客变化的发展趋势。

表 7—28　喀纳斯风景区 2004~2016 年游客接待量预测(万人次)

年份	2004	2005	2006	2007	2008	2009	2010
变动上限	39.86	54.8	72.62	93.11	116.45	142.97	173.03
预测值	44.61	59.69	78.24	100.65	127.28	158.52	194.73
变动下限	49.35	64.55	83.86	108.19	138.12	174.06	216.44

年份	2011	2012	2013	2014	2015	2016	
变动上限	206.91	244.88	287.21	334.14	385.92	442.78	
预测值	236.31	283.61	337.03	396.93	463.69	537.69	
变动下限	265.71	322.34	386.84	459.71	541.46	632.60	

(三) 预测结果

由表 7—28 可以看出,喀纳斯风景区 2007 年游客预测值为 100.65 万人,2007 年实际游客接待量达到 93.9 万人次,在预测值变动范围之内。在未来十年内,若不出现较大的影响旅游业发展的冲击事件,景区游客接待量将以每年 20.46% 比例持续稳定增长,至 2016 年游客将达到 537.69 万人次。

参 考 文 献

1. Adger, W. N. ,Brown, K. & Cervigni, R. et al. 1995. Total economic value of forests in Mexico. *Ambiology*, Vol. 24, pp. 286~296.
2. Allen, L. , P. Long, R. Perdue, & Kieselbach, S. 1988. The impact of tourism development on residents' perceptions of community Life. *Journal of Travel Research*, Vol. 27, pp. 16~21.
3. Akis, S. ,Peristianis, N. &Warner, J. 1996. Residents' attitudes to tourism development: the case of cyprus. *Tourism Management*, Vol. 17, pp. 481~494.
4. Ann,B. Y. ,Lee, B. K. & Shafter, C. S. 2002. Operationalizing sustainability in regional tourism planning: an application of the limits of acceptable change framework. *Tourism Management*, Vol. 23,pp. 1~15.
5. Ap, J. 1992. Residents' perceptions of tourism impacts. *Annals of Tourism Research*, Vol. 19, pp. 665~690.
6. Andereck, K. , L. and Valentine, K. 2005. Residents' perceptions of community tourism impacts. *Annals of Tourism Research*, Vol. 32, pp. 1056~1076.
7. Andrews, P. W. S. 1949. *Manufacturing Business*. London, Macmillan.
8. Archer, B. H. 1982. The value of multipliers and their policy implications. *Tourism Management*, Vol. 3, pp. 236~241.
9. Archer, B. and Cooper, C. 1995. The positive and negative impacts of tourism. *Global Tourism: The Next Decade*. Butterworth-Heinemann, Chatswood .
10. Arrow, S. C. 2002. Estimating environmental resiliency for the Grampians National Park, Victoria, Australia: a quantitative approach. *Tourism Management*, Vol. 23, pp. 295~309.
11. Ayres, R. 2000. Tourism as a passport to development in small states: re-

flections on Cyprus. *International Journal of Social Economics*, Vol. 27, pp. 115~133.

12. Bateman, I. , Willis, K. & Garrod, G. 1994. Consistency between contingent valuation estimates: a comparison of two studies of UK national parks. *Regional Studies*, Vol. 28, pp. 457~474.

13. Baud-Bovy, M. 1977. *Tourism and Recreational Development*. The Architectural Press.

14. Becken, S. , and Butcher, G. 2004. *Economic Yield Associated with Different Types of Tourists: A Pilot Analysis*. Paper presented at the CAUTHE 2004 Creating Tourism Knowledge, Brisbane, <http://www.landcareresearch.co.nz/research/sustain_business/tourism/documents/economic_yield_analysis.pdf>.

15. Blangy, S. and Nielsen, T. 1993. Ecotourism and minimum impact policy. *Annals of Tourism Research*, Vol. 20, pp. 357~360.

16. Boo, E. 1990. *Ecotourism: Potential and Pitfalls*. World Wildlife Fund. Washington, D. C.

17. Bostedt, G. and Mattson, L. 1995. The value of forests for tourism in Sweden. *Annals of Tourism Research*, Vol. 22, pp. 671~690.

18. Bramwell, B. 1991. Sustainability and rural tourism policy in britain. *Tourism Recreation Research*, Vol. 16, pp. 49~51.

19. Bramwell, B. and Lane, B. 1993. Sustainable tourism: an evolving global approach. *Journal of Sustainable Tourism*, Vol. 1, pp. 1~15.

20. Briassoulis, H. 2002. Sustainable tourism and the question of the commons. *Annals of Tourism Research*, Vol. 29, pp. 1065~1085.

21. Britton, S. G. 1982. The political economy of tourism in the third world. *Annals of Tourism Research*, Vol. 9, pp. 331~358.

22. Britton, S. 1991. Towards a critical geography of tourism. *Society and Space*, Vol. 9, pp. 451~478.

23. Bryden, J. 1973. *Tourism and Development a Case Study of the Commonwealth Caribbean*. The University Press, Cambridge.

24. Buckley, R. C. 1994. A frame work for ecotourism. *Annals of Tourism Research*, Vol. 21, pp. 661~665.

25. Buhalis, D. 2000. Marking the competitive destination of the future. *Tourism*

Management, Vol. 21, pp. 97~116.
26. Bull, A. 1991. *The Economics of Travel and Tourism*. Melbourne, Longman Cheshire.
27. Bull, A. 1995. *The Economics of Travel and Tourism* (2nd edn). Melbourne, Longman Cheshire.
28. Burkart, A. J. and Medlik, S. 1981. *Tourism: Past, Present and Future*. London, Heinemann.
29. Butler, R. W. 1974. Social implications of tourism development. *Annals of Tourism Research*, Vol. 2, pp. 100~110.
30. Butler, R. W. 1980. The concept of a tourism area cycle of evolution: implications for management of resources. *Canadian Geographer*, Vol. 24, pp. 5~12.
31. Bulter, R. 1989. Alternative tourism: pious hope or trjan horse? *World Leisure and Recreation*, Vol. 31, pp. 9~17.
32. Calais, S. S. and Kirkpatrick, J. B. 1986. Impact of trampling on natural ecotourisms in the Cradle- Mountain-Lake St. Clair National Pack. *Australian Geographier*, Vol. 17, pp. 6~15.
33. Carey, C. and Gountas, Y. 1997. Tour operators and destination sustainability. *Tourism Management*, Vol. 18, pp. 425~431.
34. Cater, E. 1993. Ecotourism in the third world: Problems for sustainable tourism development. *Tourism Management*, Vol. 14, pp. 85~90.
35. Chen, H-S. 1987. Distinction of environment changes by development and control of water resources in arid area in northwest China. *Journal Desert Research*, Vol. 7, pp. 1~2.
36. Chenery, H. 1974. *Redistribution with Growth*. Oxford University Press.
37. Chi-ok oh. 2005. The contribution of tourism development to economic growth in the Korean economy. *Tourism managemern*, Vol. 26, pp. 39~44.
38. Chon, K. S., Weaver, P. A. & Kim, C. Y. 1991. Marketing your community: Image analysis in Norfolk. *The Cornell Hotel and Restaurant Administration Quarterly*, Vol. 31, pp. 24~27.
39. Cohen, E. 1979. A phenomenology of tourist types. *Sociology*, Vol. 13, pp. 179~201.
40. Coker A. and Richards, E. et al. 1992. *Survey-based Evaluation Methods'*

Valuing the Environment: Economic Approaches to Environmental Evaluation. Belhaven, London.
41. Cole, D. N. 1989. Recreation ecology: what we know, what geographers can contribute. *Professional Geographer*, Vol. 41, pp. 143~148.
42. Cole, D. N. and Trull, S. J. 1992. Quantifying vegetation response to recreation disturbance in the north Cascades, Washington. *Northwest Sciences*, Vol. 66, pp. 229~236.
43. Cooke, K. 1982. Guidelines for socially appropriate tourism development in British Columbia. *Journal of Travel Research*, Vol. 21, pp. 22~28.
44. Cooper, C. , Fletcher, J. & Gilbert, D. et al. 1998. *Tourism Principles and Practice* (2nd edn). Harlow, Longman. Vol. 11, pp. 515~519.
45. Coppock, J. and Duffield, B. 1975. *Recreation in the Countryside: A Spatial Analysis*. London, Marcmillan.
46. Cradle- Mountain-Lake St. 1986. Clair National Pack. *Australian Geographer*, Vol. 17, pp. 6~15.
47. Crick. M. 1996. Representations of International Tourism in the Sosiao Sciences, Apostolopoulis, Y. et al. *The Sociology of Tourism*, New York, Routledge.
48. Cronin, L. 1990. A strategy of tourism and sustainable development. *World Leisure and Tourism*, Vol. 32, pp. 13~17.
49. Crouch, G. I. and Ritchie, J. R. B. 1994. Tourism, competitiveness, and social prosperity. *Journal of Business Research*, Vol. 44, pp. 137~152.
50. Curry, S. and Morvaridi, B. 1992. Sustainable tourism: illustrations from Kenya, Nepal and Jamaica. In *Progress in Tourism, Recreation and Hospitality Management* . Cooper, C. P. and Lockwood, A. Belhaven, London.
51. De Moral, R. 1979. Predicting human impact on high elevation ecosystems. In *Proceedings: Recreational Impact on Wildlands*. Washington, USDA Forest Service Pacific Northwest Region.
52. Donaldson, T. and Preston, L. 1995. *The Stakeholder Theory for the Corporation: Concepts, Evidence, Implications*. Academy of Management Review.
53. Donaldson , T. and Dunfee, T. W. 1999. *Ties That Bind*. Harvard Business School Press.

54. Douglas, N. , Douglas, N. & Derrett, R. 2001. *Special Interest Tourism*. Brisbane, Wiley.
55. Dowling, R. 1993. An environmentally-base planning model for regional tourism development. *Journal of Sustainable Tourism*, Vol. 1, pp. 17~36.
56. Dowling, R. K. 1993. Tourist and resident perceptions of the environment: tourism relationship in the Gascoyne region. *Western Australia*, Vol. 29, pp. 243~251.
57. Driml, S. and Common, M. 1996. Ecological economics criteria for sustainable tourism: applications to the great barrier reef and wet tropics world heritage area, Australia. *Journal of Sustainable Tourism*, Vol. 3, pp. 3~16.
58. Dwyer, L. and Forsyth, P. 1997. Measuring the benefits and yield from foreign tourism. *International Journal of Social Economics*, Vol. 24, pp. 223~237.
59. Dyer, P. , Aberdeen, L. & Schuler, S. 2003. Tourism impacts on an Australian indigenous community: a Djabugay case study. *Tourism Management*, Vol. 24, pp. 83~95.
60. Dyer, P. and Gursoy, D. et al. 2007. Structural modeling of resident perceptions of tourism and associated development on the Sunshine Coast, Australia. *Tourism Management*, Vol. 28, pp. 409~422.
61. Edensor, T. 2000. Staging tourism. *Annals of Tourism Research*, Vol. 27, pp. 322~344.
62. Engel, R. F. 1987. Granger, C. W. J. Cointegration and error correction: representation, estimation and testing. *Econometrica*, Vol. 55, pp. 251~276.
63. Enright, M. J. and Newton, J. 2004. Tourism destination competitiveness: a quantitative approach. *Tourism Management*, Vol. 25, pp. 777~788.
64. ETC. 2000. *Action for Attraction*. English Tourism Council.
65. Farrell, B. H. and Ward, L. T. 2004. Reconceptualizing tourism. *Annals of Tourism Research*, Vol. 31, pp. 274~295.
66. Ferguson, P. R. and Ferguson, G. J. 1994. *Industrial economics: Issues and Perspectives* (2nd edn). London, Macmillan.
67. Flagestad, A. and Hope, C. A. 2001. Strategic success in winter sports destinations: a sustainable value creation perspective. *Tourism Management*, Vol. 22, pp. 445~461.

68. Folmer, H., Gabel, H. L. & Opschoor, H. 1995. *Principle of Environmental and Resource Economics: A Guide for Students and Decision-makers*. Edward Elgar, Aldershot.
69. Fornell, C. and Michael, D. J. 1993. Differentiation as a basis for explaining customer satisfaction across industries. *Journal of Economic Psychology*, Vol. 4, pp. 681~696.
70. Forsyth, T. 1996. *Sustainable Tourism: Moving from Theory to Practice*. Godalming, World Wildlife Fund/Tourism Concern.
71. Frank, M. G. and Govers, R. 2000. Integrated quality management for tourist destinations: a European perspective on achieving competitiveness. *Tourism Management*, Vol. 21, pp. 79~88.
72. Frechtling, D. C. 1999. The tourism satellite account: foundations, progress and issues, *Tourism Management*, Vol. 20, pp. 163~170.
73. Fredline, E. and Faulkner, B. 2000. Host community reactions: a cluster analysis. *Annals of Tourism Research*, Vol. 27, pp. 763~784.
74. Freeman, R. E. 1984. *Strategic Management: A Stakeholder Approach*. Boston, Pitman.
75. Freeman, R. E. 1994. The politics of stakeholder theory: some future directions. *Business Ethics Quarterly*, Vol. 4, pp. 445~468.
76. Friedman, J. W. 1986. *Game Theory with Applications to Economics*. Oxford, Oxford University Press.
77. Gallarza, M. G., Saura, I. G. & Carcia, H. C. 2002. Destination image towards a conceptual framework. *Annals Of Tourism Research*, Vol. 29, pp. 56~78.
78. Garrod, B. and Fyall, A. 1998. Beyond the rhetoric of sustainable tourism? *Tourism Management*, Vol. 19, pp. 199~212.
79. Getz, O. 1982. A rational and methodology for assessing capacity to absorb tourism. *Ontario Geography*, Vol. 19, pp. 92~101.
80. Getz, D. 1987. Capacity to absorb tourism—concepts and implications for strategic planning. *Annals of Tourism Research*, Vol. 10, pp. 239~261.
81. Gochfeld, M. 1998. The tragedy of the commons 30 years later. *Environment*, Vol. 40, pp. 4~27.
82. Godfrey, K. B. 1995. Planning for sustainable tourism development in mediterra-

nean countries. *Journal of Sustainable Tourism*, Vol. 3, pp. 55~58.
83. Gonsalves, P. and Holden, P. et al. 1985. *Alternative Tourism: A Research Book*. Ecumentical Coalition on Third World Tourism, Bangkok.
84. Gössling, S. 2001. The consequences of tourism for sustainable water use on a tropical island: Zanzibar, Tanzania. *Journal of Environmental Management*, Vol. 61, pp. 179~191.
85. Green, C. H., Tunstall, S. M. & N'Jai, A. et al. 1990. Economic evaluation of environmental goods. *Project Appraisal*, Vol. 5, pp. 70~82.
86. Gunderson, L. and Holling, E. 2002. *Panarchy: Understanding Transformations in Human and Natural Systems*. Washington D. C., Island Press.
87. Gunn, C. 1988. *Vacationscape: Designing Tourist Regions*. London, Van Nostrand Reinhild.
88. Guun, C. A. 1994. *Tourism Planning*. Taylor and Francis, Washington.
89. Gursoy,D., Jurowski, C. & Uysal, M. 2002. Resident attitudes: a structural modeling approach. *Annals of Tourism Research*, Vol. 29, pp. 79~105.
90. Gursoy,D. and Rutherford, D. G. 2004. Host attitudes toward tourism an improved structural model. *Annals of Tourism Research*, Vol. 31, pp. 495~516.
91. Hall, M. and Driml, M. 1994. Managing nature tourism in the sub-Antarctic. *Annals of Tourism Research*, Vol. 21, pp. 355~474.
92. Hamilton, G. L. and Mgasgas, I. M. 1997. Direct vertical integration strategies. *Southern Economic Journal*, Vol. 64, pp. 220~234.
93. Hammitt, W. E., Bixler, R. D. & Noe. F. P. 1996. Going beyond importance-performance analysis to analyze the observance: influence of park impacts. *Journal of Park and Recreation Administration*, Vol. 14, pp. 45~62.
94. Harris, R. and Leiper, N. 1995. *Sustainable Tourism: An Australian Perspective*. Butterworth-Heinemann, Chatswood.
95. Hanley, N. D. and Ruffell, R. J. 1993. The contingent valuation of forest characteristics: two experiments. *Journal of Agricultural Economics*. Vol. 44, pp. 218~229.

96. Harris, R. and Leiper, N. 1995. *Sustainable Tourism: An Australian Perspective*. Butterworth-Heinemann, Chatswood.
97. Hart, S. 1997. Strategies for a sustainable world. *Harvard Business Review*, Vol. 1, pp. 67~76.
98. Haywood, K. M. 1989. "Responsible and responsive tourism planning in the community". *Tourism Management*, Vol. 9, pp. 105~118.
99. Healy, R. 1994. The "common pool" problem in tourism landscapes. *Annals of Tourism Research*, Vol. 21, pp. 596~611.
100. Hediger, W. 1999. Reconcilling "weak" and "strong" sustainability. *Social Economics*, Vol. 26, pp. 1120~1143.
101. Henry, E. W. 1997. The contribution of tourism to the economy of Ireland in 1990 and 1995. *Tourism Management*, Vol. 8, pp. 535~553.
102. Hillery, M., Nancarrow, B. & Griffin, G. et al. 2001. Tourist perception of environmental impact. *Annals of Research*, Vol. 28, pp. 853~867.
103. Hohl, A. E. and Tisdell, C. A. 1995. Peripheral tourism development and management. *Annals of Tourism Research*, Vol. 22, pp. 517~534.
104. Homans, G. 1961. *Social Behavior: Its Elementary Forms*. New York, Harcourt Brace Jovanovich.
105. Hottola, P. 2004. Culture confusion intercultural adaptation in tourism. *Annals of Tourism Research*, Vol. 31, pp. 447~466.
106. Hsu, C. H., Wolfe, K. & Kang, S. K. 2004. Image assessment for a destination with limited comparative advantages. *Tourism Management*, Vol. 25, pp. 121~126.
107. Hu, Y. Z., Ritchie, J. R. B. 1993. Measuring destination attractiveness: A contextual approach. *Journal of Travel Research*, Vol. 32, pp. 25~35.
108. Huang, Y. and Stewart, W. P. 1996. Rural tourism development: shift basis of community solidarity. *Journal of Travel Research*, Vol. 36, pp. 26~31.
109. Hughes, G. 1995. The cultural construction of Sustainable tourism. *Tourism Management*, Vol. 16, pp. 49~59.
110. Hughes, G. 2002. Environmental indicators. *Annals of Tourism Research*, Vol. 29, pp. 457~477.
111. Hughes, P. 1994. *Planning for Sustainable Tourism: The ECOMOST*

Project. Lewes, East Sussex, International Federation of Tour Operators.
112. Hunter, C. and Green, H. 1995. *Tourism and Environment*. London, Routledge.
113. Hunter, C. 1997. Sustainable tourism as an adaptive paradigm. *Annals of Tourism Research*, Vol. 24, pp. 858~867.
114. Inskeep, E. 1991. *Tourism Planning: An Integrated and Sustainable Development Approach*. London, Routledge.
115. International working Group on Indicators of Sustainable Tourism. 1993. *Indicators for the Sustainable Management Tourism*. Winnipeg: International Institute for Sustainable Development.
116. Ioannides, D. 1995. A flawed implementation of sustainable tourism: the experience of Akamas, Cyprus. *Tourism Management*, Vol. 16, pp. 583~592.
117. Jafari, J. 2001. Research and scholarship: the basis of tourism education. *The Journal of Tourism Studies*, Vol. 1, pp. 33~41.
118. Jurowski, C., Uysal, M. & Williams, R. D. 1997. A theoretical analysis of host community resident reactions to tourism. *Journal of Travel Research*, Vol. 36, pp. 3~11.
119. Kang, S. K. and Lee, C. K. et al. 2008. Resident perception of the impact of limited-stakes community-based casino gaming in mature gaming communities. *Tourism Management*, Vol. 29, pp. 681~694.
120. Kariel, H. G. T. 1989. Tourism and development: perplexity or panacea. *Journal of Travel Research*, Vol. 28, pp. 2~6.
121. Kent, M., Newnham, R. & Essex, S. 2002. Tourism and sustainable water supply in Mallorca: a geographical analysis. *Applied Geography*, Vol. 22, pp. 351~374.
122. Keogh, B. 1990. Resident and recreationists' perceptions and attitudes with respect to tourism development. *Journal of Applied Recreation Research*, Vol. 15, pp. 71~83.
123. Khan, H., Phang, S. & Toh, R. 1995. The Multiplier effect: singapore's hospitality industry. *Cornell Hotel and Restaurant adminis-tration quarterly*, Vol. 36, pp. 64~69.
124. Koch, J. V. 1974. *Industrial Organization and Prices*. Englewood Cliffs NJ, Prentice Hall.

125. Ko, D. W. and Stewart, W. P. 2002. A structural equation model of residents' attitudes for tourism development. *Tourism Management*, Vol. 23, pp. 521~530.
126. Krippendorf, J. 1982. Toward new tourism policies: the importance of environmental and socio-cultural factors. *Tourism Management*, Vol. 3, pp. 135~148.
127. Lafferty, G. and Fossen, A. V. 2001. Integrating the tourism industry: problems and strategies. *Tourism Management*, Vol. 22, pp. 11~19.
128. Lancaster, K. 1996. A new approach to consumer theory. *Journal of Political Economy*, Vol. 74, pp. 132~157.
129. Lane, B. 1994. Sustainable rural tourism strategies: a tool for development and conservation. *Journal of Sustainable Tourism*, Vol. 2, pp. 102~111.
130. Lankford, S. V. and Howard, D. R. 1994. Developing a tourism impacts attitude scale. *Annals of Tourism Research*, Vol. 21, pp. 121~139.
131. Lawson, R. W. and Willims, J. et al. 1998. A comparison of residents' attitudes towards tourism in 10 New Zealand destinations. *Tourism Management*, Vol. 19, pp. 247~257.
132. Lee, C. K., Lee, J. H. & Han, S. Y. 1998. Measuring the economic value of ecotourism research: the case of South Korea. *Journal of Travel Research*, Vol. 36, pp. 40~47.
133. Lee, K. F. 2001. Sustainable tourism destinations: the importance of cleaner production. *Journal of Cleaner Production*, Vol. 9, pp. 313~323.
134. Lee, C. K. and Back, K. J. 2006. Examining structural relationships among perceived impact, benefit, and support for casino development based on 4 year longitudinal data. *Tourism Management*, Vol. 26, pp. 466~480.
135. Lee, C. K., Kim, S. S. & Kang, S. Y. 2003. Perceptions of casino impacts—A Korean longitudinal study. *Tourism Management*, Vol. 24, pp. 45~55.
136. Lee, C. and Kwon, K. 1995. Importance of secondary impact of foreign tourism receipts on the South Korean economy. *Journal of Travel Research*, Vol. 34, pp. 50~54.
137. Lee, C. C. and Chang, C. P. 2008. Tourism development and economic growth: a closer look at panels. *Tourism Management*, Vol. 29,

pp. 180～192.
138. Leiper, N. 1979. The framework of tourism: towards a definition of tourism, tourist and industry. *Annals of Tourism Research*, Vol. 6, pp. 390～407.
139. Leiper, N. 1990. Tourist attraction systems. *Annals of Tourism Research*, Vol. 17, pp. 367～384.
140. Leiper, N. 1997. Big success, big mistake, at big banana, marketing strategies in Roadside attraction and theme parks. *Journal of Travel and Tourism Marketing*, Vol. 6, pp. 103～110.
141. Lew, A. A. 1987. A framework of tourism attraction research. *Annals of Tourism Research*, Vol. 14, pp. 553～575.
142. Lillywhite, M. and Lillywhite, L. 1991. 'Low impact tourism'. *In* Hawkins, Ritchie, et al. *World Travel and Tourism Review: Indicators, Trends and Forecasts*, Vol. 1, CAB International, Wallingford.
143. Lindberg, K., McCool, S. & Stankey, G. 1996. Rethinking carrying capacity. *Annals of Tourism Research*, Vol. 23, pp. 461～465.
144. Lindberg, K. and Johnson, R. L. 1997. Modeling resident attitudes toward tourism. *Annals of Tourism Research*, Vol. 24, pp. 402～424.
145. Linberg, K. and Johnson, R. L. 1997. The economic values of tourism's social impacts. *Annals of Tourism Research*, Vol. 24, pp. 90～116.
146. Lindberg, K. and Johnson, R. L. 1997. Modeling resident attitudes toward tourism. *Annals of Tourism Research*, Vol. 24, pp. 402～424.
147. Lindberg, K., Dellaert, B. & Rassing, C. R. 1999. Resident tradeoffs: a choice modeling approach. *Annals Of Tourism Research*, Vol. 26, pp. 554～569.
148. Lindberg, K. & Andersson, T. D. & Dellaert, B. G. C. 2001. Tourism development assessing social Gains and Losses. *Annals of Tourism Research*, Vol. 28, pp. 1010～1030.
149. Liu, J. C., Var, T. 1986. Resident attitudes toward tourism impacts in Hawaii. *Annals of Tourism Research*, Vol. 13, pp. 193～214.
150. Liu, Z. and Jenkins, L. 1996. Country size and tourism development: a cross nation analysis. In Briguglio. L., Archer, B., et al. *Islands & Small States: Issues and Policy*. Pinter Publishing.

151. Luci, L. and Pereira, C. 2003. The influence of the environmental status of Casa Caiada and Rio Doce beaches (NE-Brazil) on beaches users. *Ocean & Coastal Management*, Vol. 46, pp. 1011~1030.
152. MacBeth, J. 2005. Towards an ethics platform for tourism. *Annals of Tourism Research*, Vol. 32, pp. 962~965.
153. MacCannell, D. 1976. *The Tourist: A New Theory of the Leisure Class*. London: Macmillan.
154. MacCannell, D. 1973. Staged authenticity: arrangements of social space in tourist settings. *American Sociological Review*, Vol. 79, pp. 589~603.
155. Madrigal, R. 1993. A tale of tourism in two cities. *Annals of Tourism Research*, Vol. 20, pp. 336~353.
156. Marcouiller, D. 1998. Environmental resources as latent primary factors of production in tourism: the case of forest based commercial recreation. *Tourism Economics*, Vol. 4, pp. 131~145.
157. Mark, S. 1995. Carrying capacity and ecological economics. *Bio-science*, Vol. 45, pp. 610~620.
158. Martin, S. R., McCool, S. F. & Lucas, R. C. 1989. Wildness campsite impact: do managers and visitors see them the same? *Environmental Management*, Vol. 13, pp. 623~629.
159. Martin, B. S. and Uysal, M. 1990. An examination of the relationship between carrying capacity and the tourism lifecycle: management and policy implications. *Journal of Environmental Management*. Vol. 31, pp. 327~333.
160. Mason, P., M. Johnston, & Twynam, G. 1996. Codes of conduct in tourism. *Progress in Tourism and Hospitality Rresearch*, Vol. 2, pp. 12~13.
161. Mason, P. and Cheyne, P. 2000. Residents' attitudes to proposed tourism development. *Annals of Tourism Research*, Vol. 27, pp. 391~411.
162. Mathieson, A., Wall, G. 1982. *Tourism: Economic: Physical and Social Impacts*. New York, Longman.
163. McCool, S. F. 1994. Planning for sustainable nature dependent tourism development: the limits of acceptable change system. *Tourism Recreation Research*, Vol. 19, pp. 51~55.
164. McKercher, B. 1993. The unrecognized threat to tourism: can tourism sur-

vive "sustainability"? *Tourism Management*, Vol. 14, pp. 131~136.
165. Michael, J. and Keane, G. 1997. Quality and pricing in tourism destinations. *Annals of Tourism Research*, Vol. 24, pp. 117~130.
166. Mihalic, T. 2000. Environmental management of a tourist destination. A factor of tourism competitiveness. *Tourism Management*, Vol. 21, pp. 65~78.
167. Mitchell, B. 1979. *Geography and Resource analysis*. New Youk, Longman.
168. Morris, M. D. 1979. *Measuring the Condition of the World's Poor: the Physical Quality of Life Index*. Oxford, Pergamon Press.
169. Moore, K., Cushman, G. & Simmons, D. 1995. Behavioral conceptualization of Tourism and Leisure. *Annals of Tourism Research*, Vol. 22, pp. 67~85.
170. Muller, H. 1994. The thorny path to sustainable tourism development. *Journal of Sustainable Tourism*, Vol. 2, pp. 131~136.
171. Munt, L. 1992. A great escape? *Town and Country Planning*, Vol. 7/8, pp. 212~214.
172. Murphy, P. E. 1985. *Tourism: a Community Approach*. London, Methuen.
173. Murphy, P. E. and Prichard, M. P. 1997. Destination price-value perceptions: an examination of origin and seasonal influences. *Journal of Travel Research*, Vol. 35, pp. 16~22.
174. Murphy, P. E., Pritchard, M. P. & Smith, B. 2000. The destination product and its impact on traveler perceptions. *Tourism Management*, Vol. 21, pp. 43~52.
175. Nelson, G. and Bultler, R. et al. 1992. *Tourism and Sustainable Development: Monitoring, Planning, Managing*. University of Waterloo.
176. Nelson, J. G. 1993. Third international symposium on tourism, ecology and municipalities. *Environmental Conservation*, Vol. 20, pp. 373~374.
177. Northcote, J. and Macbeth, J. 2006. Conceptualizing yield sustainable tourism manangement. *Annals of Tourism Research*, Vol. 33, No. 1, pp. 199~220.
178. Oliver, R. L. 1980. A cognitive model of the antecedents and consequences of satisfaction decisions. *Journal of Marketing Research*, Vol. 17, pp.

460~469.
179. O'Reilly, A. M. 1986. Tourism carrying capacity—concepts and issue. *Tourism Management*, Vol. 7, pp. 154~157.
180. Palmer, C. A. 1994. Tourism and colonialism: the experience of the Bahamas. *Annals of Tourism Research*, Vol. 21, pp. 792~811.
181. Papatheodorou, A. 2004. Exploring the evolution of tourism resorts. *Annals of Tourism Research*, Vol. 31, pp. 219~237.
182. Papyrakis, E. and Gerlagh, R. 2004. The resource curse hypothesis and its transmission channels. *Journal of Comparative Economics*, Vol. 32, pp. 181~193.
183. Parrilla, J. C., Font, A. R. & Nadal, J. R. 2007. Tourism and long-term growth: a Spanish perspective. *Annals of Tourism Research*, Vol. 34, pp. 709~726.
184. Paul, P., Eckhard, S. & Duijnisveld, M. 2007. Major environmental impacts of European tourist transport. *Journal of Transport Geography*, Vol. 15, pp. 83~93.
185. Pearce, D. 1987. *Tourism Today: A Geographical Analysis*. Longman Scientific & Technical Press.
186. Pearce, D. 1989. *Tourist Development* (2nd ed.). London, Longman.
187. Pearce, D. W. 1995. *Bluprint 4: Capturing Global Environmental Value*. London, Earthscan.
188. Pearce, P., Moscardo, G. & Ross, G. 1996. *Tourism Community Relationships*. Oxford, Pergamon Press.
189. Penning-Rowsell, E., Green, C. H. & Parker, D. J. 1992. *The Economics of Coastal Management: A Manual of Benefit Assessment Techniques*. London, Belhaven.
190. Perdue, R. R., Long, P. T. & Allen, L. 1990. Resident support for tourism development. *Annals of Tourism Research*, Vol. 17, pp. 586~599.
191. Perter, M. 1990. *Tourism: Environment and Development Perspectives*. The Worldwide Fund for Nature.
192. Phillips, R. 2003. Stakeholder legitimacy. *Business Ethics Quarterly*, Vol. 13, pp. 25~41.
193. Pizam, A. and Milman, A. 1984. The social impacts of tourism. *UNEP*

Industry and Environment, Vol. 7, pp. 11~14.
194. Powe, N. A. and Willis, K. G. 1996. Benefits received by visitors to heritage sites: a case study of Warkworth Castle. *Leisure Studies*. Vol. 15, pp. 259~275.
195. Pruckner, G. 1995. Agricultural landscape cultivation in Austrian application of the CVM. *European Review Agricultural Economics*, Vol. 22, pp. 173~190.
196. Qizilbash, M. 1996. Ethical development. *World Development*, Vol. 24, pp. 1209~1221.
197. Reid, D. 2003. Tourism, globalization and development. Responsible Tourism Planning. London, Pluto.
198. Reynolds, P. and Braithwaite, R. 1997. Whose yield is it anyway? compromise options for sustainable boat tour ventures. *International Journal of Contemporary Hospitality Management*, Vol. 9, pp. 70~74.
199. Riggs, F. W. 1984. Development. *Social Science Concepts: A systematic Analysis*. Sage Publications, Beverly Hills.
200. Ritchie, J. R. B. and Crouch, G. I. 2000. The competitive destination: a sustainability perspective. *Tourism Management*, Vol. 21, pp. 1~7.
201. Ritchie, R. J. B. and Ritchie, J. R. B. 2002. A framework for an industry supported destination marketing information system. *Tourism Management*, Vol. 23, pp. 439~454.
202. Ryan, C. and Huyton, J. 2000a. Who is interested in Aboriginal tourism in the Northern Territory, Australia? A cluster analysis. *Journal of Sustainable Tourism*, Vol. 8, pp. 53~88.
203. Ryan, C. and Huyton, J. 2000b. Aboriginal tourism—a lincar structural relations analysis of domestic and international tourist demand. *International Journal of Tourism Research*, Vol. 2, pp. 15~30.
204. Ryan, C. 2002. Equity, management, power sharing and sustainability—issue of the 'new tourism'. *Tourism Management*, Vol. 23, pp. 17~26.
205. Rymer, T. M. 1992. Growth of U. S. ecotourism and its future in the 1990s. *FIU Hospitality Review*, Vol. 10, pp. 1~10.
206. Sanson, L. 1994. An ecotourism case study in Sub-Antarctic island. *Annals of Tourism Research*, Vol. 21, pp. 344~453.

207. Savage, G. T., Nix, T. W. & Whitehead, C. J. et al. 1991. Strategies for assessing and managing organizational stakeholders. *Academy of Management Executive*, Vol. 5, pp. 61~75.
208. Saveriades, A. 2000. Establishing the social tourism carrying capacity for the tourist resorts of the east coast of the Republic of Cyprus. *Tourism Management*, Vol. 21, pp. 147~156.
209. Serafy, E S. 1998. Pricing the invaluable. *Ecological Economics*, Vol. 25, pp. 25~27.
210. Shaw, G., and Williams, A. 1994. *Critical Issues in Tourism: A Geographical Perspective*. Oxford: Blackwell Publishers.
211. Shelby, B. 1987. *Carrying Capacity In recreational Setting*. Oregon, Oregon State University Press.
212. Shipro, G. 1989. The theory of business strategy. *Rand Journal of Economics*, Vol. 20, pp. 125~137.
213. Simon, F. J. G., Narangajavana, Y. & Marques, D. P. 2004. Carrying capacity in the tourism industry: a case study of Hengistbury Head. *Tourism Management*, Vol. 25, pp. 275~283.
214. Simmons, D. G. and Leiper, N. 1993. Tourism: a social scientific perspective. In Perkins, H. C. and Cushman, G. et al. *Leisure, Recreation and Tourism*. London: Longman Paul.
215. Sirakaya, E., Teye, V. & Sonmez, S. 2002. Understanding residents' support for tourism development in the central region of Ghana. *Journal of Travel Research*, Vol. 41, pp. 57~67.
216. Smith, S. I. J. 1988. Defining tourism: a supply-side view. *Annals of Tourism Research*. Vol. 15, pp. 179~190.
217. Smith, S. L. J. 1989. *Tourism Analysis: A Handbook*. Harlow, Longman Scientific.
218. Smith, V. L., Eadington, W. R. et al. 1992. *Tourism Alternative: Potentials and Problem in the Development of Tourism*. Philadelphia, University of Pensylvania Press.
219. Smith, V. 1989. *Host and Guests: the Anthropology of Tourism*. University of Pennsylvania Press.
220. South East Economic Development Strategy (SEEDS). 1989. *The Last Re-*

sort: *Tourism, Tourist Employment and Post-tourism in the South East*. Atevenge, Hertfordshire, UK.
221. Sowman, O. M. R. 1987. A procedure for assessing recreational carrying capacity of costal resort area. *Landscape and Urban Planning*, Vol. 14, pp. 331~344.
222. Stakey, G. H. 1981. Integrating wildland recreation research into decision making: pitfalls and promises. *Recreational Research Review*, Vol. 9, pp. 31~37.
223. Stansfield, C. 1978. Atlantic city and the resort cycle: background to the legalization of gambling. *Annals of Tourism Research*, Vol. 5, pp. 238~251.
224. Streeten, P. 1981. *First Things First: Meeting Basic Needs in Developing Countries*. Oxford University Press.
225. Taylor, G. D. and Stanley, D. 1992. Tourism, sustainable development and the environment: an agenda for research. *Journal of Travel Research*, Vol. 31, pp. 63~73.
226. Teye, V. , Sonmez, S. F. & Sirakaya, E. 2002. Residents' attitudes towards tourism development. *Annals of Tourism Research*, Vol. 29, pp. 668~688.
227. The tourism and environmental task force tourism and the scottish environment. 1993. *Tourism Management Initiative: Guideline for the Development of Tourism Management Programme*. The Scottish Tourist Board, Edinburgh.
228. Tosun C. 2000. Limits to community participation in the tourism development process in developing countries. *Tourism Management*, Vol. 21, pp. 613~633.
229. Tosun, C. 2005. Stages in the emergence of a participatory tourism development approach in the Developing World. *Tourism Management*, Vol. 36, 333~352.
230. Tosun, C. 2006. Expected nature of community participation in tourism development. *Tourism Management*, Vol. 27, pp. 483~504.
231. Tran, X. and Ralston, L. 2006. Tourism preferences influence of unconscious needs. *Annals of Tourism Research*, Vol. 33, pp. 424~441.

232. Travis, A. S. 1984. social and cultural aspects of tourism. *UNEP Industry and Environment*, Vol. 7, pp. 22~24.
233. Tremblay, P. 1998. The economic organization of tourism. *Annals of Tourism Research*, Vol. 25, pp. 837~859.
234. Turner, R. K. 1993. Sustainability: principles and practice. *Sustainable Environmental Economics and Management*. London, Bellhaven Press.
235. Turner, L. and J. Ash. 1975. *The Golden Hordes*. London, Constable.
236. Tunstall, S. 2000. Public perceptions of the environmental changes to the Thames estuary in London, UK. *Journal of Coastal Research*, Vol. 16, pp. 269~277.
237. UNEP. 1992. Tourism and the environment: facts and figures. *Industry and Environment*, Vol. 15, pp. 3~5.
238. Unwin, T. 1996. Tourist development in Estonia: images, sustainability, and integrated rural development. *Tourism Management*, Vol. 17, pp. 265~276.
239. United Nations, 1994. Recommendations on tourism Statistics. *Department for Economic and Social Information and Policy Analysis and World Tourism Organization*. United Nations, New York.
240. Uriely, N. 2005. The tourist experience conceptual development. *Annals of Tourism Research*, Vol. 32, pp. 199~216.
241. Urry, J. 2002. *The Tourism Gaze* (Second edition). London, Sage.
242. Vail, D. and Hultkrl, L. 2000. Property rights and sustainable nature tourism: adaptation and mal-adaptation in Dalarna (Sweden) and Maine (USA). *Ecological Economics*, Vol. 35, pp. 223~242.
243. Walker, B. J. 2002. Resilience management in socia-ecological systems: a working hypothesis for a participatory approach. *Conservation Ecology*, Vol. 6, pp. 17~24.
244. Wall, G. 1982. Cycle and capacity: incipient theory of conceptual contradictions. *Tourism Management*, Vol. 3, pp. 188~192.
245. Wall, G. I. 1993. Nternational collaboration in the search for sustainable tourism in Bali, Indonesia. *Journal of Sustainable Tourism*, Vol. 1, pp. 38~47.
246. Walle, A. H. 1995. Business ethics and tourism: from micro to macro perspectives. *Tourism Management*, Vol. 16, pp. 263~268.

247. Wang, N. 2000. *Tourism and Modernity: A Sociological Analysis*. Pergamon.
248. Wanhill, S. and Buhalis, D. 1999. Introduction: challenges of tourism in peripheral area. *International Journal of Tourism Research*. Vol. 1, pp. 295~297.
249. Warnken, J., Russell, R. & Faulkner, B. 2003. Condominium developments in maturing destinations: potentials and problems of long-term sustainability. *Tourism Management*, Vol. 24, pp. 155~168.
250. Weaver, D. B. 1990. Grand Cayman island and the resort cycle concept. *Journal of Travel Research*. 1990, 29(1): 9~15.
251. Weaver, D. B. 1993. Ecotourism in the Small Island Caribbean. *Geographical Journal*, Vol. 3, pp. 457~465.
252. Weaver, D. B. 1995. Alternative tourism in montserrat. *Tourism Management*, Vol. 16, pp. 593~604.
253. Weaver, D. B. 1999. Magnitude of ecotourism in Costa Rica and Kenya. *Annals of Tourism Research*, 26(4): 792~816.
254. Wheeller, B. A. 1993. Sustaining the ego. *Journal of Sustainable Tourism*, Vol. 1, pp. 121~130.
255. Whinam, J., Cannell, E. J. & Kirkpatrick, J. B. et al. 1994. Studies on the potential impact of recreational horse riding on some alpine environments of the Central Plateau, Tasmanina. *Journal of Environmental Management*, Vol. 40, pp. 103~117.
256. Whinam, J. and Comfort, M. 1996. The impact of commercial horseriding on sub-alpine environments at Gradle Mountain, Tasmania, Australia. *Journal of Environmental Management*, Vol. 47, pp. 61~70.
257. White, P. C. L. and Lovett, J. C. 1995. Public preferences and willingness-to-pay nature conservation in the North York Moors National Park, UN. *Journal of Environmental Management*, Vol. 5, pp. 1~13.
258. William, A. and Gill, A. 1994. Tourism carrying capacities management issue. In Theobald, W. et al. *Globe Tourism: The Next Decade*. Oxford, Butterworth Heinemann.
259. Williams, J. and Lawson, R. 2001. Community issues and resident opinions of tourism. *Annals of tourism Research*, Vol. 28, pp. 269~290.

260. Willis, K. G. and Garrod, G. D. 1993. Valuting landscape: a contingent valuation approach. *Journal of Environmental Management*, Vol. 37, pp. 1~22.
261. Willis, K. G. 1994. Paying for heritage: what price Durham Cathedral? *Journal of Environment Planning and Management*, Vol. 37, pp. 267~278.
262. Willis, K. G., Garrod, G. D. & Saunders, C. M. 1994. Benefits of environmentally sensitive area policy in England: a contingent valuation assessment. *Journal of Environment Management*, Vol. 44, pp. 105~125.
263. Wilson, K. 1998. Market/industry confusion in tourism economic. *Annals of Tourism Resources*, Vol. 25, pp. 803~818.
264. World Commission on Environmental and Development. 1987. *Our Common Future*. Oxford: Oxford University Press.
265. World Tourism Organization. 1990. *Seminar On 'Alternative' Tourism: Introductory Report* (SEM/ALG/89/IR), *Seminar on 'Alternative' Tourism: Final Report* (SEM/ALG/89/FR).
266. WTO. 1995. *Lanzarote Charter for Sustainable Tourism*. Madrid, World Tourism Organisation.
267. Yiannakis, A. and Gibson, H. 1992. Roles tourists play. *Annals of Tourism Research*, Vol. 19, pp. 287~303.
268. Zografos, C. and Oglethorpe, D. 2004. Multi-criteria analysis in ecotourism: using goal programming to explore sustainable solutions. *Current Issues in Tourism*, Vol. 7, pp. 20~43.
269. Zurick, D. N. 1992. Adrenture travel and sustainable tourism in the peripheral economy of Nepai. *Annals of the Association of American Geographiers*, Vol. 82, pp. 608~628.
270. [法]埃德加·莫兰著,陈一壮译:《迷失的范式:人性研究》,北京大学出版社,2000年。
271. 埃莉诺·奥斯特罗:"制度安排和公用地两难困境",载奥斯特罗姆·V.、菲尼·D.、皮希特·H.编,王诚译:《制度分析与发展的反思:问题与抉择》,商务印书馆,2001年。
272. [英]艾伦·法伊奥、布赖恩、加罗德、安娜·利斯克编,郭英之译:《游吸引物管理的新方向》,东北财经大学出版社,2005年。
273. 白凯、马耀峰:"旅游者购物偏好行为研究",《旅游学刊》,2007年第11期。
274. 保继刚:"颐和园旅游环境容量研究",《中国环境科学》,1987年第2期。

275. 保继刚、楚义芳:《旅游地理学》,高等教育出版社,1999年。
276. 保继刚、甘萌雨:"改革开放以来中国城市旅游目的地地位变化及因素分析",《地理科学》,2004年第3期。
277. 卞显红:"长江三角洲城市旅游资源城际差异与丰度分析",《江苏商论》,2006年第2期。
278. [美]查尔斯·J.琼史著,舒元译:《经济增长导论》,北京大学出版社,2002年。
279. 曹新向、丁圣彦:"自然保护区旅游可持续发展的景观生态学途径",《北京第二外国语学院学报》,2002年。
280. 常学礼:"生态脆弱带的尺度与等级特征",《中国沙漠》,1999年第2期。
281. [以色列]Cohen,E.著,巫宁等译:《旅游社会学纵论》,南开大学出版社,2006年。
282. 陈保平、殷鹏飞:"九华山生态旅游可持续发展研究",《安庆师范学院学报》(人文社会科学版),2003年第1期。
283. 陈及霖:"福建旅游业可持续发展与环境保护对策研究",《地理科学进展》,1998年第3期。
284. 陈静宇、温剑娟、雷源:"国外服务期望及其管理研究",《科技管理研究》,2007年第8期。
285. 陈邵锋:"承载力:从静态到动态的转变",《中国人口·资源与环境》,2003年第1期。
286. 陈卫东:"旅游持续发展规划初探",《地理学与国土研究》,1995年第2期。
287. 陈永金、陈亚宁、薛艳:"干旱区植物耗水量的研究与进展",《干旱区资源与环境》,2004年第6期。
288. 《辞海》,上海辞书出版社,1989年。
289. 崔凤军:"论旅游环境承载力——持续发展旅游的判断之一",《经济地理》,1995年第1期。
290. 崔凤军:"泰山旅游环境承载力及其时空分异特征与利用强度研究",《地理研究》,1997年第4期。
291. 崔凤军、许峰等:"区域旅游可持续发展评价指标体系的初步研究",《旅游学刊》,1999年第4期。
292. 戴斌:"关于构建旅游学理论体系的几点看法",《旅游学刊》,1997年第6期。
293. 戴凡:"旅游持续发展行动战略",《旅游学刊》,1994年第4期。

294. 戴学军、丁登山、林辰:"可持续旅游下旅游环境容量的量测问题探讨",《人文地理》,2002年第6期。
295. [美]丹尼斯·缪勒著,杨春学等译:《公共选择理论》,中国社会科学出版社,1999年。
296. 德克·格莱泽著,安辉译:《旅游业危机管理》,中国旅游出版社,2004年。
297. 德尼·古莱著,高铦、温平等译:《发展伦理学》,社会科学文献出版社,2003年。
298. 丁季华:《旅游资源学》,上海三联出版社,1999年。
299. 丁培毅:"环境审计:旅游业持续发展的新概念",《干旱区地理》,1996年2期。
300. 尹继佐、乔治·恩德勒编,赵月瑟译:《有约束力的关系》,上海社会科学院出版社,2007年。
301. 樊自立:"塔里木盆地绿洲形成与演变",《地理学报》,1993年第5期。
302. 冯乃康:《中国旅游文学论稿》,旅游教育出版社,1995年。
303. 冯孝琦:"骊山风景名胜区环境容量现状评价",《资源开发和保护》,1991年第2期。
304. 冯学钢、包浩生:"旅游活动对风景区地被植物——土壤环境影响的初步研究",《自然资源学报》,1999年第1期。
305. 高清:《植物地理学》,台湾华冈出版社,1976年。
306. 甘枝茂、马耀峰:《旅游资源与开发》,南开大学出版社,2001年。
307. 管于华:《统计学》,高等教育出版社,2008年。
308. 郭宇宏、唐德清:"新疆天池景区开发空气影响及对策",《干旱环境监测》,2000年第1期。
309. 韩春鲜:"吐鲁番地区旅游可持续发展研究",《新疆大学学报》(自然科学版),2006年第4期。
310. 韩春鲜:"基于旅游资源优势度差异的新疆旅游经济发展空间分析",《经济地理》,2009年第5期。
311. 韩春鲜、马耀峰:"旅游业、旅游业产品及旅游产品的概念阐释",《旅游论坛》,2008年第1期。
312. 何红霞、甄坚伟:"山西旅游业可持续发展探讨",《山西师大学报》(自然科学版),2003年第3期。
313. 何佳梅、许峰、田红:"论选择性旅游的可持续发展意义",《经济地理》,2001年第3期。

314. 花明:"生态旅游:江西旅游可持续发展的必然选择",《江西社会科学》,2002年第12期。
315. 黄成林:"中国主要旅游资源的省际比较研究",《安徽师范大学学报》(人文社会科学版),2001年第1期。
316. 黄鹂:"旅游体验与景区开发模式",《兰州大学学报》(人文社会科学版),2004年第6期。
317. 黄培祐:《干旱生态学》,新疆大学出版社,1993年。
318. 黄培祐:"荒漠植被自然建群现象与绿洲界外区的生态复原",《干旱区资源与环境》,1993年第3~4期。
319. 黄韶华:"新疆天山天池风景名胜区天池景区景观相融性评价",《新疆环境保护》,1999年第4期。
320. 黄诗玉:"经济发达地区政府对旅游公共产品管理和作用的研究",《商场现代化》,2007年第12期。
321. 胡炳清:"旅游环境容量计算方法",《环境科学研究》,1995年第5期。
322. 胡卫忠:"吐鲁番盆地的水资源开发与水环境保护",《地质灾害与环境保护》,1998年第2期。
323. 胡忠行:"天台山国家风景名胜区旅游环境容量分析",《海南师范学院学报》,2002年第3期。
324. 霍宝民:"自然保护区生态旅游可持续发展探讨",《河南林业科技》,2004年第1期。
325. 吉川贤:"干旱区造林",《内蒙古林学院学报》,1994年第2期。
326. 金波、刘坤:"旅游地可持续发展指标体系初步研究",《曲阜师范大学学报》,1999年第1期。
327. 金准、庄志民:"区域旅游可持续力的修正方案",《旅游学刊》,2004年第5期。
328. 贾保全、慈龙骏:"新疆生态用水量的初步估算",《生态学报》,2000年第2期。
329. 贾保全、慈龙骏、蔡体久等:"绿洲—荒漠交错带环境特征的初步研究",《应用生态学报》,2002年第9期。
330. 贾保全、许英勤:"干旱区生态用水的概念与分类",《干旱区地理》,1998年第2期。
331. [德]康德著,彭笑远译:《判断力批判》(上卷),商务印书馆,1985年。
332. "坎儿井日渐消亡",《乌鲁木齐晚报》,2004年9月13日。
333. 克里斯·库珀等编,张俐俐等译:《旅游学》(第三版),高等教育出版社,

2007年。

334. [美]科斯:"经济学中的灯塔",载科斯著,盛洪、陈郁译:《论生产的制度结构》,上海三联书店,1992年。
335. 乐东菊:"西安地区旅游业可持续发展存在的问题和对策",《西安联合大学学报》,2001年第2期。
336. 黎洁:《旅游卫星账户与旅游统计制度研究》,中国旅游出版社,2007年。
337. 黎洁、赵西萍:"社区参与旅游发展理论的若干经济学质疑",《旅游学刊》,2001年第4期。
338. 李景宜、孙根年:"旅游市场竞争态模型及其运用研究",《资源科学》,2002年第6期。
339. 李明德、石玉美:"中国旅游购物的现状与展望",载张广瑞、魏小安、刘德谦:《2001—2003年中国旅游发展:分析与预测》,社会科学文献出版社,2002年。
340. 李天元:《旅游学概论》,南开大学出版社,2002年。
341. 李新琪、海热提:"区域环境容载力理论及评价指标体系的初步研究",《干旱区地理》,2000年第4期。
342. 李永文、史本林:"区域旅游可持续发展初探",《地域研究与开发》,2000年第3期。
343. 李玉江、王忠运、李晓哲:"新疆吐鲁番盆地的水资源特点及其利用发展对策",《石河子大学学报》(自然科学版),2003年第2期。
344. 李维青:"吐鲁番旅游文化开发思路",《新疆大学学报》(人文社会科学版),1999年第4期。
345. 李维青:《吐鲁番旅游经济战略研究》,新疆人民出版社,1999年。
346. 李征、刘登义、王立龙:"旅游开发对芜湖市森林公园植被与环境质量的影响",《生物学杂志》,2005年第3期。
347. 林南枝、陶汉军:《旅游经济学》,南开大学出版社,2000年。
348. 李增刚:"全球公共产品:定义、分类及其供给",《经济评论》,2006年第1期。
349. 刘纯:《旅游者行为与旅游业组织行为》,高等教育出版社,2007年。
350. 刘丹萍、阎顺:"新疆自然风景旅游地旅游环境保护浅析",《干旱区地理》,2001年第4期。
351. 刘俊民、马耀光:"中国西北干旱区水资源特征及其保护利用",《干旱地区农业研究》,1998年第3期。

352. 刘玲:"旅游承载力研究方法初探",《安徽师范大学学报》(自然科学版),1998年第3期。
353. 刘庆友等:"庐山旅游可持续发展研究",《北京第二外国语学院学报》,2003年第4期。
354. 刘伟、朱玉槐:《旅游学》,广东出版社,1999年。
355. 刘益:"大型风景旅游区旅游环境容量测算方法的再探讨",《旅游学刊》,2004年第6期。
356. 刘宇:《顾客满意度测评》,社会科学文献出版社,2002年。
357. 刘振礼:"旅游对接待地的社会影响及对策",《旅游学刊》,1992年第3期。
358. 龙江智:"从体验视角看旅游的本质及旅游学科体系的构建",《旅游学刊》,2005年第1期。
359. 鲁铭、龚胜生:"湿地旅游可持续发展研究",《林业调查规划》,2002年第3期。
360. 陆亦农:"吐鲁番旅游市场结构及变化特征分析",《新疆师范大学学报》(自然科学版),1999年第3期。
361. 骆高远:"'生态旅游'是实现可持续发展的核心",《人文地理》,1999年第14期(增刊)。
362. 罗杰·珀曼等著,侯元兆等译:《自然资源与环境经济学》,中国经济出版社,2000年。
363. 罗明义:《旅游经济学》,南开大学出版社,1998年。
364. 罗明义:"世界旅游发展:2007年回顾和2008年展望",《桂林旅游高等专科学校学报》,2008年第2期。
365. 罗明义:"世界旅游发展:2008年回顾和2009年展望",《旅游论坛》,2009年第2期。
366. 马耀峰、白凯:"基于人学和系统论的旅游本质的探讨",《旅游科学》,2007年第3期。
367. 马耀峰、李天顺:《中国入境旅游研究》,科学出版社,1999年。
368. 马勇、董观志:"区域旅游持续发展潜力模型研究",《旅游学刊》,1997年第4期。
369. 麦金托什等著,蒲红译:《旅游学——要素·实践·基本原理》,上海文化出版社,1985年。
370. [美]迈克尔·波特著,陈小悦等译:《竞争战略》,华夏出版社,1995年。
371. 曼瑟尔·奥尔森著,陈郁等译:《集体行动的逻辑》,上海三联书店、上海人民出版社,1996年。
372. [澳]Murphy, P. E.、Murphy, N. E. 著,陶犁译:《旅游社区战略管理:弥合旅游差距》,南开大学出版社,2006年。
373. 牛宏宝:《美学概论》,中国人民大学出版社,2005年。
374. 牛亚菲、王文彤:"可持续旅游概念与理论研究",《国外城市规划》,2000年第3期。
375. 潘晓玲:"绿洲—荒漠过渡带生态系统调控的理论探讨",《兰州大学学报》(自然科学版),2000年专集。
376. 潘晓玲:"干旱区绿洲生态系统动态稳定性的初步研究",《第四纪研究》,2001年第4期。
377. [美]派恩·B. Y.、吉尔摩·J. H. 著,夏业良等译:《体验经济》,机械工业出版社,2008年。
378. 庞丽、王铮、刘清春:"我国入境旅游和经济增长关系分析",《地域研究与开发》,2006年第3期。
379. Pizam, A.、Mansfeld, Y. 编著,舒伯阳、冯玮主译:"旅游消费者行为研究",东北财经大学出版社,2005年。
380. 秦宇:"试析旅游产品定义问题",《北京第二外国语学院学报》,2000年第1期。
381. 曲玉镜:"旅游产品新论",《辽宁师范大学学报》(人文社会科学版),2002年第2期。
382. 邵志芳:《认知心理学——理论、试验和应用》,上海教育出版社,2006年。
383. 申葆嘉:"国外旅游研究进展",《旅游学刊》,1996a年第2期。
384. 申葆嘉:"国外旅游研究进展",《旅游学刊》,1996b年第1期。
385. 申葆嘉、刘住:《旅游学原理》,学林出版社,1999年。
386. 申元村、汪久文、伍光和等:《中国绿洲》,河南大学出版社,2001年。
387. 沈祖祥:"关乎人文以化天下——旅游与中国文化论纲",载沈祖祥:《旅游与中国文化》,旅游教育出版社,1996年。
388. 史普博:《管制与市场》,上海三联书店、上海人民出版社,1999年。
389. 世界旅游组织、世界旅游理事会、地球理事会:"关于旅游与旅游业的21世纪议程:迈向环境可持续发展",《旅游学刊》,1998年第2~5期。
390. 世界旅游组织、国家旅游局计划统计司:《旅游业可持续发展——地方旅游规划指南》,旅游教育出版社,1997年。
391. 斯蒂芬·史密斯著,南开大学旅游系译:《旅游决策与分析方法》,中国旅游出版社,1991年。
392. 宋书楠、张旭:"对旅游产品及其构成的再探讨",《辽宁师范大学学报》(人文社会科学版),2003年第2期。
393. 宗晓莲、朱竑:"国外旅游的社会文化影响研究进展",《人文地理》,2004年第4期。
394. 宋秀杰、赵彤润:"松山自然保护区旅游开发的环境影响研究",《环境科学》,1997年第6期。
395. 宋子千、黄远水:"旅游资源概念及其认识",《旅游学刊》,2000年第3期。
396. 苏东水:《产业经济学》,高等教育出版社,2002年。
397. 孙根年:"西部入境旅游市场竞争态与资源区位的关系",《西北大学学报》(自然科学版),2003年第4期。
398. 孙九霞:《旅游人类学的社区旅游与社区参与》,商务印书馆,2009年。
399. 谭开湛:"森林生态旅游可持续发展途径",《云南林业调查规划》,1999年第2期。
400. 汤奇成:"绿洲的发展与水资源的合理利用",《干旱区资源与环境》,1995年第3期。
401. 陶汉军:《新编旅游学概论》,旅游教育出版社,2002年。
402. 提勃尔·西托夫斯基著,高永平译:《无快乐的经济》,中国人民大学出版社,2008年。
403. 吐鲁番地区统计局:《2001吐鲁番统计年鉴》,中国统计出版社,2001年。
404. 吐鲁番地区统计局:《2002吐鲁番统计年鉴》,中国统计出版社,2002年。
405. 吐鲁番地区统计局:《2003吐鲁番统计年鉴》,中国统计出版社,2003年。
406. 吐鲁番地区统计局:《2004吐鲁番统计年鉴》,中国统计出版社,2004年。
407. 吐鲁番地区统计局:"跨世纪的吐鲁番(1949~1999)"(内部资料),2001年。
408. "吐鲁番文物保护力度加大",天山网 Tianshannet.com.cn。
409. "吐鲁番地区城市环境综合整治成效显著",《新疆日报》,2004年12月10日。
410. "吐鲁番葡萄渴望'出闺'",《乌鲁木齐晚报》,2004年8月31日。
411. 王大悟、魏小安:《新编旅游经济学》,上海人民出版社,2000年。
412. 王东萍、阎顺:"旅游城市化现象初探——以吐鲁番城市为例",干旱区资源与环境,2003年第5期。
413. 王国霞、佟连军:"向海自然保护区生态旅游地可持续发展",《人文地理》,2002年第4期。
414. 王金亮、王平、鲁芬等:"碧塔海景区旅游活动对湿地生态环境影响研究",

《地理科学进展》,2004年第5期。
415. 王君、刘赵平:"再论旅游者对接待地的社会文化影响",《旅游学刊》,1998年第1期。
416. 王珂平:《旅游审美活动论》,旅游教育出版社,1990年。
417. 王良健:"旅游可持续发展评价指标体系及评价方法研究",《旅游学刊》,2001年第1期。
418. 汪嘉熙:"苏州园林风景旅游价值及其环境保护对策研究",《环境科学》,1986年第4期。
419. 王凯:"中国主要旅游资源赋存的省际差异分析",《地理学与国土研究》,1999年第3期。
420. 王兴斌:"'体验经济'新论与旅游服务的创新——《体验经济》读书札记",《桂林旅游高等专科学校学报》,2003年第1期。
421. 王兴中:"中国旅游资源开发模式与旅游区域可持续发展理念",《地理科学》,1997年第3期。
422. 王永兴、李新:"吐鲁番盆地水资源持续利用研究",《干旱区资源环境》,1997年第3期。
423. 王志发:"当前旅游产业发展的战略思考",《旅游学刊》,2007年第4期。
424. 威廉·瑟厄波德著,张广瑞等译:《全球旅游新论》,中国旅游出版社,2001年。
425. 魏小安:《旅游热点问题实说》,中国旅游出版社,2001年。
426. 文军、魏美才、唐代剑:"生态旅游的可持续发展研究",《生态经济》,2003年第10期。
427. [塞尔维亚和黑山]翁科维奇·S.著,达洲译:《旅游经济学》,商务印书馆,2003年。
428. 吴文志、庄志民:"体验经济时代下旅游产品的设计与创新——以古村落旅游产品体验化开发为例",《旅游学刊》,2003年第6期。
429. 吴忠才:"中国入境旅游对经济增长拉动作用的定量研究",《北京第二外国语学院学报》,2007年第9期。
430. 夏爱林:"新疆农业绿洲生态建设的探讨",《生态学杂志》,1993年第1期。
431. 肖洪根:"对旅游社会学理论体系研究的认识",《旅游学刊》,2001年第6期。
432. 肖潜辉:"我国旅游业的产品反思及其战略",《旅游学刊》,1991年第2期。
433. 谢彦君:"永续旅游:新观念、新课题、新挑战",《旅游学刊》,1994年第1期。

434. 谢彦君:"论旅游的本质与特征",《旅游学刊》,1998年第4期。
435. 谢彦君:《基础旅游学》,中国旅游出版社,2004年。
436. 谢彦君:《旅游体验研究——一种现象学的视角》,南开大学出版社,2005年。
437. 徐康宁、韩剑:"中国区域经济的'资源诅咒'效应:地区差距的另一种解释",《经济学家》,2005年第6期。
438. 徐康宁、王剑:"自然资源丰裕程度与经济发展水平关系的研究",《经济研究》,2006年第1期。
439. 亚当·斯密著,郭大力、王亚南译:《国民财富的性质和原因的研究》(下卷),商务印书馆,1974年。
440. 鄢和琳:"生态旅游区环境容量确定的基本原理及其应用探讨",《生态学杂志》,2002年第3期。
441. 杨载田、唐云松:"湖南省自然保护区及其旅游可持续发展研究",《经济地理》,2002年第6期。
442. 杨凤英、宋伯为、王汝清等:"赏析自然保护区生态旅游可持续发展研究",《山西农业大学学报》,2004年第1期。
443. 杨虎、钟波:《应用数理统计》,清华大学出版社,2006年。
444. 杨锐:"从旅游环境容量到LAC理论",《旅游学刊》,2003年第5期。
445. 杨胜天、余青:"可持续旅游思想与贵州旅游业发展",《贵州师范大学学报》(自然科学版),1997年第3期。
446. 杨勇:"旅游业与我国经济增长关系的实证分析",《旅游学刊》,2006年第2期。
447. 杨云良、阎顺、杨兆萍等:"天山天池风景名胜区旅游业持续发展初探",《干旱区地理》,1997年第4期。
448. 俞孔坚:"观光旅游资源美学评价信息方法探讨",《地理学与国土研究》,1989年第4期。
449. 尹少华、何平、邓金阳:"森林旅游可持续发展的经济分析",《中南林学院学报》,1998年第1期。
450. 应天煜:"浅议社会表象理论(Social Representation Theory)在旅路学研究中的应用",《旅游学刊》,2004年第1期。
451. 曾珍香、傅惠敏、王云峰:"旅游可持续发展的系统分析",《河北工业大学学报》,2000年第3期。
452. 张发、谢天喜:《今日吐鲁番》,新疆大学出版社,1988年。

453. 张帆:《环境与自然资源经济学》,上海人民出版社,1998年。
454. 张菲菲、刘刚、沈镭:"中国区域经济与资源丰度相关性研究",《中国人口·资源与环境》,2007年第4期。
455. 张海霞:"吐鲁番旅游形象建设基础研究",《新疆师范大学学报》(自然科学版),2003年第3期。
456. 张广瑞:"旅游真是产业吗?"《旅游学刊》,1996年第1期。
457. 张光生:"自然保护区的旅游可持续发展对策分析",《资源开发与市场》,1999年第4期。
458. 张宏胜:"信息不对称对旅游地影响即对策研究",《桂林旅游高等专科学校学报》,2002年第2期。
459. 张丽萍:"中国干旱区土地沙砾化过程的空气流压场分析",《干旱区地理》,1998年第3期。
460. 张凌云:"市场评价:旅游资源新的价值观——兼论旅游资源研究的几个问题",《旅游学刊》,1999年第2期。
461. 张涛:"旅游业内部支柱性行业构成辨析",《旅游学刊》,2003年第4期。
462. 张永录:"吐鲁番城市环境质量问题及其环境保护对策",《干旱区环境监测》,2004年第3期。
463. 张跃庆:《经济百科词典》,中国工人出版社,1989年。
464. 赵海燕:"生态旅游——我国旅游业可持续发展的必由之路",《学术交流》,2002年第4期。
465. 郑也夫:《后物欲时代的来临》,世界出版社、上海人民出版社,2007年。
466. 《中国大百科全书·经济学》,中国大百科全书出版社,1988年。
467. 中国建筑设计院历史研究所:"吐鲁番地区文物保护与旅游发展总体规划(2002~2020)",2004年。
468. "中国人居环境奖参考指标体系",http://www.chinarenju.org/c-n/c_pjbz.asp。
469. 中国沙漠化(土地退化)防治研究课题组:《中国沙漠化(土地退化)防治研究》,中国环境科学出版社,1998年。
470. 周华荣:《干旱区河流廊道景观生态学研究》,科学出版社,2007年。
471. 周旗、赵景波:"我国省级市场竞争态及其转移模型运用研究",《经济地理》,2004年。
472. 周天勇:《发展经济学》,中央党校出版社,1997年。
473. 朱震达:"中国脆弱生态带与土地荒漠化",《中国沙漠》,1991年第4期。

474. 邹统钎:《旅游景区开发与经营经典案例》,旅游教育出版,2004年。
475. 左冰、保继刚:"从'社区参与'到'社区增权'",《旅游学刊》,2008第4期。

后　　记

　　本书是在博士论文基础上修改完成的。博士学习阶段的导师是曾经在新疆大学资源与环境科学学院工作的熊黑钢教授。熊教授主要从事干旱地区绿洲可持续发展研究。在参与他主持的国家自然科学基金研究时，曾多次随他出野外进行实地考察与调研，亲眼目睹了人为活动所造成的生态环境恶化对干旱地区农村发展所造成的压力。同时，在参加他主持的研究生讨论课中，深受他的干旱地区可持续发展思想的影响。因此，在熊教授的帮助下，选择干旱区域旅游可持续发展作为我的博士研究论题，撰写了博士论文。在此感谢熊教授！

　　2007年底，我到陕西师范大学旅游与环境学院做博士后，在马耀峰教授的指导下，从事旅游者行为和旅游影响的研究。马教授和他的研究团队一直连续从事了三个国家自然科学基金资助的中国入境旅游者行为研究。我在参与课题研究和讨论中，获取了许多关于旅游者行为研究的新思想，促使我阅读了大量关于旅游行为的研究成果，补充了书中关于旅游体验的部分。同时，我的研究区域逐步从新疆拓展开来，开始关注西北地区甚至西部的旅游问题。当然，后者的研究成果只有极少部分在本书中有所展示，大部分内容主要在另一本博士后出站报告中。在此感谢马教授！

　　本书关于吐鲁番基本情况的研究数据主要来源于当地各单位的大力协助，感谢吐鲁番地区旅游局、统计局、水利局、草原站、林业局、水管所、土地局、城建局、自来水公司,以及葡萄沟乡乡政府等单位的热情相助,他们给我提供了所需要的第一手资料。其中,葡萄沟乡乡政府的领导还派遣了一名维吾尔族青年吾买尔跟随我们在景点周围作居民入户调查,充当翻译,并协调我们与当地村民和干部之间的关系,使我们的调查得以顺利进行。居民和旅游者研究数据所依赖的样本调研工作是在许多学生协助下完成的。其中,协助完成乌鲁木齐市外国旅游者调研的是我的硕士研究生罗辉、徐宽志、杨敏、陈文婷、郑春丽、赵文婷、李德山,参与数据整理的是杨敏、陈文婷;参与吐鲁番居民调研的有:新疆大学旅游管理学院的买合木提江老师,已经毕业的新疆大学资源与环境科学学院旅游管理专业2000级1班的马磊、朱湘蓉、王东,资环专业2000级1班的周建民、彭集树同学,以及充当维语翻译的吐鲁番市民阿依古丽、杨恒、阿不来提等,他们曾于2003年8月与我一起忍受着酷暑在吐鲁番景点及周围居民区,做了14天的问卷调查工作;还有资源与环境科学学院2004级研究生刘珍、马磊以及已经毕业的旅管专业2000级1班的欧阳立志、周湘艳等同学,他们在导游工作过程中获取了中外游客填写的调查表,这些调查信息为我的研究提供了珍贵的数据,使我的研究得以顺利完成。感谢吾买尔、买合木提江老师和同学们的辛苦工作和真诚帮助!

在漫长的学习和研究工作中,我的父亲韩继堂和母亲陆震寰,一直从精神和物质上默默地鼓励和支持着我,在我人生处于困惑无助时,总能及时给予正确引导。他们乐观、积极而平和的处世态度是引领我成长的精神支柱。相信我乐观而坚定地沿自己选择的路走下去,不管收获如何都是对二老的报恩。

还要郑重感谢的是我的先生闵树强和儿子闵元昊。研究数据的收集主要在实地,需要不断离家外出调研,将照顾儿子的责任完全留给先生;数据分析及成果撰写完全是在家中完成的,而且主要在休息日进行,给家人的正常生活带来的影响是巨大的,但他们都无限关爱地给予支持。没有家人的支持,我是难以完成本书研究与成果撰写的。感谢我的家人长期给予的关爱和支持!

最后要感谢商务印书馆的颜廷真博士,他为本书的出版付出了大量艰辛的劳动。在审稿过程中他提出很多宝贵意见,并投入大量精力审阅书稿,才使得本书能够出版。

韩春鲜

2009 年 7 月于乌鲁木齐